TROTZ ALLEM
GOTT
VERTRAUEN

TROTZ ALLEM GOTT VERTRAUEN

**Wie Zweifel und Sorgen dein Leben
nicht erschüttern müssen.**

Print: 978-3-945678-19-0
ePub: 978-3-945678-73-2

Bestellungen bitte an die oben stehende Adresse richten.

2. Auflage, August 2020

Bibelzitate wurden meist folgender Bibelausgabe entnommen:
Neues Leben. Die Bibel, © 2002 und 2006 SCM R.Brockhaus im SCM-Verlag GmbH & Co.
KG, Witten.

Sonstige verwendete Bibelausgaben:
LUT: Die Bibel nach *Martin Luthers Übersetzung,* revidiert 2017, © 2016 Deutsche
Bibelgesellschaft, Stuttgart.
NGÜ: Bibeltext der *Neuen Genfer Übersetzung* – Neues Testament und Psalmen, © 2011
Genfer Bibelgesellschaft.
HFA: Hoffnung für alle® (Hope for All), © 1983, 1996, 2002, 2009, 2015 by Biblica, Inc.®.
AMPC: *Amplified Bible, Classic Edition,* Copyright © 1954, 1958, 1962, 1964 1965, 1987
by The Lockman Foundation. Diese Bibelzitate wurden direkt aus dem Englischen
übersetzt.

Übersetzung: Doris C. Leisering
Lektorat: Esther Keith
Bildnachweis: pijama61/gettyimages.de, Pleasureofart/gettyimages.de
Layout: Lars Osterwald & Julian Kaspereit
Satz: Satz & Medien Wieser, Stolberg
Druck und Verarbeitung: CPI books GmbH

Inhalt

Einleitung

Mir fällt kein wichtigeres Thema für ein Buch ein als »Gott vertrauen«. Es ist ein lebenswichtiges Thema, denn sobald wir uns entscheiden, Gott zu vertrauen, wird uns das in vielfältiger und wunderbarer Weise zugutekommen. Außerdem ehren wir Gott dadurch.

Gleich am Anfang dieses Buchs möchte ich betonen, dass Vertrauen keine Pflicht ist, die wir Gott schuldig sind, sondern ein Vorrecht, das wir genießen dürfen. Wir sind dazu eingeladen, Gott zu vertrauen, und wenn wir das tun, öffnen wir die Tür zu einem Leben voller Frieden, Freude und guter Frucht.

Eine ordentliche Portion Gottvertrauen bei allem, was wir tun, ermöglicht es uns, ohne Sorge, Unruhe, Angst, unnütze Gedankenakrobatik und kräftezehrenden Stress zu leben. Zum Beispiel vertraue ich darauf, dass Gott mir hilft, dieses Buch zu schreiben. Das bedeutet, ich erkenne an, dass ich nicht alles weiß, was ich zum Thema Vertrauen wissen müsste. Außerdem bin ich davon überzeugt, dass dieses Buch ohne seine Hilfe nicht besonders gut wird. Gott möchte, dass wir uns jederzeit und in allem auf ihn verlassen. Wenn es um seine Kinder geht, ist nichts zu unbedeutend für Gott.

Wir Menschen neigen dazu, selbstständig und unabhängig zu sein. Deshalb brauchen wir meist eine Weile, um zu lernen, Gott zu vertrauen. Ein Teil unserer Schwierigkeiten rührt von unangenehmen Erfahrungen her, die uns lehren, dass andere Menschen nicht immer vertrauenswürdig sind. Doch Gottes Wege sind viel höher als Menschenwege. Die Bibel sagt uns, dass Gott von seinem Wesen her nicht lügen oder betrügen kann.

In diesem Buch möchte ich versuchen zu vermitteln, dass wir lernen können, *grenzenlos zu vertrauen* und *über alles Verstehen hinaus zu glauben*. Unser Ziel sollte vollkommenes Vertrauen zu Gott sein: nicht nur, weil es Gott ehrt, sondern auch, weil es uns auf erstaunliche Weise zugutekommt.

Gott freut sich, wenn wir ihm vertrauen. In Hebräer 11,6 heißt es, *dass es unmöglich ist, ohne Glauben Gott zu gefallen.* Glaube und Vertrauen sind so stark miteinander verbunden, dass man sie nicht voneinander trennen kann. Durch den Glauben laden wir Gott in unser Leben ein. Der Glaube bewahrt Gottes Gegenwart in unserem Leben und schafft eine starke Verbindung zwischen ihm und uns.

Wir haben einen Feind – Satan –, der uns ständig daran hindern will, unsere Beziehung zu Gott und das Leben, das Gott uns anbietet, zu genießen. Durch Angst, Sorge, Unruhe, Grübeleien, Stress, Zweifel und viele andere Dinge, die uns von Gott ablenken, will Satan uns in Versuchung führen. Er möchte uns dazu bringen, ein ichbezogenes Leben zu führen, in dem wir verzweifelt versuchen, für uns selbst zu sorgen.

Das einzige Gegenmittel gegen diese Probleme ist vollständiges Vertrauen zu Gott. Ich bete, dass Gott dir beim Lesen dieses Buchs die Gnade schenkt, dich und deine Sorgen ganz ihm zu überlassen – in allen Situationen und zu jeder Zeit.

Eine Bibelstelle soll dich beim Lesen und Studieren dieses Buchs begleiten:

Aber Segen soll über den kommen, der seine ganze Hoffnung auf den Herrn setzt und ihm vollkommen vertraut.

Die Bibel – Jeremia 17,7

KAPITEL 1

Was ist Vertrauen?

*Wo Sorge beginnt, endet der Glaube, und wo Glaube
beginnt, endet die Sorge.*

Georg Müller

Immer, wenn wir unser Vertrauen auf jemanden oder etwas
setzen, der oder das sich als vertrauenswürdig erweist, endet
damit unsere Sorge. Aus dem Grund ist es so wichtig zu lernen,
was Vertrauen ist und wie man vertraut. Vor allen Dingen sollten wir lernen, Gott zu vertrauen.

Eine Definition von »Vertrauen« aus dem alten Webster-
Wörterbuch von 1828 lautet: »Zuversicht; das ruhige innerliche
Verlassen auf die Zuverlässigkeit, Wahrhaftigkeit, Gerechtigkeit, Freundschaft oder einen anderen festen Grundsatz eines
anderen Menschen«.[1] Die Bibel sagt: *Wer … auf den Herrn vertraut, lebt unter seinem Schutz* (Sprüche 29,25).

Vertrauen befähigt uns, ohne Lasten, Bürden und Sorgen zu
leben, denn wir sind zuversichtlich, dass jemand anderes sich
für uns um diese Dinge kümmern wird. Statt das Gefühl zu
haben, ständig eine schwere Last zu tragen, können wir mit
einer wunderbaren Leichtigkeit in unserer Seele leben.

> Vertrauen befähigt uns, ohne Las-
> ten, Bürden und Sorgen zu leben.

Unser Vertrauen auf Gott zu setzen und unsere Sorgen auf ihn
zu werfen, erfordert eine bewusste Entscheidung. Der Psalmist
David sprach oft davon, dass er sein Vertrauen auf Gott setzte.
»Setzen« ist ein Tätigkeitswort, das eine bewusste Handlung

bezeichnet. In der Bibel finden wir häufig Anweisungen zum aktiven Handeln, wie: *Zieht die Liebe an, zieht den neuen Menschen an, zieht die Stiefel des Friedens an* oder *setzt euer Vertrauen auf Gott* (siehe Kolosser 3,14; Epheser 4,24 und 6,15; Sprüche 3,5).

Die Bibel sagt uns: *Bring deine Sorgen vor den Herrn [und lass sie los], er wird dir helfen ...* (Psalm 55,23). Mir gefällt der Gedanke, das Gewicht einer Last loszulassen. Oft leben wir mit einem schweren Herzen und belastenden Gedanken. Gott hält jedoch eine bessere Lebensqualität für uns bereit, die wir nur erleben können, wenn wir unser Vertrauen auf ihn setzen. Der Wörterbuchautor Noah Webster sagte, Vertrauen ist ein »Sichverlassen«, also Gelassenheit. Der Verfasser des Hebräerbriefs bestätigte das, als er schrieb, dass diejenigen, die Gott glauben (vertrauen), zur Ruhe Gottes gelangen werden (siehe Hebräer 4,3).

Ob wir Gott wirklich vertrauen und nicht nur versuchen, ihm zu vertrauen, können wir daran ablesen, ob unsere Seele sich auf Gottes Treue verlässt. Wenn ich sage: »Ich vertraue Gott«, aber die Last weiterhin selbst trage, indem ich mir Sorgen mache und ängstlich bin, habe ich sie noch nicht an Gott abgegeben. Vielleicht möchte ich das gern. Vielleicht versuche ich es auch – aber ich habe es noch nicht getan.

Dieser Gedanke hat mir geholfen zu verstehen, was echtes Vertrauen auf Gott ist. Es ist mehr als ein Lippenbekenntnis. Es bedeutet, die Last loszulassen. Das ist eine aktive Handlung und sie schenkt meiner Seele (meinem Denken, meinem Willen und meinen Gefühlen) Ruhe. Stell dir einmal vor, du hast einen Rucksack voller Steine auf dem Rücken und schleppst ihn überall mit hin: zur Arbeit, zum Einkaufen, in die Kirche. Obwohl es eine schwere Last ist, trägst du sie immer weiter. Angenommen du triffst dann die Entscheidung, diesen Rucksack abzulegen. Wie viel besser würdest du dich fühlen, und wie viel leichter wäre alles!

So ist es auch, wenn wir uns Sorgen machen und unsere Lasten mit uns herumschleppen, statt sie Gott anzuvertrauen. Wir »funktionieren« und tun, was nötig ist. Doch das Gewicht dieser Lasten setzt uns unter Druck und macht uns das Leben schwer. Du kannst dich entscheiden, noch heute deine Last abzulegen, indem du dein Vertrauen auf Gott setzt – und du wirst froh darüber sein!

Mir begegnen viele Menschen, die mir versichern, dass sie darauf vertrauen, dass Gott sich um ihre Probleme kümmert. Gleichzeitig sagen sie mir, dass sie Angst und Sorgen haben und sich den Kopf darüber zerbrechen, was sie tun sollen. Das zeigt mir: Sie wissen, dass sie Gott vertrauen sollten – und sie wollen es auch –, aber sie haben den Schritt noch nicht getan. Sie behaupten, Gott zu vertrauen, und doch belasten sie viele Dinge.

> Du kannst dich entscheiden, noch
> heute deine Last bei Gott abzulegen.

Ich habe gelernt, dass sich unsere Beziehung zu Gott dann am besten entwickelt, wenn wir ehrlich sind. Er kennt die Wahrheit bereits, aber uns wird es helfen, wenn wir uns dieser Wahrheit stellen. Ich habe viele Jahre damit verschwendet zu behaupten, Gott zu vertrauen, während ich mir Sorgen machte und unglücklich war. Doch die Erkenntnis, dass wahres Vertrauen gute Früchte hervorbringt, hat mir sehr geholfen. Vertrauen bringt Frieden hervor – Frieden, der unser Verstehen übersteigt!

Wenn man Gott noch nicht vollkommen vertrauen kann, ist es am besten, ihm das ehrlich zu sagen. In Markus 9 wird uns von einem Mann berichtet, der Jesus um Heilung für seinen Sohn bat. Er sagte: »*Ich glaube! Aber hilf mir, dass ich nicht zweifle!*« (V. 24). Mir gefällt seine Ehrlichkeit, und die gute Nachricht ist, dass das Wunder geschah, um das er gebeten hatte. Uns allen passiert es, dass sich manchmal Zweifel in unseren Glauben mischt. Hoffentlich wachsen wir und lernen immer mehr, Gott jederzeit zu vertrauen. Wachstum braucht jedoch Zeit, und es ist kein Grund, sich wie ein Versager zu fühlen, wenn unser Gottvertrauen noch nicht perfekt ist.

Ich bin seit über vierzig Jahren Bibellehrerin, und trotzdem habe ich im vergangenen Jahr sehr viel über Gottvertrauen gelernt. Höchstwahrscheinlich werde ich noch mehr lernen, während ich für dieses Buch studiere und recherchiere.

Gottes Charakter

Eine andere, neuere Wörterbuchdefinition von »Vertrauen« lautet: »Der Glaube, dass jemand oder etwas zuverlässig, gut, ehrlich, effektiv etc. ist«.[2] Wie sehr wir einer Person vertrauen, hängt von ihrem Charakter ab. Wenn wir nicht glauben, dass jemand gut, gerecht, freundlich, liebevoll und vertrauenswürdig ist, werden wir kein Zutrauen zu ihm haben.

Mir hat eine umfassende Beschäftigung mit Gottes Charakter geholfen zu lernen, mein ganzes Vertrauen auf ihn zu setzen. Ein Aspekt, den ich sehr tröstlich finde, ist beispielsweise, dass Gott gerecht ist. Das bedeutet, dass er das, was falsch ist, immer zurechtbringt.

Ich habe Gottes Gerechtigkeit schon oft in meinem Leben erfahren. Werde ich zum Beispiel ungerecht oder unfair behandelt, kann ich darauf vertrauen, dass Gott die Sache auf seine Art und Weise und zu seiner Zeit in Ordnung bringt. Das Leben ist nicht immer fair, aber Gott ist es. Wenn wir ihm vertrauen und unsere Last loslassen, setzt er sich für uns ein und bringt Gerechtigkeit in unsere Situation.

Das Vertrauen, dass Gott für Gerechtigkeit sorgt, nimmt mir die Arbeit ab, selbst dafür zu kämpfen. Gott sagt in seinem Wort ganz deutlich, dass die Rache ihm gehört und dass er an den Feinden seines Volkes Vergeltung üben wird:

Denn wir kennen den, der gesagt hat: »Ich will Rache nehmen.
Ich will Vergeltung üben an denen, die es verdienen.« Er sagte
auch: »Der Herr wird sein Volk richten.«

Die Bibel – Hebräer 10,30

Um Gottes Gerechtigkeit erfahren zu können, müssen wir bereit sein, ihm die Situation zu übergeben, anstatt die Sache
selbst in die Hand zu nehmen. Das ist das Schwere daran! Ich
(wie bestimmt die meisten von uns) kümmere mich oft bis zur
Erschöpfung um meine eigenen Interessen, doch ohne Erfolg –
bis ich endlich bereit bin, es einmal mit Gottvertrauen zu versuchen. Sobald wir unser Vertrauen auf Gott setzen und beginnen, seine Treue zu erleben, wird es leichter, ihm auch in Zukunft wieder zu vertrauen. Es ist unter anderem deshalb so
schwer, Gott zu vertrauen, weil er uns nicht immer sofort gibt,
worum wir ihn bitten. Glaube und Geduld ermöglichen es uns,
etwas von Gott zu empfangen. Das Warten ist eine Art Prü-
fungszeit, die unseren Glauben in der Regel wachsen lässt.

Gott ist gut, barmherzig, heilig und freundlich. Er ist gnädig
und treu und wahrhaftig. Gott ist Liebe! Er ist immer der Gleiche, und wir können uns darauf verlassen, dass er sein Wort
hält.

Es fällt uns leicht, jemandem zu vertrauen, der uns liebt und
der nicht nur die Macht hat, uns zu helfen, sondern uns auch
helfen *will*. Gott wartet darauf, dir und mir zu helfen, und wir
müssen nichts weiter tun, als zu vertrauen, dass er es tut.

Im Rückblick auf mein Leben kann ich definitiv sagen, dass
Gott treu ist. Er ist immer für uns da, selbst wenn wir ihn nicht
sehen oder spüren. Solange wir glauben, dass er handelt, werden zur rechten Zeit Beweise seines Handelns sichtbar. Gib
nicht auf, wenn die Wartezeit lang wird – vertrau weiter auf
Gott!

Immer, wenn ich Schwierigkeiten habe, Gott zu vertrauen,
erinnere ich mich an das, was er in der Vergangenheit für mich
getan hat, und es macht mir Mut, dass er es wieder tun wird. Ich

führe seit vierzig Jahren Tagebuch, und kürzlich fiel mir eines aus den 1970er-Jahren in die Hände. Damals hatte ich Gott um ein Dutzend neue Geschirrtücher gebeten. Dave und ich hatten kein Geld dafür, und weil ich gerade erst anfing, Gott zu vertrauen, kam ich wie ein kleines Kind zu ihm und bat ihn darum. Sicherlich kannst du dir meine Euphorie vorstellen, als einige Wochen später eine Frau, die ich kaum kannte, vor meiner Haustür stand und sagte: »Ich hoffe, du hältst mich nicht für verrückt, aber ich hatte das Gefühl, Gott möchte, dass ich dir ein paar neue Geschirrtücher bringe!« Sie war völlig schockiert über meine Begeisterung, bis ich ihr erklärte, dass ich Gott um Geschirrtücher gebeten hatte. Das war eine meiner eindrücklichsten Erfahrungen in Bezug auf Gottes Treue – und über die Jahre gab es noch viele andere.

In der Bibel lesen wir, wie David, als er den Riesen Goliat töten musste und alle ihn entmutigten und ihm sagten, er werde scheitern, sich an den Löwen und den Bären erinnerte, die er zuvor mit Gottes treuer Hilfe getötet hatte. Sein Glaube wurde gestärkt und er konnte Goliat zur Strecke bringen (siehe 1. Samuel 17,34-36).

Ich möchte dich ermutigen, dir Zeit zu nehmen – vielleicht jetzt gleich – und einige Situationen aufzuschreiben, in denen du Gottes Treue in deinem Leben erfahren hast. Es wird deinen Glauben stärken und dich befähigen, Gott auch hinsichtlich der aktuellen Nöte in deinem Leben zu vertrauen.

Jemand sagte mal, »treu« bedeutet »vertrauenswürdig« oder »zuverlässig«. Wir können uns auf Gott verlassen! Wir können uns auf ihn stützen. Er hat versprochen, uns nie zu verlassen oder im Stich zu lassen, sondern immer bei uns zu sein (siehe Matthäus 28,20).

Wenn wir in Not sind, dürfen wir darauf vertrauen, dass er bei uns ist und uns hilft (siehe Hebräer 13,5). Wenn wir durch Prüfungen gehen, ist er treu und befähigt uns standzuhalten (siehe 1. Korinther 10,13). Und selbst wenn alle anderen uns im Stich lassen, steht er uns zur Seite und gibt uns Kraft (siehe 2. Timotheus 4,16-17).

Eine tiefer gehende Auseinandersetzung mit jedem Aspekt von Gottes Charakter kann uns dabei helfen, ihm wirklich zu vertrauen. Ich werde in diesem Buch noch weitere Charaktereigenschaften Gottes nennen, aber ich ermutige dich auch, selbst Materialien zu diesem Thema zu finden und dich damit zu beschäftigen.

Zuversicht

Vertrauen und Zuversicht hängen eng miteinander zusammen. Wir alle wissen, wie viel leichter das Leben ist, wenn wir zuversichtlich sind. Die Überzeugung, dass wir etwas schaffen können, befähigt uns, mutig und voller Freude und mit einer positiven Erwartungshaltung durchs Leben zu gehen. Als Menschen, die an Jesus glauben, muss unsere Zuversicht auf ihn gegründet sein. Wir alle haben bestimmte Bereiche in unserem Leben, in denen wir uns souverän fühlen, doch wenn wir Gott vertrauen, können wir dies in jedem Bereich erleben. Beispielsweise fühle ich mich manchmal sehr souverän, wenn ich bei einer Konferenz einen Vortrag halte. Es gibt aber auch Zeiten, in denen das nicht der Fall ist. Dann kann ich trotzdem zuversichtlich sein, solange sich meine Sicherheit auf Jesus gründet und nicht auf mich selbst oder darauf, wie ich mich fühle.

Der Apostel Paulus sagte sehr deutlich, dass er sein Vertrauen nicht auf menschliche Möglichkeiten setzte. Obwohl er viele natürliche Vorteile hatte, vertraute er nicht auf diese äußerlichen Dinge. Er betonte, dass unsere Zuversicht in Jesus Christus begründet liegt (siehe Philipper 3,3). Vertrauen ist Zuversicht auf denjenigen, dem man vertraut, und Zuversicht auf Jesus Christus verleiht uns ein Gefühl der Sicherheit. Wir sind dann in der Lage, unsere Arbeit gelassen zu tun, denn wir glauben, dass wir schaffen können, was zu tun ist. Zuversichtliches Vertrauen beseitigt Stress, Druck, Sorge und Versagensangst.

Vertrauen ist Zuversicht auf
denjenigen, dem man vertraut.

Wir können zuversichtlich *sein*, selbst wenn wir uns nicht zuversichtlich *fühlen*, und das ist ein sehr wichtiger Punkt. Gefühle sind unbeständig. Sie können sich jederzeit und ohne Vorwarnung ändern. Darum ist es nicht besonders klug, sich auf die eigenen Gefühle zu verlassen.

Vielleicht bewirbst du dich für eine Arbeitsstelle und bist anfangs zuversichtlich, weil du glaubst, dass du die nötigen Fähigkeiten dafür besitzt. Doch mitten im Bewerbungsgespräch hast du den Eindruck, dass dein Gegenüber dich nicht besonders mag. Plötzlich raubt dir dieser Gedanken (der nicht einmal den Tatsachen entsprechen muss) dein zuversichtliches Gefühl. Doch wenn du auf Gott ausgerichtet bleibst, kannst du darauf vertrauen, dass er dir Gunst verschaffen wird. Du kannst mit dem Gespräch in der Zuversicht fortfahren, dass du diese Arbeitsstelle bekommen wirst, wenn sie die richtige für dich ist.

Der Teufel möchte nicht, dass wir zuversichtlich sind, denn er weiß, dass wir ohne Zuversicht wenig im Leben erreichen. Selbst Menschen, die sehr talentiert, intelligent und fähig sind, brauchen Zuversicht. Sie ist für uns das, was der Treibstoff für ein Flugzeug ist: Ein Flugzeug kann fliegen, doch ohne Treibstoff bleibt es am Boden.

Es ist unmöglich, langfristig Zuversicht zu bewahren, wenn wir sie an das Falsche knüpfen – an Menschen oder Dinge –, denn diese sind unbeständig. Doch Gott ändert sich nie, und er lügt nicht! In einer Welt, die einem wogenden Meer der Unsicherheit gleicht, ist er der Fels, an dem wir uns festhalten können.

KAPITEL 2

Vertrauen bringt Ruhe

»Kommt alle her zu mir, die ihr müde seid und
schwere Lasten tragt, ich will euch Ruhe schenken.«
Die Bibel – Matthäus 11,28

Die alte Webster-Definition von »Vertrauen« besagt, es sei ein innerliches ruhiges Verlassen auf den guten Charakter eines anderen. Ich halte es für wichtig, ein Kapitel dieses Buchs dem Gedanken der inneren Gelassenheit zu widmen. Es ist etwas, das wir alle dringend brauchen und das die meisten von uns sich wünschen. In unserem Leben gibt es viel zu vieles, was unsere Aufmerksamkeit fordert und gleichzeitig ein Gefühl der *Über*forderung hervorruft. Gott möchte uns helfen, doch solange wir weiterhin versuchen, alles selbst zu bewältigen, zwingt er uns seine Hilfe nicht auf.

Oft bietet Gott uns Unterstützung an, indem er uns Menschen an die Seite stellt, die uns helfen, unsere Last im Leben zu tragen. Dave und ich haben zwei Söhne, die in unserer Organisation mitarbeiten. Gott hat sie uns geschenkt, damit sie uns helfen, die Last der Leitung einer so großen Organisation zu tragen. Am Anfang war es schwer, Dinge loszulassen, für die wir bis dahin verantwortlich waren, und diese Aufgaben unseren Söhnen zu übertragen. Es war eine Entscheidung, die wir treffen mussten, und sie hat unserer Seele große Ruhe verschafft.

Es gibt viele Dinge und Situationen, über die wir uns keine Gedanken mehr machen müssen, weil unsere Söhne sich für uns darum kümmern. Ich habe die Freiheit, zu lehren, zu schreiben, zu beten, zu studieren und meine Fernsehsendungen zu machen. Während ich hier sitze und schreibe, läuft in unserer Organisation vieles ab, wovon ich nicht einmal etwas weiß. Ich sehe das Ergebnis und es ist immer gut. Ich vertraue darauf, dass meine Söhne alle Aspekte regeln, die notwendig sind, um zu diesem Ergebnis zu kommen. Erst gestern erzählte mir mein Sohn Dan, dass es unsere Fernsehsendung jetzt auch auf Netflix USA gibt, und ich war angenehm überrascht. Das ist eine wunderbare Gelegenheit, noch mehr Menschen zu erreichen. Die Sache ist zustande gekommen, ohne dass ich daran beteiligt war, weil ich diesen Aspekt der Verwaltung unserer Organisation an jemand anderen abgegeben habe.

Mein Sohn David überraschte mich mit Bildern von einem Projekt in Tansania, das wir finanzieren und betreuen. Ich darf mich darüber freuen, noch mehr Menschen helfen zu können, aber ich musste mir nicht ein einziges Mal den Kopf über die tausend Einzelheiten zerbrechen, die zum Gelingen dieses Projekts notwendig waren.

Unsere Söhne arbeiten als Partner mit uns zusammen in unserer Organisation, und obwohl auch wir immer noch viel arbeiten, sind wir nicht überlastet. Wir werden nicht von Sorgen und Bedenken niedergedrückt, sondern sind innerlich gelassen.

Gott erfreut sich daran, uns zu überraschen, und tut es oft, wenn wir die Dinge in seine Hände und Obhut geben. Er möchte unser Partner im Leben sein, und wenn wir ihn lassen, können wir innerlich ruhig werden. Die Bibel sagt, dass wir zur Gemeinschaft mit Jesus Christus berufen sind. In 1. Korinther 1,9 heißt es:

> *Gott ist treu. Er hat euch berufen zur Gemeinschaft mit seinem Sohn Jesus Christus, unserem Herrn.*

Die Beziehung zu Gott beinhaltet viel mehr, als jeden Tag in der Bibel zu lesen, einmal pro Woche zum Gottesdienst zu gehen, ein bisschen Geld zu spenden und vielleicht ein paar gute Taten zu tun. Das ist lediglich Religion. Doch die reiche und wunderbare Beziehung, die uns durch den Glauben an Jesus Christus angeboten wird, ist eine Partnerschaft.

> Vertraue darauf, dass Gott dich
> befähigt, dein Bestes zu geben,
> und du seine Hilfe auch in allen
> anderen Dingen erlebst.

Gott schenkt uns Fähigkeiten und erwartet von uns, dass wir sie nutzen und ihm dabei immer vertrauen. Er steht außerdem bereit, um für alles zu sorgen, was wir nicht bewältigen können. Ich sage gern: *Vertraue darauf, dass Gott dich befähigt, dein Bestes zu geben, und du seine Hilfe auch in allen anderen Dingen erlebst.*

Innerer Friede

Gott bietet uns inneren Frieden an, wenn wir unser Vertrauen auf ihn setzen. Im Lauf eines Tages kommen uns viele Gedanken, die uns Sorgen machen oder uns beunruhigen können. Heute Morgen hatte ich es mit einer Frau zu tun, die sehr still war und kein Interesse an einem Gespräch mit mir zeigte. Ich dachte: *Ich glaube, sie mag mich nicht besonders.* Bei diesem Gedanken hatte ich das Gefühl, ich müsste vielleicht »etwas unternehmen«, um die Situation zu verändern, aber ich hatte keine Ahnung, was.

Wenn wir etwas versuchen, obwohl wir gar nicht wissen, wie wir es anpacken sollen, entstehen daraus immer Stress, Sorge, Unruhe und manchmal auch Angst. Gibt es Dinge in deinem Leben, bei denen du das Gefühl hast, du müsstest sie »in Ordnung bringen«, aber du hast keine Ahnung, wie? Wenn ja, kannst du das Gleiche tun wie ich heute Morgen und beten. Gib die Situation an Gott ab und vertraue darauf, dass er die Sache »in Ordnung bringt«. Ich betete einfach: »Vater, ich lege meine Beziehung zu Frau _____ in deine Hände. Ich vertraue sie dir an und bitte dich, daraus zu machen, was du willst.« Sofort hatte ich wieder inneren Frieden.

Etwas später meldete sich eines meiner Kinder bei mir. Ich merkte, dass es ihm seelisch nicht gut ging, und fragte, ob ich irgendwie helfen könne. Es sagte Nein, und sofort dachte ich: *Was ist denn bloß los? Hat es sich mit jemandem gestritten? Fühlt es sich körperlich nicht gut? Was ist da nur passiert?* Ich hatte meinen »Rucksack« gepackt und war bereit, ihn den ganzen Tag mit mir herumzutragen, als mir wieder einfiel, dass ich die Situation an Gott abgeben konnte. Er war der Einzige, der wusste, was nicht in Ordnung war, und der etwas dagegen unternehmen konnte.

Ich betete: »Vater, bitte hilf meinem Kind, dass es sich bewusst entscheidet, einen guten Tag zu verleben. Lass es sehen, wie gesegnet es ist, lass es dankbar und nicht traurig sein.« Kurz nach diesem Gebet bekam ich eine SMS: »Es geht mir schon viel besser. Hab dich lieb!«

Wir können jeden Tag viele solcher Erfahrungen machen. Kein Wunder, dass Menschen gestresst sind, wenn sie Gott weder vertrauen noch ihre Sorgen auf ihn werfen können. Ich war mein halbes Leben lang so ein Mensch. Doch ich bin sehr dankbar dafür, dass ich jetzt weiß, was ich mit meinen Sorgen machen kann.

Involviere Gott in deinen Alltag, indem du mit ihm über alles redest. Beten bedeutet einfach mit Gott reden. Ich möchte dich ermutigen, es nicht als Pflicht zu betrachten, die wir ableisten müssen. Das Gebet ist unsere Möglichkeit, Gott in alle Bereiche unseres Lebens hineinzulassen – auch in die, die uns unseren Frieden rauben und uns unruhig machen wollen.

Lass dir nicht einreden, dass du keine Wahl hast, worüber du nachdenkst. Wenn du besorgt oder unruhig bist, kannst du dich entscheiden, über etwas anderes nachzudenken. Die Bibel fordert uns auf, falsche Gedanken zu zerstören und »alles Denken in den Gehorsam gegen Christus« gefangen zu nehmen (siehe 2. Korinther 10,5 LUT). Mir persönlich hilft es, in der Gemeinschaft mit Jesus zu bleiben, wenn ich den ganzen Tag über mit ihm rede – über alles, was ich tue und was mich beschäftigt. So kann ich seine Gegenwart genießen und gleichzeitig Hilfe von ihm empfangen.

Was dachte Jesus in Situationen, die wir als »problematisch« einstufen würden? In der Bibel finden wir viele Beispiele dafür, wie er mit solchen Situationen umging. Jedes Mal traf er die bewusste Entscheidung, seinem Vater im Himmel zu vertrauen. Selbst als er am Kreuz hing und das Gefühl hatte, von Gott verlassen zu sein, sagte er: »*Vater, ich lege meinen Geist in deine Hände!*« (Lukas 23,46). Das war der schwerste Moment in seinem Leben, und dennoch vertraute er Gott – inmitten von schrecklichem Schmerz und Leid!

An anderer Stelle berichtet die Bibel davon, wie Jesus mit seinen Jüngern in einem Boot unterwegs war, als plötzlich ein orkanartiger Sturm losbrach. Die Jünger gerieten in Panik und waren voller Angst, doch Jesus lag hinten im Boot und schlief. Als sie ihn weckten und ihm ihre Angst mitteilten, fragte Jesus sie: »*Warum seid ihr so ängstlich? Habt ihr immer noch keinen Glauben (kein festes Vertrauen)?*« (Markus 4,40).

Gott erwartet, dass wir ihm vertrauen! Er gibt uns diese Möglichkeit, und wir täten gut daran zu lernen, uns immer dann, wenn wir versucht sind, uns Sorgen zu machen, für das Vertrauen zu entscheiden. Warum sollten wir unglücklich sein, wenn das gar nicht nötig ist?

Und was ist, wenn ich das Gewünschte nicht bekomme?

Eines der grundlegenden Hindernisse in dem Lernprozess, Gott zu vertrauen, ist wohl die Angst, nicht das zu bekommen, was wir haben wollen. Die meisten von uns sind der Überzeugung, nur dann das zu bekommen, was wir haben wollen, wenn wir uns selbst darum kümmern. Diese Angst hält uns davon ab, *irgendjemandem* vollständig zu vertrauen.

Meine Eltern waren egoistisch und gewalttätig. Darum wuchs ich mit dem Gefühl auf, dass niemandem meine Interessen am Herzen lagen. Meine innere Haltung war: *Wenn ich nicht selbst für mich sorge, tut es keiner!* Vielleicht erkennst du diese Haltung wieder und es geht dir damit genauso schlecht wie mir damals.

Mir mangelte es an Bereitschaft, meinem Mann Dave zu vertrauen, und das verletzte ihn oft. Ich ging davon aus, dass er egoistische Entscheidungen treffen würde, die nur ihm Vorteile brachten. Ich glaubte zwar, dass er mich liebt, aber meine Eltern hatten mir auch gesagt, dass sie mich liebten, und ich hatte erlebt, worauf das hinauslief. Ich konnte erst lernen, anderen zu vertrauen, als ich der bedingungslosen Liebe Gottes glaubte und erkannte, dass Gott mich heilen und trösten würde, selbst wenn Menschen mich verletzten. Gottes Gedanken und Pläne beinhalten immer das, was für uns am besten ist. Glauben wir das, dann können wir ihm vertrauen und lernen, auch anderen zu vertrauen.

Gottes Gedanken und Pläne beinhalten
immer das, was für uns am besten ist.

Wenn wir Gott vertrauen, ist das keine Garantie dafür, dass wir immer bekommen, was wir wollen. Aber wenn wir es nicht bekommen, dann nur deshalb, weil Gott etwas Besseres für uns geplant hat. In meinem Leben habe ich mir oft Dinge gewünscht und Gott darum gebeten, sie aber nicht bekommen. Später erkannte ich, dass es gar nicht gut für mich gewesen wäre, wenn Gott mir gegeben hätte, was ich in dem Moment haben wollte. Sobald wir lernen, das, was Gott für uns will, mehr zu wollen als alles, was wir uns selbst wünschen, können wir in jeder Situation inneren Frieden erleben.

Auch in dieser Hinsicht ist Jesus uns ein Vorbild. Kurz vor seinem leidvollen Tod im Garten Gethsemane betete er:

»Vater, wenn du willst, dann lass diesen Kelch des Leides an mir vorübergehen. Doch ich will deinen Willen tun, nicht meinen.«
Die Bibel – Lukas 22,42

Unser innerer Friede hängt davon ab, ob wir bereit sind, darauf zu vertrauen, dass Gottes Wille besser ist als unserer, selbst wenn wir ihn nicht verstehen. Weil wir mit einem freien Willen erschaffen worden sind, haben wir die Wahl, unser Leben selbst in die Hand zu nehmen und für das zu leben, was wir wollen. Gott sei Dank, dass er uns auch noch eine andere Möglichkeit gibt, nämlich auf seine Güte und Souveränität zu vertrauen. Der Prophet Jesaja drückt es so aus: *Seine Herrschaft ist groß und der Frieden … in seinem Reich wird endlos sein* (Jesaja 9,6). Je mehr wir Gott die Herrschaft über unser Leben einräumen, umso mehr Frieden werden wir haben!

Wer sitzt am Steuer deines Lebens?

Wenn das Leben nicht nach unseren Vorstellungen verläuft und wir Gott nicht vertrauen, kann es leicht passieren, dass wir versuchen, ihm das Steuer aus der Hand zu reißen, ihn herumzukommandieren und ihm unseren Willen aufzuzwingen. Doch so landet leider selbst der beste Mensch in einem emotionalen und geistlichen »Straßengraben«. Wäre es nicht viel besser, Gott das Steuer unseres Lebens zu überlassen?

Neulich hörte ich eine Geschichte von zwei Teenagermädchen, die einen Tag zusammen verbrachten. Eine von ihnen war sehr spontan und tat oft Dinge, ohne sie wirklich zu durchdenken. Während der gemeinsamen Autofahrt hatte sie plötzlich die Idee, mit dem Mädchen am Lenkrad den Platz zu tauschen. Das versuchte sie daraufhin auch – mitten in der Fahrt. Obwohl die Fahrerin es anfangs nicht wollte, ließ sie sich auf das Experiment ein, und kurz darauf endeten die beiden mit einem kaputten Auto im Straßengraben.

Ich kann dir nur empfehlen, Gott das Lenkrad zu überlassen. Versuch nicht, mit ihm den Platz zu tauschen, während er dabei ist, dich dorthin zu bringen, wo er dich haben will. Überlass ihm die Führung und lerne, ihm zu folgen. Das ist die klügste, sicherste und erfüllendste Lebensweise.

An dieser Stelle soll Zeit für eine kleine Lesepause sein. Denk einmal für ein paar Minuten über folgende Fragen nach:
- Wer sitzt am Steuer deines Lebens?
- Wie viel inneren Frieden hast du?
- Wie oft verschwendest du einen ganzen Tag damit, dir um Dinge Sorgen zu machen, die dir den Frieden rauben?
- Hindert dich die Angst – nicht das zu bekommen, was du dir wünschst – daran, Gott zu vertrauen?
- Sehnst du dich nach innerem Frieden?
- Möchtest du das Leben viel mehr genießen?

Ehrliche Antworten auf diese Fragen können dir helfen herauszufinden, wie viel Vertrauen du wirklich hast. Fühl dich jedoch nicht verurteilt, wenn du feststellst, dass du Gott nicht so vertraust, wie du es solltest. Fang einfach an, dich für Vertrauen statt Sorgen zu entscheiden. Vielleicht ist der folgende Bibelvers ein guter Gedankenanstoß:

> *Die mit einem festen Sinn umgibst du mit Frieden, weil sie ihr Vertrauen auf dich setzen!*
>
> Die Bibel – Jesaja 26,3

Ich möchte dir einen Vorschlag machen, was du an deinem Gebetsleben vielleicht ändern könntest. Statt Gott einfach nur zu sagen, was du dir von ihm wünschst, füge deinen Bitten noch den folgenden Satz hinzu: »Aber, Herr, wenn das nicht das Richtige für mich ist, dann gib es mir bitte nicht!«

In meinem Leben gab es viele Situationen (und in deinem bestimmt auch), in denen ich mich sehr darum bemühte, etwas zu bekommen, was ich mir wünschte. Doch dann musste ich feststellen, dass es mich weder erfüllte noch befriedigte, sondern meine Situation sogar schlimmer machte. Die meisten von uns haben schon einmal etwas gekauft, was wir unbedingt haben wollten, uns aber eigentlich nicht leisten konnten. Am Ende setzten uns die Schulden sehr unter Druck. Oder wir haben uns wegen einer Meinungsverschiedenheit mit unserem Ehepartner gestritten. Nachdem wir uns durchgesetzt hatten, erkannten wir, dass es den gedanklichen und emotionalen Kummer, den wir erlebten, gar nicht wert war.

> Wenn wir das, was wir uns wünschen, nicht mit innerem Frieden haben können, ist es die Sache wahrscheinlich nicht wert.

Ich habe Folgendes gelernt: Wenn wir das, was wir uns wünschen, nicht mit innerem Frieden haben können, ist es die Sache wahrscheinlich nicht wert. Die Bibel fordert uns auf, den Frieden als »Schiedsrichter« in unserem Leben entscheiden zu lassen (siehe Kolosser 3,15). Nach vielen Jahren des gedanklichen und emotionalen Aufruhrs habe ich begriffen, dass Frieden etwas Wertvolles ist und wir alles dafür tun sollten.

Wenn es dir schwerfällt, Gott zu vertrauen, dann stell dir die Frage: »Liegt es daran, dass ich Angst habe, nicht das zu bekommen, was ich mir wünsche, wenn ich ihm vertraue?« Sollte die Antwort darauf ja lauten, hast du die Ursache für deinen Mangel an Vertrauen und Frieden gefunden.

Das Durchsetzen des eigenen Willens wird überbewertet. Es ist erstaunlich, wie viel Zeit wir darauf verschwenden, uns um die Befriedigung unserer Bedürfnisse zu kümmern – nur um am Ende festzustellen, dass wir doch nicht zufrieden sind.

Allein Gottes Wille kann uns letzten Endes zufrieden machen. Wir sind für ihn und seine Pläne erschaffen, und alles, was dahinter zurückbleibt, kann uns unmöglich bleibende Zufriedenheit schenken. Wenn wir jung sind, meinen wir vielleicht, das Wichtigste im Leben sei es, zu bekommen, was wir wollen. Im Lauf der Jahre lernen wir aber hoffentlich dazu und sammeln genug Erfahrungen, um bereitwillig zu sagen: »Ich will Gottes Willen mehr als meinen eigenen Willen.« Es gibt nichts Besseres, als im Einklang mit Gottes vollkommenem Willen zu leben!

KAPITEL 3

Wem kann ich vertrauen?

*… Mein Fluch lastet auf dem, der sich von mir
abwendet, seine Hoffnung auf Menschen setzt und
nur auf menschliche Kraft vertraut.*
                               Die Bibel – Jeremia 17,5

»Heutzutage kann man niemandem vertrauen.« Diesen Satz
hört man oft, und auch wir lassen uns manchmal zu derartigen
Aussagen hinreißen. Doch es stimmt nicht, dass niemand vertrauenswürdig ist. Es ist gefährlich, zum Zyniker zu werden
und so zu denken.

Ich gebe zu, dass es heute schwieriger ist, Menschen zu finden, denen man vertrauen kann – schwieriger, als es meiner
Erinnerung nach bisher je war. Aber ich weigere mich, mit einem Herzen voller Misstrauen und Argwohn zu leben. Ich habe
die bewusste Entscheidung getroffen, das Beste zu glauben und
Menschen zu vertrauen, es sei denn, sie geben mir einen konkreten Anlass, es nicht zu tun. Diese Entscheidung habe ich
jedoch nicht auf der Grundlage meiner Erfahrungen mit Menschen getroffen.

Im Alter von sieben Jahren wusste ich, dass ich meinen Eltern nicht vertrauen konnte, weil sie ichbezogen waren und
mich misshandelten. Auch anderen Verwandten, die ich um
Hilfe gebeten hatte, konnte ich nicht vertrauen. Sie verweiger-
ten mir ihre Hilfe mit der faulen Ausrede: »Ich will mich nicht
einmischen; das geht mich nichts an.«

Als ich zum Teenager und jungen Erwachsenen heran-
wuchs, machte ich weitere Erfahrungen, die mir laut und deutlich vermittelten: »Du kannst niemandem vertrauen!« Mit acht-

zehn Jahren heiratete ich einen jungen Mann, der mich mit anderen Frauen betrog und darüber hinaus ein Kleinkrimineller war. Am Ende landete er im Gefängnis. Mit Sicherheit begegneten mir auch Menschen, die vertrauenswürdig waren, doch ich war so wütend auf diejenigen, die mich verletzt und enttäuscht hatten, dass ich mich vor allem darauf konzentrierte.

Im Alter von dreiundzwanzig Jahren heiratete ich Dave. Von da an ging ich regelmäßig in die Kirche. Ich dachte, weil ich es nun mit »frommen Leuten« zu tun hatte, könnte ich ihnen vertrauen, und man würde mir nicht wehtun. Doch auch das stellte sich als Irrtum heraus. Tatsächlich erlebte ich einige der größten Enttäuschungen meines Lebens im Umgang mit Christen. (Ich kann beinahe hören, wie jetzt einige Leser »Amen dazu!« sagen.) Vielleicht hast du das Gleiche erlebt und könntest einige entsetzliche Geschichten von dem erzählen, was Menschen dir angetan haben.

Menschen im Allgemeinen, und auch wir selbst, sind fehlbar. Wenn wir etwas anderes glauben, sind schmerzliche Enttäuschungen vorprogrammiert. Jesus kam für die Schwachen, nicht die Starken, und dafür bin ich sehr dankbar. Ich bin ständig auf Barmherzigkeit und Vergebung angewiesen, und das bedeutet, dass ich diese Dinge ebenfalls großzügig weitergeben sollte.

Vertrauen – oder vielmehr der Mangel an Vertrauen – ist heutzutage ein weitverbreitetes Thema. Häufig hören wir von Anschuldigungen gegen Priester wegen sexuellen Missbrauchs. Im Enron-Skandal* wurden Tausende Menschen um die Ersparnisse ihres ganzen Lebens betrogen. Wir wählen Politiker, denen wir meinen vertrauen zu können, und sie enttäuschen uns, weil sie ihre Versprechen nicht halten.

Wie können wir die »Guten« von den »Bösen« unterscheiden? Woher wissen wir, wer vertrauenswürdig ist und wer

---

* Großer US-Unternehmensskandal im Jahr 2001, in den einer der damals größten Energiekonzerne der USA verwickelt war (Anm. d. Übers.).

nicht? Woher wissen wir, wem wir vertrauen können? Auf
diese Fragen gibt es keine einfachen Antworten. In manchen
Fällen können wir nicht einmal den Menschen vertrauen, denen es ein Herzensanliegen sein sollte, uns zu fördern und für
uns zu sorgen. Frag nur einmal die junge Frau, die von ihrem
Vater – einem angesehenen Diakon in der Kirche – missbraucht
wurde. Alle, selbst seine Familienangehörigen, glaubten, er sei
der Inbegriff von Aufrichtigkeit und Zuverlässigkeit. Doch am
Ende stellte sich heraus, dass er hinterlistig und böse war.

In einem Artikel mit der Überschrift »Wem kann man vertrauen?« schreibt Dr. Erwin W. Lutzer:

Warum sind Menschen nicht vertrauenswürdig? Wir denken
gern, dass wir von rationalen Instinkten gesteuert werden,
doch in Wahrheit werden wir von unseren egoistischen Wün-
schen getrieben. Und weil wir angesehen sein wollen, fällt es
uns leicht, sorgfältig auf unsere äußere Fassade zu achten,
während wir die Aufrichtigkeit unseres Herzens vollkommen
vernachlässigen. Genau genommen täuschen manche Men-
schen nicht nur andere, sondern am Ende sogar sich selbst.
Wenn unser Selbstbetrug komplett ist, kann es sein, dass wir
zu boshaften Menschen werden und die Menschen in unserem
Umfeld zerstören, um unser krankes Ich zu schützen.[3]

Ja, es ist schwer zu erkennen, wem man vertrauen kann. Ehe-
bruch findet so häufig statt wie nie zuvor. Viele Studenten sagen, dass sie in Prüfungen schummeln. Angestellte bestehlen
ihre Arbeitgeber. Man könnte die Liste beliebig fortsetzen. Weniger schwerwiegend, aber genauso frustrierend ist die Tatsache, dass es immer schwieriger wird, Qualitätsarbeit zu finden.
Und selbst so etwas Einfaches, wie darauf vertrauen zu können,
dass Menschen ihre Termine einhalten, ist selten. Wie sollen
wir damit umgehen?

Sollten wir mürrisch und misstrauisch werden und wie alle anderen sagen: »Heutzutage kann man einfach niemandem

mehr vertrauen«? Oder sollten wir uns entscheiden, allen zu vertrauen, es sei denn (und erst dann), sie geben uns genügend Anlass, es nicht zu tun? Ich bin dafür, anderen zu vertrauen. Ich weigere mich, mit einer misstrauischen Haltung zu leben, die mich unglücklich macht, nur weil es sein kann, dass mich einige Menschen enttäuschen.

Mit offenen Augen vertrauen

Wir können Menschen vertrauen, aber nicht in dem Ausmaß, wie wir Gott vertrauen sollten. Jesus sprach davon, und der Apostel Johannes hat es aufgeschrieben:

> *Aber Jesus vertraute sich ihnen nicht an, denn er kannte sie und wusste, wie es in den Menschen wirklich aussieht.*
>
> Die Bibel – Johannes 2,24

Damit ist nicht gemeint, dass Jesus niemandem vertraute. Vielmehr heißt es, dass er sich den Menschen nicht anvertraute. Was bedeutet das? Er gab sich nicht der Illusion hin, dass Menschen ihn nie enttäuschen würden. Er gab sich ihnen nicht vollkommen in die Hände.

> *Ihm brauchte über die menschliche Natur niemand etwas zu sagen.*
>
> Die Bibel – Johannes 2,25

Jesus wusste über die menschliche Natur und ihre Schwächen genau Bescheid. Er kam, um Menschen in ihrer Schwäche zu stärken und ihnen ihr Versagen und ihre Sünde zu vergeben. Wenn wir uns Frieden für unser Leben wünschen, sollten wir das auch tun.

Keiner von uns kann sagen, dass wir noch nie jemanden verletzt oder enttäuscht haben oder selbst verletzt oder enttäuscht wurden. Wir werden mit den Schwächen der menschlichen Natur konfrontiert. Ich verletze niemanden vorsätzlich, aber manchmal geschieht es trotzdem. Zu Beziehungen gehört die Bereitschaft, enttäuscht zu werden und doch weiterhin einen Weg zu finden, Vertrauen aufzubauen, statt aufzugeben.

> Es gibt einen Unterschied
> zwischen »Ich bin enttäuscht«
> und »Gott hat mich enttäuscht«.

Deshalb habe ich mich entschieden, mit offenen Augen zu vertrauen. Das heißt, ich erwarte von niemandem (außer Gott), mich nie zu enttäuschen. Und selbst von Gott bin ich gelegentlich erst einmal enttäuscht, wenn Dinge nicht so laufen, wie ich es mir gewünscht habe. Doch es gibt einen Unterschied zwischen »Ich bin enttäuscht« und »Gott hat mich enttäuscht«. Meine eigenen Erwartungen sind die Ursache meiner Enttäuschung, nicht Gott, denn die Bibel lehrt uns, dass Gott uns nie enttäuschen wird, wenn wir unsere Hoffnung auf ihn setzen (siehe Römer 5,5).

Falsche Erwartungen

Wenn wir Enttäuschungen erleben, sollten wir uns fragen, wie viel davon die Schuld eines anderen ist und wie viel unsere eigene. Ich finde, das ist eine interessante Frage. Ich habe bereits gesagt, dass Gott uns nie enttäuscht. Es mag sein, dass wir von etwas enttäuscht sind, das er tut oder nicht tut – doch das liegt dann an unseren falschen Erwartungen. Statt das zu wollen, was dem Willen Gottes entspricht, wollen wir unseren eigenen Willen durchsetzen.

Zu erwarten, dass ein Mensch uns nie verletzt oder enttäuscht, ist eine falsche Erwartung, denn die menschliche Natur ist unfähig, perfekt zu sein. Wir wünschen uns, dass andere wissen, was wir wollen oder wie es uns geht, und wenn das nicht der Fall ist, sind wir enttäuscht. Wir sind enttäuscht darüber, dass andere uns nicht verstehen. Doch warum sollte ich Dave vorwerfen, dass er nicht versteht, wie es mir geht, wenn es schlichtweg nicht in seiner Natur liegt, so zu empfinden wie ich? Er hat eine ganz andere Persönlichkeit als ich. Manches, was mir wirklich wichtig ist, ist ihm völlig gleichgültig und umgekehrt. Ich kann ihm erklären, wie es mir geht, und dann kann er Mitgefühl zeigen, weil er mich liebt. Allerdings weiß er dann immer noch nicht aus eigener Erfahrung, wie ich empfinde, weil er keinen Vergleichspunkt hat.

Eine Frau, die durch und durch verstanden werden will, sollte am besten mit einer anderen Frau sprechen – vorzugsweise mit einer, die eine ähnliche Persönlichkeit hat. Wenn Dave mit jemandem reden will, der sich für Sport interessiert, macht es keinen Sinn, wenn er sich mit mir unterhält. Ich kann aus Respekt so tun, als würde es mich interessieren, aber ich verstehe seine Begeisterung nicht. Ich war selbst nie sportbegeistert und daran wird sich vermutlich auch nichts mehr ändern.

Dave und ich sind jetzt fünfzig Jahre miteinander verheiratet. Unsere Ehe hat unter anderem deshalb so lange gehalten, weil wir vor langer Zeit gelernt haben, nichts voneinander zu erwarten, das wir unfähig sind zu geben. Es gibt manche Dinge, die können wir aus Freundlichkeit lernen, einem Menschen zu geben. Es gibt aber auch Dinge, bei denen das unmöglich ist. Dave möchte, dass ich das Leben genieße. Er weiß, dass ich das nur kann, wenn ich die Freiheit habe, wirklich und wahrhaftig ich selbst zu sein. Deshalb erfreut er sich daran, wer ich bin, und versucht nicht aus mir jemanden zu machen, der ich seiner Meinung nach sein sollte. Das Gleiche gilt für mich. Es hat einige Jahre gedauert, bis wir an diesen Punkt gekommen sind, und bis dahin haben wir uns aufgrund unserer falschen Erwartungen oft gegenseitig verletzt und enttäuscht.

Jesus wusste, dass seine Jünger ihn enttäuschen würden, und er war vorbereitet, als es tatsächlich geschah. Aus dem Grund warf ihr Handeln ihn nicht völlig aus der Bahn. Judas verriet ihn. Petrus verleugnete ihn. Alle schliefen in der Stunde seiner größten Not ein, statt – wie er sie gebeten hatte – mit ihm zu beten. Und doch liebte er sie ohne Einschränkungen. Er wurde nicht zynisch und sagte: »Ihr habt mich verletzt, also werde ich euch nie wieder vertrauen.« Er hatte keine falschen Erwartungen.

Es ist nicht falsch, von anderen zu erwarten, dass sie sich richtig verhalten und sich darum bemühen, uns nicht zu verletzen. Gleichzeitig sollten wir nicht erwarten, dass sie nie scheitern werden. Menschen sind nicht perfekt!

> Es ist klug, jeden Tag damit zu rechnen,
> dass Außerplanmäßiges geschieht.

Ich war früher oft enttäuscht und aufgebracht, weil sich Dinge nicht so entwickelten, wie ich es erwartet hatte. Doch irgendwann begriff ich, dass generell nur wenige Tage genau nach Plan laufen. Heute plane ich Ungeplantes ein. Das hilft mir, meinen inneren Frieden zu bewahren. Es ist klug, jeden Tag damit zu rechnen, dass Außerplanmäßiges geschieht.

Sieh's doch mal positiv ...

Wir haben von den Menschen gesprochen, denen wir nicht vertrauen können. Aber was ist mit denjenigen, die immer wieder bewiesen haben, dass man ihnen vertrauen kann? Wie gesagt, niemand ist vollkommen. Dennoch gibt es einige unglaublich bemerkenswerte Menschen in der Welt, die grundaufrichtig und -ehrlich sind. Wir können uns darauf verlassen, dass sie ihr Wort halten und nie vorsätzlich unser Vertrauen missbrauchen.

Ich habe das Vorrecht, einige dieser Menschen zu kennen, und ich bin sehr dankbar für sie. Wenn ich verletzt werde und versucht bin, wieder die alte »Man kann eben niemandem vertrauen«-Haltung zuzulassen, erinnere ich mich bewusst an diese außerordentlichen Menschen, die mir immer wieder Hoffnung geben.

Es ist viel besser, die gute, positive Seite einer Sache zu betrachten als die unangenehme, negative. Die eine schenkt uns Frieden und die andere raubt uns Frieden. Wäre es da nicht hilfreich, alles in unserer Macht Stehende zu tun, um unser Leben so schön wie möglich zu machen, indem wir die positive Seite im Blick behalten?

Einsicht

Es gibt eine Gabe des Heiligen Geistes, die sich »Unterscheidung der Geister« nennt (siehe 1. Korinther 12,4-11). Es ist eine über das Natürliche hinausgehende Gabe von Gott, die uns hin und wieder befähigt zu erkennen, wer böse und wer gut ist. Ich bete oft um diese Gabe. Ich weiß, dass Gott mich erkennen lassen kann, ob bei einem anderen Menschen etwas nicht in Ordnung ist, selbst wenn ich das »auf natürlichem Wege« niemals wissen könnte. Vor Kurzem hatte ich bei jemandem, den ich gerade erst kennengelernt hatte, diesen Eindruck. Jedes Mal, wenn ich ihn sah, dachte ich: *Ich traue dir nicht.* Zuerst rügte ich mich für diese misstrauischen und kritischen Gedanken, aber dann erzählten mir zwei verschiedene Personen ganz unabhängig voneinander, dass der Betreffende nicht war, wer er zu sein schien. Er präsentierte sich als frommer Mensch, dem es wichtig war, nach Gottes Willen zu leben, doch in Wirklichkeit verhielt er sich im täglichen Leben nicht so.

Ebenfalls vor nicht allzu langer Zeit hatte ich das Gefühl, dass mit einem unserer Angestellten etwas nicht stimmte. Ich wusste nicht, was es war, aber ich fühlte mich unwohl, sobald die Person anwesend war. Nach einigen Monaten stellten wir fest, dass dieser Mitarbeiter seine Arbeit nicht ordentlich machte und Dinge vertuschte, die eigentlich hätten offen angesprochen werden müssen. Weil ich bereits gespürt hatte, dass etwas nicht in Ordnung war, war meine Enttäuschung nicht so groß, wie sie gewesen wäre, wenn mich diese Entdeckung völlig überrascht hätte. Einsicht kann verhindern, dass wir uns auf die falschen Leute einlassen, und sie kann auch dazu beitragen, uns auf bestimmte Dinge vorzubereiten.

Wenn ich das Gefühl habe, dass etwas nicht stimmt, oder mir in Bezug auf eine Person etwas komisch vorkommt, verlasse ich mich nie allein auf dieses Gefühl, denn ich weiß, dass ich falschliegen könnte. Ich möchte niemanden bloß aufgrund eines Gefühls verurteilen oder ihm gegenüber mein Herz verschließen. Doch es macht mich vorsichtiger und ich beobachte den anderen genauer. Ich bete darum, dass Gott das Problem offenbart, wenn es denn eines gibt; und das tut er immer. Bete um Einsicht. Es wird verhindern, dass du dich täuschen lässt und vielleicht verletzt wirst.

Ein wahrhaft geistlicher Mensch ist ein Mensch mit Einsicht:

Vom Geist geleitet, beurteilen [untersuchen, prüfen, hinterfragen, unterscheiden] wir alles …

Die Bibel – 1. Korinther 2,15

Gott vertrauen

Menschen sind zwar nicht immer vertrauenswürdig, aber Gott ist es. Unser himmlischer Vater hat immer und immer wieder unter Beweis gestellt, dass wir ihm in jeder Hinsicht vertrauen können.

Mir ist bewusst, dass es Fragen gibt, die wir ansprechen müssen, wie zum Beispiel: Wenn Gott gut und souverän ist, warum tut er nicht etwas gegen die schrecklichen Situationen im Leben mancher Menschen? Wie können wir jemandem vertrauen, der etwas gegen unseren Schmerz unternehmen könnte und es doch nicht tut? Warum stößt guten Menschen Schlechtes zu? Mein Vater, ein böser Mensch, wurde dreiundachtzig Jahre alt – aber vor Kurzem war ich bei der Beerdigung einer siebenunddreißig Jahre alten gläubigen Frau, die ihren Mann und zwei kleine Kinder hinterließ. Warum leben böse Menschen manchmal sehr lange, während die guten jung sterben?

Auf einiges gibt es Antworten, aber selbst die Antworten, die wir haben, reichen nicht unbedingt aus, um jeden zufriedenzustellen. Ich werde diese Themen, so gut ich es mit meinen begrenzten Fähigkeiten kann, später in dem Buch noch behandeln. Allerdings möchte ich sagen, dass Gottvertrauen immer erfordert, dass einige unserer Fragen unbeantwortet bleiben und wir ihm *trotzdem* vertrauen. Gott grenzenlos zu vertrauen heißt auch, dass wir nicht aufhören, ihm zu vertrauen, wenn wir eine Frage ohne Antwort haben. Vielleicht kennen wir die Antwort nicht, doch wir dürfen in dem Glauben zur Ruhe kommen, dass unser Herr sie kennt.

Gott zu vertrauen ist ein Vorrecht. Es ist eine Entscheidung, die wir treffen können, wenn wir das wollen. Nachdem ich viele Jahre lang alles Mögliche infrage gestellt hatte, habe ich mich irgendwann entschieden, Gott zu vertrauen, weil ich andernfalls nie glücklich werden würde. Ich glaube, dass er meines Vertrauens würdig ist. Ich habe erlebt, wie es ist, mein Vertrauen auf etwas oder jemanden zu setzen, aber nichts und niemand war so fehlerlos, dass er mein *ganzes* Vertrauen verdient hätte. Also verschenke ich mein Vertrauen an Gott. Ich habe versucht, auf mich selbst zu vertrauen, und das war eine absolute Katastrophe. Ich habe versucht, anderen Menschen zu vertrauen, und obwohl es einige wirklich gute Menschen gibt, haben wir bereits festgestellt, dass die menschliche Natur fehlerbehaftet ist. Die Regierung, die Börse oder meine Rentenversicherung sind auch keine guten »Vertrauensträger«. Nach Betrachtung aller meiner Optionen gewinnt Gott – ich vertraue Gott!

Interessanterweise spürte ich eine kleine Freudenexplosion in meiner Seele, als ich diesen Satz gerade schrieb. Das sagt mir, dass Gott sich freut, wenn wir ihm vertrauen. Es gefällt ihm, und da er in den Menschen lebt, die zu ihm gehören, freuen wir uns auch, wenn er sich freut.

Falls du dich fragst, wo deine Freude hin ist, überprüfe einmal deinen Glauben. Paulus schrieb an die Römer, dass Freude und Frieden im Glauben zu finden sind (siehe Römer 15,13). Ich habe dieses Prinzip in meinem Leben getestet und weiß, dass es wahr ist. Wenn ich Gott vertraue, seinem Wort und seinen Verheißungen glaube, habe ich Frieden und Freude und genieße mein Leben. Doch wenn ich ihm nicht vertraue, bin ich voller Zweifel, Angst, Sorge und Unruhe. Das ist stressig und legt mir eine schwere Last auf, die ich nicht tragen will.

> »Vater, ich vertraue darauf, dass
> du mir helfen und mir beibringen
> wirst, dir zu vertrauen.«

Wir haben nur zwei Möglichkeiten: Gott vertrauen oder Gott nicht vertrauen. Wir können ihm nicht halbherzig vertrauen und trotzdem alle Vorteile genießen! Doch wie bereits angedeutet ist es wichtig, Gott gegenüber ehrlich zu sein. Masken bringen bei ihm nichts. Wenn es dir schwerfällt, Gott zu vertrauen, du es aber gern möchtest, kannst du folgendermaßen beten: »Vater, ich vertraue darauf, dass du mir helfen und mir beibringen wirst, dir zu vertrauen.«

Gott ist bereit, dir dort zu begegnen, wo du gerade stehst. Mit seiner Hilfe wirst du dann dahin gelangen, wo du sein sollst. Das ist die gute Nachricht des Evangeliums!

KAPITEL 4

Törichte Unabhängigkeit

Wir halten uns selbst nicht dazu fähig, irgendetwas
zu bewirken, was bleibenden Wert hätte. Unsere
Kraft dazu kommt von Gott.

Die Bibel – 2. Korinther 3,5

Gott vertrauen oder sich selbst vertrauen? Diese uralte Diskussion taucht jeden Tag so oft auf, wie Menschen über diese Frage nachdenken. Der Humanismus hat sich schon immer heftig gegen den Gedanken gewehrt, dass wir Gott brauchen.

Jeder Mensch, und vor allem jeder Christ, sollte sich bemühen, seine Talente bestmöglich einzusetzen Außerdem müssen wir viele Entscheidungen treffen. Doch wir sind nicht dazu berufen, unser Leben selbst zu bestimmen, zu tun, was wir wollen, und Gott zu ignorieren, bis wir einen Notfall haben, den wir selbst nicht lösen können.

Der Versuch, ein Leben unabhängig von Gott zu führen, wird nur zu geistiger, emotionaler und körperlicher Erschöpfung, Desillusionierung, Enttäuschung, möglicherweise Wut und ganz sicher Verwirrung führen.

In Josua 24,15 wird uns die Entscheidung vorgelegt, die wir treffen müssen, und es ist auch heute noch die wichtigste Entscheidung jedes gläubigen Menschen:

»Wenn ihr aber nicht bereit seid, dem Herrn zu dienen, dann entscheidet euch heute, wem ihr dienen wollt … Ich und meine Familie werden jedenfalls dem Herrn dienen.«

Von allen Warnungen, die ich heute geben kann, ist die wichtigste: »Entscheide selbst, ob du Gott dienen willst oder nicht, und lass nicht die Welt oder irgendjemanden sonst für dich entscheiden.«

Wem willst du das einzige Leben anvertrauen, das du hast? Dem A und O, der Anfang und Ende kennt? Oder den Göttern dieses Weltsystems und dem Geist der Unabhängigkeit?

Wem willst du das einzige Leben
anvertrauen, das du hast?

Was ist Unabhängigkeit?

Mit Unabhängigkeit meine ich den Versuch des Menschen, durch äußere Dinge wie Geld, Position, Macht, Aussehen, Besitz usw. Glück zu erlangen. Wenn wir davon überzeugt sind, dass diese Dinge uns glücklich machen, werden wir ihnen leidenschaftlich nachjagen. Stellen wir dann jedoch fest, dass sie uns nicht das geben, was wir erwartet haben, führt das zu einer tiefen Enttäuschung.

Jemand sagte einmal: »Viele Menschen verbringen ihr ganzes Leben mit dem Versuch, die Erfolgsleiter hinaufzusteigen, nur um oben festzustellen, dass ihre Leiter am falschen Gebäude lehnt.« Ich bezweifle, dass auf dem Sterbebett irgendjemand nach seinem Kontostand fragt. In dem Moment will man von Familie und Freunden umgeben sein – und hoffentlich auch von Gott.

Vielleicht hast du schon einmal gesagt (oder jemanden sagen hören): »Ich brauche niemanden. Ich kann für mich selbst sorgen.« Auch ich habe einige Jahre meines Lebens so oder ähnlich geredet. Ich bin allerdings dankbar für die Entdeckung, dass ich andere Menschen sehr wohl brauche und dass ich mehr als alles andere Gott brauche. Menschen, die so reden, wurden meist tief verletzt und haben nie eine echte Beziehung zu Gott durch Jesus kennengelernt. Sie vertrauen niemandem außer sich selbst und haben noch nicht erkannt, dass eine solche Unabhängigkeit die denkbar schlechteste Entscheidung ist. Sie müssen den einen wahren Gott kennenlernen, der sie erschaffen hat und bedingungslos liebt.

Es mag Menschen geben, die meinen, niemanden nötig zu haben. Doch Gott hat uns so erschaffen, dass wir einander brauchen. Ob es uns nun gefällt oder nicht, wir können unser Potenzial nicht vollständig entfalten, wenn wir nicht lernen, uns im Leben auf andere zu stützen und mit ihnen zusammenzuarbeiten. Jeder Einzelne hat Talente und Fähigkeiten, aber niemand hat alles. Gott stellt uns hinein in Beziehungen mit Menschen, die haben, was uns fehlt. Wenn wir lernen zusammenzuarbeiten, können wir Großes erreichen und unser Leben genießen.

Leider verschwenden wir viel Zeit damit, andere zu kritisieren, weil sie etwas nicht so tun, wie wir es tun würden. Wir lehnen sie ab, statt sie zu akzeptieren. Dadurch entgeht uns das, womit sie unser Leben bereichern könnten, und es beraubt sie dessen, was wir ihrem Leben hinzufügen könnten. Wir alle müssen etwas ungemein Wichtiges lernen, und zwar, wie wertvoll jeder Mensch ist. Die anderen sind so unvollkommen wie wir, und gute Beziehungen erfordern Arbeit und Einsatz, doch sie sind es auf jeden Fall wert.

Geh nicht davon aus, dass, nur weil dich jemand verletzt hat, *alle* dich verletzen werden. Es ist besser, zu vertrauen und vielleicht gelegentlich verletzt zu werden, als sich zu isolieren und sich zu weigern, jemandem das Herz zu öffnen. Ich hatte – aufgrund meiner Erfahrungen mit Menschen – eine Mauer um mein Herz gebaut und fürchtete mich davor, jemanden hereinzulassen. Ich hatte einige Beziehungen, aber sie waren nicht gesund, weil ich mehr Zeit damit verbrachte, mich vor Ablehnung zu schützen, als gute Beziehungen aufzubauen. Ich bin Gott dankbar, dass ich durch meine Beziehung zu ihm und durch die Kraft seines Wortes lernen durfte, wieder zu vertrauen.

Geh nicht davon aus, dass, nur
weil dich jemand verletzt hat,
alle dich verletzen werden.

Wenn Menschen dir wehgetan haben, möchte Gott deine verletzte Seele heilen. Er heilt diejenigen, die ein gebrochenes Herz haben, und schenkt ihnen Freude statt Kummer (siehe Jesaja 61,1-7). Er selbst wird eine schützende Mauer um dich sein. Gott gibt uns keine Garantie, dass wir niemals verletzt werden, doch wenn es geschieht, verspricht er uns, uns zu trösten, zu heilen und wiederherzustellen. Nimm dir Zeit, die folgende Bibelstelle langsam zu lesen und darüber nachzudenken. Sie hat mir in den Jahren, in denen ich lernte, mich auf Gott zu verlassen statt auf mich selbst, sehr geholfen.

Gepriesen sei Gott, der Vater von Jesus Christus, unserem Herrn. Er ist der Ursprung aller Barmherzigkeit und der Gott, der uns tröstet. In allen Schwierigkeiten tröstet er uns, damit wir andere trösten können. Wenn andere Menschen in Schwierigkeiten geraten, können wir ihnen den gleichen Trost spenden, wie Gott ihn uns geschenkt hat.

Die Bibel – 2. Korinther 1,3-4

Hätte ich meine verletzte Seele nicht von Gott heilen lassen, wäre ich nicht in der Lage, anderen zu vermitteln, wie sie von ihm Hilfe und Trost empfangen können. Auch für dich hat Gott vieles vorbereitet – Dinge, die du tun sollst, und Menschen, denen du helfen kannst. Vielleicht gehörst du zu den Menschen, die immer noch verletzt sind und im Schmerz ihrer Vergangenheit feststecken. Dann bete ich, dass du heute anfängst, Gottes Trost und Heilung zu empfangen. Der erste Schritt kann sein, dass du Gott einfach bittest, deine Seele zu heilen und dich in deinem Schmerz zu trösten.

Aber Gott wird dich nicht nur heilen, sondern auch die verlorenen Jahre deines Lebens wiederherstellen. Er verspricht, uns doppelten Segen für unsere frühere Not zu schenken, wenn wir unser Vertrauen auf ihn setzen. Das alles geschieht zwar nicht über Nacht, doch es geschieht nach und nach, während wir Gott weiter vertrauen und zusammen mit dem Heiligen Geist auf unser Heilsein hinarbeiten.

> Gott wird dich nicht nur heilen,
> sondern auch die verlorenen Jahre
> deines Lebens wiederherstellen.

In Jesaja 61,7 heißt es:

Statt doppelte Scham und Schande tragen zu müssen, werdet ihr über euer Teil jubeln, denn den doppelten Anteil eures Landes werdet ihr erben und euch wird ewige Freude zuteil.

Diese Verheißung Gottes hat sich in meinem eigenen Leben erfüllt und auch bei vielen anderen, die ich kenne. Solltest du das bisher noch nicht erlebt haben, kann es doch so werden. Vertrauen auf Gott ist der Schlüssel, der diese und alle weiteren Verheißungen aufschließt.

Der Törichte

Die Sprüche sind ein Buch der Bibel, das viele Weisheitsprinzipien enthält. Der Autor Salomo beschreibt ausführlich die Folgen sowohl von Weisheit als auch von Torheit. Es gibt Verheißungen für den Weisen und für den Törichten. Dem Weisen ist jeder Segen versprochen, den man sich vorstellen kann: Wegweisung, Schutz, ein langes Leben und gute Gesundheit, Wohlstand für den ganzen Menschen, Aufstieg und Ehre, um nur einige zu nennen. Der Törichte hingegen kann das genaue Gegenteil erwarten.

In den Sprüchen wird der Törichte oft als jemand beschrieben, der allzu selbstbewusst ist und sich nur auf sich selbst verlässt. Damit es ganz klar wird: Wer sich nur auf sich selbst verlässt, ist töricht, und die Folgen einer solchen Entscheidung sind niemals gut. Ein Mensch, der sich nur auf sich selbst verlässt, weigert sich, Rat anzunehmen. Er ist überzeugt davon, dass er immer richtigliegt. »Narren [erlangen] nur Schande«, heißt es in Sprüche 3,35. Törichte Menschen reden, ohne nachzudenken, und man kann sie an ihrer Art zu reden erkennen. Sie sind spöttisch und verächtlich und machen sich über die Gerechten lustig. Sie lieben das Böse und hassen, was gut ist. Eine der zerstörerischsten Eigenschaften von törichten Menschen ist ihr Stolz. Er führt sie in die Irre und sie weigern sich, auf Gott zu hören.

Ich glaube, man kann getrost behaupten, dass es viele törichte Menschen auf der Welt gibt. Sie werden die Frucht ihrer Torheit ernten – es sei denn, sie ändern sich. Gott ist wunderbar und schenkt uns immer einen Neuanfang, wenn wir ihn brauchen. Niemand muss in seiner Vergangenheit stecken bleiben, wenn er das nicht will. Obwohl ich mich viele Jahre nur auf mich selbst verließ, habe ich mich mit Gottes Hilfe verändert. Ich bin mir nun dessen bewusst, dass ich Gott ständig brauche, und ich brauche auch Menschen! Ich vertraue darauf, dass Gott die richtigen Menschen in mein Leben bringt – und wenn wir dann gemeinsam unser Vertrauen auf ihn setzen, geschehen erstaunliche Dinge.

Selbst hingegebene Christen tun ab und zu törichte Dinge. Zumindest weiß ich, dass das bei mir so ist. Vor einigen Monaten ging ich eine langfristige Verpflichtung ein, ohne sie gründlich zu durchdenken. Jetzt wünschte ich, ich hätte es nicht getan. Ich bin diese Verpflichtung aus dem Bauch heraus eingegangen, statt mir Zeit zu nehmen und Gott zu fragen, was er mir rät. Ich habe es eingesehen und Gott um Vergebung sowie um Hilfe gebeten, mein Wort halten zu können. Es wäre nämlich noch törichter, wenn ich mein Versprechen nicht halten würde. Außerdem kann ich aus dieser Fehleinschätzung lernen. Was ich damit sagen will: Wir alle handeln gelegentlich töricht, doch wenn unsere Herzensbeziehung zu Gott in Ordnung ist, kann er selbst aus unseren Fehlern etwas Gutes hervorbringen. Hin und wieder töricht zu sein und eigenwillige Entscheidungen zu treffen, ohne Gott um Rat zu fragen, ist nicht das Gleiche, wie ein törichter Mensch zu sein, der sich nur auf sich selbst verlässt.

Für mich war es ein Aha-Erlebnis, dass in der Bibel ein törichter Mensch als selbstzufrieden und im negativen Sinn unabhängig beschrieben wird. Dieses »sich nur auf sich selbst verlassen« ist ein größeres Problem, als wir es uns vorstellen können. Dadurch verschließt sich im Grunde die Tür zu aller Hilfe, die Gott uns anbietet. Wenn wir uns auf uns selbst verlassen, ist das Ergebnis winzig im Vergleich zu dem Großen, das durch unser Vertrauen auf Gott entstehen kann!

Du musst nicht alles allein schaffen

Wer niemandem als sich selbst vertraut, hat eine schwere Last zu tragen, denn das bedeutet, dass er alles allein bewältigen muss. Wow – bereits der Gedanke daran macht mich müde. Ich weiß noch, wie es war, als ich so lebte. Ein Teil der Definition von Vertrauen ist »sich verlassen«, und das bedeutet »sich stützen auf«, »angewiesen sein auf«, »zählen auf«. Wenn wir uns aufeinander stützen, wird unsere Last damit sofort leichter.

Wenn du dich sagen hörst: »So kann ich nicht mehr lange weitermachen«, heißt das wahrscheinlich, dass du versuchst, mehr zu tun als das, wofür du geschaffen wurdest. Jeder von uns hat Grenzen. Wir können diese Grenzen erkennen, wenn wir auf unser Stressbarometer achten. Ist meine Last derart schwer, dass ich ständig erschöpft bin, mich häufig beklage und meistens mürrisch und ungeduldig im Umgang mit anderen Menschen bin, bin ich über meine Grenzen hinausgegangen. Dann brauche ich Hilfe, entweder von Gott oder von jemandem, den er geschickt hat. Ich muss mich auf andere stützen, doch das ist schwer, wenn ich nicht vertrauen kann.

Müssen wir wirklich alles tun, was wir tun? Sind wir die Einzigen, die erledigen können, was zu erledigen ist? Oder haben wir einfach Angst, anderen zu vertrauen? Hängt vielleicht unsere Identität (unser Selbstwert) davon ab, dass wir diejenigen sind, die »alles selbst machen«? Um diese Frage ehrlich beantworten zu können, müssen wir ein wenig in uns gehen. Wir sind sehr gut darin, uns vor uns selbst zu verstecken. Wie viele Menschen kennen sich und die Beweggründe ihres Handelns wirklich? Haben wir Angst davor, uns zu fragen, warum wir glauben, alles selbst erledigen zu müssen, weil uns die Antworten vielleicht nicht gefallen, auf die wir stoßen? Zu meinen schmerzlichen Entdeckungen gehörte die Erkenntnis, dass ich ein stolzer Mensch und überzeugt davon war, niemand sonst könnte die Dinge so gut erledigen wie ich. Deshalb hatte ich das Gefühl, ich müsste alles selbst machen. (Aua!)

In meiner Vergangenheit hatte ich außerdem viel Ablehnung erlebt. Ich zögerte, um Hilfe zu bitten, weil ich dachte, man würde mich dann zurückweisen. Es ist nicht angenehm, um Hilfe zu bitten und ein Nein als Antwort zu erhalten. Wie viele andere Menschen auch hatte ich Angst, unter die Oberfläche meines Lebens zu schauen. Aus dem Grund erledigte ich weiterhin alles selbst, bis ich kurz vor dem Kollaps stand. Erst dann bat ich Gott um Hilfe!

Solltest du das Gefühl haben, am Ende deiner Kräfte zu sein, wende dich an Gott und bitte ihn um Hilfe. Wenn wir Gott um Hilfe bitten, verabreicht er uns meist eine große Dosis Wahrheit, die nicht immer leicht zu schlucken ist. Die Wahrheit macht uns frei, aber nur, wenn wir sie annehmen – und ehrlich gesagt tut das meistens weh.

Es fiel mir schwer zuzugeben, dass ich stolz war, dass ich gern alles unter Kontrolle hatte, dass ich mich auf mich selbst verließ und dass meine »Ich brauche niemanden«-Einstellung dem Willen Gottes nicht entsprach. Als Gott mir das alles klarmachte, fühlte ich mich so, als hätte mir jemand die Seele aufgerissen und mich bloßgestellt. Das war sehr unangenehm, aber die Wahrheit hat mich frei gemacht. Und so wird es auch bei jedem sein, der bereit ist, die Wahrheit anzunehmen.

Heute *will* ich nicht mehr alles selbst machen, und ich weiß auch, dass ich nicht alles allein schaffen *kann*. In Wahrheit konnte ich es nie, und bei dir ist es nicht anders.

Gott zu vertrauen ist der Anfang aller Heilung. Wir müssen seinem Handeln vertrauen, auch wenn es erst so aussieht, als würde dadurch vieles noch schlimmer werden. Es ist schwer zu verstehen, warum die Heilung mehr wehtun kann als die Krankheit, aber in Seelenangelegenheiten ist das oft der Fall. Ich hatte eine Seelenkrankheit. Ich konnte nicht vertrauen. Ich lebte in Angst. Mein Rucksack war voller schwerer Lasten und ich trug ihn ständig mit mir herum. Tatsächlich bin ich froh, dass ich meine Vergangenheit als Vergleichspunkt habe, denn das hilft mir zu sehen, wie wunderbar mein Leben heute ist. Wenn ich mich an den Druck erinnere, unter dem ich lebte, und daran denke, wie unbeschwert und frei ich heute bin, staune ich zutiefst über die Macht und Güte Gottes!

> Gott zu vertrauen
> ist der Anfang
> aller Heilung.

Ich spreche über meine Vergangenheit, weil ich glaube, dass viele Menschen dort noch festhängen, wo ich mich damals befand. Mein Gebet ist, dass es müde Seelen ermutigt, vom Freiwerden eines anderen Menschen zu hören und zu begreifen, dass das Gleiche auch für sie möglich ist – sobald sie in ihrem Leben »loslassen und Gott machen lassen«.

Stütze dich auf Gott und verlass dich darauf, dass er dir hilft und sich um dich kümmert.

Ich bin immer wieder schockiert, wenn ich an all die Menschen in der Welt denke, die meinen, Gott nicht zu brauchen. Hätte ich Gott nicht jeden Augenblick in meinem Leben, würde für mich nichts einen Sinn ergeben. Er hat uns dazu erschaffen, ihn zu brauchen. Deshalb können wir ohne ihn kein wahrhaft gutes Leben führen. Mancher betrügt sich vielleicht selbst und meint, er habe »alles beieinander«, doch auch für ihn kommt der Tag der Abrechnung. Irgendwann kommt jeder ans Ende seiner Kräfte – und besitzt dann hoffentlich genug Demut, Gott in sein Leben einzuladen.

Falls dich irgendetwas in diesem Kapitel über ungesunde Unabhängigkeit angesprochen hat und du Hilfe brauchst, dann bitte darum! Gott ist der größte Experte, wenn es darum geht, Menschen zu helfen. Sein Heiliger Geist ist hier bei uns, und er wird »der Helfer« genannt (siehe Johannes 14,26). Stell dir nur vor: Du hast einen göttlichen Helfer, der jederzeit bereitsteht. Wie wär's, wenn du ihm etwas zu tun gibst? Du musst wirklich nicht alles allein schaffen. Die Wahrheit ist, dass Jesus bereits alles getan hat, und durch den Glauben an ihn kannst du erleichtert aufatmen und deine Last loswerden!

Du kannst dich auf Gott verlassen statt auf dich selbst.

KAPITEL 5

Gott vertrauen und Gutes tun (Teil 1)

Hoffe (verlass dich, vertraue) auf den HERRN und
tue Gutes, bleibe [oder: so bleibst du] im Lande und
nähre dich redlich [oder: so wirst du dich von seiner
Treue ernähren und wahrhaft genährt werden].

Die Bibel – Psalm 37,3

Psalm 37,3 enthält das Versprechen, dass wir, wenn wir Gott vertrauen und Gutes tun, genährt werden. Dabei geht es nicht nur darum, genügend zu essen zu haben. Es bedeutet auch, dass wir innere Zufriedenheit genießen. Vielleicht wünschen wir uns, dass sich manches in unserem Leben ändert, doch während wir warten, kann unsere Seele aufgrund unserer Beziehung zu Gott zufrieden sein.

Gottvertrauen ist ein großer Vorteil für ein Kind Gottes, denn so kann es sein Leben genießen, statt bloß zu überleben. Dabei sollten wir nicht vergessen, dass es sowohl eine bewusste Entscheidung unsererseits als auch ein Vorrecht ist, Gott zu vertrauen. Doch es muss noch etwas anderes hinzukommen, damit wir diesen Vorteil voll und ganz genießen können – und das ist »Gutes tun«.

Es könnte sein, dass dieses Kapitel das wichtigste im ganzen Buch ist. Mir selbst hat das biblische Prinzip von Psalm 37,3 sehr geholfen, und ich glaube, auch für dich kann es von großer Bedeutung sein.

Gott zu vertrauen bedeutet, dass wir unsere Sorgen auf ihn werfen und uns weigern, unruhig oder ängstlich zu sein. Damit ist aber nicht gemeint, dass wir unsere Verantwortung über

Bord werfen. Oft zeigt uns Gott etwas Bestimmtes, das wir tun müssen, um zu bekommen, was wir uns wünschen. Manche Menschen haben die irrige Vorstellung, dass Gott zu vertrauen etwas Passives ist und bedeutet, dass wir nichts tun, während wir darauf warten, dass Gott alles tut. Das stimmt aber nicht. Zum Beispiel wird jemand, der darauf vertraut, dass Gott ihm zu einer Arbeitsstelle verhilft, selbst aber nicht danach sucht, wahrscheinlich keine guten Ergebnisse erzielen.

Paulus brachte es in dem Brief an die Epheser gut auf den Punkt. Er sagte, sie sollten alles tun, was in der Krise erforderlich ist, und dann fest an ihrem Platz stehen (siehe Epheser 6,13). Dort zeigt sich ebenfalls das Prinzip »Gott vertrauen und Gutes tun«. Tu, was du tun kannst und sollst, und vertrau darauf, dass Gott tut, was du nicht tun kannst oder sollst.

Unsere erste »Aktion« muss immer sein, Gott in jedem Bereich unseres Lebens zu vertrauen. Das Zweite ist die Bereitschaft, alles zu tun, was Gott uns aufträgt. Die Art und Weise, wie ich bete, wenn ich etwas brauche, hat sich im Lauf der Zeit verändert. Statt zu sagen: »Ich vertraue darauf, Herr, dass du das für mich tust«, sage ich heute: »Herr, ich vertraue darauf, dass du dich um diese Situation kümmerst. Und wenn es etwas gibt, das ich tun muss, dann zeige es mir bitte.« Vielleicht ist das auch für dich ein guter Schritt, es sei denn, du betest bereits so. Ich glaube, es hilft uns, bewusster darauf zu achten, ob Gott eine Anweisung für uns hat.

Am 1. Januar 2015 schrieb ich in mein Tagebuch, dass ich mir wünschte, mehr Kraft zu haben. Kurz danach kam mir der Gedanke, jeden Tag spazieren zu gehen. Ich machte bereits drei Mal pro Woche mit einem Trainer Sport, aber nun hatte ich den Eindruck, ich sollte zusätzlich noch spazieren gehen. Ich verließ mich darauf, dass Gott mir täglich den Wunsch und die Fähigkeit gab, es zu tun. Nach nur wenigen Monaten lief ich rund acht Kilometer pro Tag und hatte mehr Kraft als je zuvor. Ich hatte mehr Durchhaltevermögen und war geistig viel wacher. Außerdem nahm ich etwas ab, und obwohl das nicht mein Hauptziel war, begeisterte es mich. Das zusätzliche Kreislauftraining war also genau das, was mein Körper brauchte. Ich vertraute darauf, dass Gott mir mehr Kraft schenken würde, und er forderte mich auf, etwas Bestimmtes zu tun. Gleichzeitig gab er mir aber auch den Wunsch und die Fähigkeit dazu. Wenn du Gott vertraust und wirklich bereit bist, alles zu tun, was er von dir verlangt, wirst du über die Fortschritte staunen, die du im Hinblick auf dein Ziel machst.

> Ich vertraute darauf, dass Gott mir
> mehr Kraft schenken würde, und
> er forderte mich auf, etwas
> Bestimmtes zu tun.

Etwas anderes, das vor Kurzem geschah, betraf meine Augen. Ich habe extrem trockene Augen, die manchmal brennen, und das kann sehr schmerzhaft sein. Ich benutze Augentropfen, die in diesem Zusammenhang empfohlen werden, und habe einen Luftbefeuchter in meinem Schlafzimmer. Obwohl das alles hilft, ging es mir immer noch nicht gut. Besonders schlimm war es, wenn ich an Orte mit trockenem Klima reiste, was ich im Rahmen meiner Arbeit häufig tue.

Ich betete diesbezüglich – so wie ich es schon oft getan hatte. Dieses Mal schien Gott mir zu sagen, ich solle viel mehr Wasser trinken als bisher. Dabei dachte ich, ich würde schon viel trinken! Den gleichen Vorschlag hatte ich bereits von verschiedenen Seiten bekommen. Doch weil ich der Meinung war, ich würde schon viel trinken, glaubte ich, das hätte nichts mit meinem Problem zu tun, und verwarf den Vorschlag. Es ist interessant, wie unser Stolz uns daran hindert, einen Vorschlag überhaupt in Betracht zu ziehen. Wir sollten im Gebet wenigstens über den Rat nachdenken, den wir von anderen erhalten, und abwarten, ob Gott ihn bestätigt. Er spricht häufig durch Menschen zu uns, doch wir müssen demütig genug sein, um auf sie zu hören.

Wie gut, dass Gott uns nicht aufgibt! Obwohl er bereits versucht hatte, mir durch andere Menschen mitzuteilen, was ich tun sollte, war er so gnädig und sagte es mir selbst. Ich hatte den Eindruck, ich sollte doppelt so viel trinken wie bisher, vor allem, wenn es sich um ein trockenes Klima handelte. Das hieß, dass ich acht Halbliterflaschen Wasser pro Tag trinken musste! Ich stellte die acht Flaschen also auf den Tisch und fing an zu trinken – und tatsächlich, es wirkte sich positiv auf meine Augen aus. Es ist zwar nicht perfekt, aber auf jeden Fall besser als vorher. So viel Wasser zu trinken ist eine Herausforderung und gelingt mir nicht jeden Tag. Aber aus Erfahrung weiß ich, dass ich mir eine neue Gewohnheit antrainieren kann. Was jetzt noch schwierig ist, wird irgendwann zu meinem Lebensstil gehören.

Wie gut, dass Gott uns nicht aufgibt!

Ein andermal konnte ich nachts nicht schlafen, und nachdem ich mich bis in den frühen Morgen im Bett herumgewälzt hatte, fragte ich Gott, was da nicht stimmte. Er machte mich schnell auf einen Vorfall an jenem Tag aufmerksam, bei dem ich jemandem gegenüber unhöflich und unfreundlich gewesen war. Ich wusste sofort, dass ich Gott um Vergebung bitten musste, und das tat ich auch. Außerdem musste ich die betreffende Person so bald wie möglich um Vergebung bitten. Gleich danach schlief ich ein!

Mein Ziel im Leben ist es, Gott zu vertrauen und Gutes zu tun. »Gutes tun« bedeutet, das Gute zu tun, was Gott uns aufträgt, und ihm in allem unverzüglich zu gehorchen. Es gibt noch einen anderen Aspekt, über den ich im nächsten Kapitel sprechen möchte, doch in diesem Kapitel wollen wir uns damit befassen, wie wichtig es ist, sich sofort auf die Führung des Heiligen Geistes einzulassen.

Unser Helfer

Als Jesus in den Himmel zurückkehrte, schickte er uns einen anderen Tröster und Helfer – den Heiligen Geist. In Johannes 14,16 sagte er:

Und ich werde den Vater bitten, und er wird euch einen anderen Ratgeber (Tröster, Helfer, Fürbitter, Anwalt, Kraftgeber, Beistand) geben, der euch nie verlassen wird

Jesus schickte seinen Geist, um jederzeit *bei* uns und *in* uns zu sein. Der Heilige Geist führt uns, wie es in Johannes 16,13 heißt. Es ist ein wunderbarer Gedanke, dass ich einen heiligen Helfer habe, der mit mir durchs Leben geht. Ich hoffe, dieser Gedanke begeistert dich auch! Wir sind weder allein unterwegs noch müssen wir alles selbst bewältigen, weil der Heilige Geist da ist, um uns zu helfen. Er leitet uns und hilft uns zu erkennen, was wir tun sollen. Er schenkt uns Kraft und befähigt uns. Es ist wichtig, sich immer auf Gott zu verlassen, denn ohne ihn können wir nichts tun (siehe Johannes 15,5). Wenn wir unser Vertrauen auf Jesus setzen und uns auf ihn verlassen, nimmt uns das den Druck, der auf uns lastet.

Wenn Gott möchte, dass wir etwas Bestimmtes tun, ist uns vielleicht nicht immer sofort klar, wie sich das konkret umsetzen lässt. Doch wenn wir geduldig auf Gott warten und ihm vertrauen, wird er seinen Willen offenbaren. Es gab Zeiten in meinem Leben, in denen ich darauf wartete, dass Gott sich um eine bestimmte Situation kümmern würde. Dabei hatte ich den Eindruck, dass meine Aufgabe darin bestand, positiv über diese Situation zu sprechen und ihm schon im Voraus für die Lösung zu danken. Einige Male forderte Gott uns auf, eine große Spende zu geben; in anderen Situationen sollten wir fasten und in wieder anderen Situationen trug er uns auf, ihn einfach anzubeten und zu warten. Es ist nicht hilfreich, vorgefasste Meinungen zu haben, wie Gott handeln oder zu uns sprechen wird, denn er hat endlos viele Möglichkeiten!

Gott führt diejenigen, die sich
seine Wegweisung wünschen!

Wenn Gott spricht (führt und leitet), spüren wir meist deutlich in unserem Herzen, welche Richtung wir einschlagen sollen, oder wir haben Gedanken und Ideen, die uns nicht mehr loslassen. Gott führt diejenigen, die sich seine Wegweisung wünschen! Manchmal lernen wir auch aus Fehlern. Angenommen du handelst aus Glauben heraus und stellst fest, dass du Gottes Anweisung missverstanden hast, dann gib nicht auf.

Tue ich etwas, das Gott nicht will, fühle ich mich in meinem Geist und meiner Seele unwohl. Ich habe gelernt, dass ich – wenn dieses Gefühl anhält – eine andere Richtung einschlagen muss. Ich warte dann, um herauszufinden, welche es ist. Tue ich das, was Gott von mir möchte, spüre ich Frieden, Gnade und Freude.

Wer hat in deinem Leben das Sagen? Wenn es Gott ist, dann wird alles gut werden, andernfalls wird es nicht so gut enden.

Was er dir sagt, das tue!

Ich erzähle oft von einer Begebenheit mit einer jungen Frau, die am Ende einer Konferenz zu mir kam und um ein Gespräch mit mir bat. Sie hatte an dem Wochenende Zeit mit mehreren Frauen verbracht, die von ihren persönlichen Erfahrungen mit Gott berichteten – von Dingen, die Gott ihnen zu tun aufgetragen hatte. Nachdem sie diese Dinge getan hatten, erlebten sie die Veränderungen, die sie so dringend brauchten. Die junge Frau sagte: »Joyce, alles, was Gott diesen anderen Frauen aufgetragen hat, hat er auch mir gesagt. Aber der Unterschied zwischen uns war, dass sie das taten, was Gott ihnen aufgetragen hatte, und so eine Lösung für ihre Probleme fanden. Ich hingegen habe es nicht getan.« Wenn wir im Leben vorankommen und die Hürden auf unserem Weg nehmen wollen, ist es notwendig, dass wir der Leitung des Heiligen Geistes folgen!

Viel einfacher kann es kaum sein. Ein gutes biblisches Beispiel hierfür finden wir in Johannes 2. Als auf der Hochzeit von Kana der Wein ausging, wünschte sich Jesu Mutter ein Wunder. In Vers 5 wandte sie sich an die Diener und sagte zu ihnen: *»Tut, was immer er [Jesus] euch befiehlt.«* Wenn du Gott noch nicht erlaubt hast, Herr aller deiner Lebensbereiche zu sein, bist du dann bereit, dies zu deinem neuen Ziel zu machen? Wenn ja, wirst du es nie bereuen.

Frag dich mal ganz ehrlich: »Vertraue ich Gott wirklich? Habe ich getan, was er mir aufgetragen hat, oder schiebe ich den Gehorsamsschritt vor mir her und hoffe, trotzdem das zu bekommen, was ich will?« Ist es möglich, Gott zu vertrauen, ohne bereit zu sein, ihm zu gehorchen? Ich glaube nicht. Das mag hart klingen, aber ich denke, es ist wahr. Gott zu vertrauen bleibt nichts weiter als geistliche Theorie, es sei denn, wir vertrauen ihm so sehr, dass wir tun, was er von uns verlangt. Manchmal bedeutet das auch, nichts zu tun, wenn es das ist, was er will.

Was ist, wenn Gott uns auffordert, nichts zu tun?

Manchmal fordert Gott uns auf, Dinge zu tun, und manchmal fordert er uns auf, sie sein zu lassen. Es gab eine Zeit, in der ich mir wünschte, dass mein Mann sich ändert. Doch Gott forderte mich auf, nicht mehr zu versuchen ihn zu verändern. Und es gab eine Zeit, in der ich mich selbst ändern wollte, aber ich schaffte es nicht, ganz gleich wie sehr ich kämpfte und mich bemühte. Ich musste auf Gott warten und glauben, dass er das gute Werk, das er in mir angefangen hatte, auch vollenden würde (siehe Philipper 1,6). Ich wollte aktiv an bestimmten Dingen beteiligt sein, doch Gott forderte mich auf, sie sein zu lassen. Das war nicht leicht für mich.

Gibt es etwas, wovon Gott will, dass du es nicht mehr tust? Von mir hat er das jedenfalls ab und zu verlangt. Ich weiß noch, wie ich immer das letzte Wort haben wollte, wenn mein Mann und ich eine Meinungsverschiedenheit hatten, und Gott sagte, ich solle aufhören zu reden! Ich sage gern meine Meinung, aber oft zeigt mir der Heilige Geist die »rote Ampel«. Er signalisiert mir, dass ich aufhören soll zu reden, und erinnert mich daran, still zu bleiben.

Es geht mir in diesem Zusammenhang nicht um eigene Bemühungen. Wenn wir versuchen, etwas zu »tun«, das wir aus eigener Kraft oder Fähigkeit nicht erreichen können, ruft das Frust hervor. Ich spreche hier vielmehr von den Dingen, auf die Gott uns aufmerksam macht – zum Handeln oder zum Nichthandeln.

Einer meiner Lieblingsbibelverse ist Psalm 46,11. Dort heißt es: *Seid stille und erkennet, dass ich Gott bin!* Still zu sein fiel mir schwerer, als aktiv zu sein. Gott möchte, dass wir aktiv sind; doch wir sollen aktiv *seinen Willen* tun, nicht unseren.

Während du wartest und darauf vertraust, dass Gott sich um eine Situation kümmert, die du ihm anbefohlen hast, kann es sein, dass er dich auffordert, eine Gebetszeit zum Danken zu nutzen und nicht für weitere Bitten. Es gibt viele Situationen im Leben, in denen man absolut nichts anderes tun kann, als zu beten und zu warten. Dies trifft vor allem dann zu, wenn man Gott darum gebeten hat, etwas im Leben eines geliebten Menschen zu tun. Unser Gebet öffnet die Tür für Gottes Handeln, doch der Betreffende muss immer noch zulassen, dass Gott an ihm arbeitet.

Es gab Phasen, in denen ich über lange Zeit für jemanden betete, dann aber nicht mehr das Gefühl hatte, ich sollte Gott um sein Eingreifen bitten, sondern ihm vielmehr für sein Handeln danken.

Was Gehorsam bewirken kann

Ich spreche recht häufig mit Menschen, die verwundert darüber sind, dass ihr Glaube nicht »funktioniert«. Schon nach kurzer Zeit kann ich meistens den Grund für das Problem erkennen: Sie beklagen sich, sie kritisieren andere und sie haben eine negative Einstellung. Solches Verhalten ist kein Gehorsam gegenüber der Führung des Heiligen Geistes. Was unsere innere Einstellung angeht, ist es unendlich wichtig, Gott gehorsam zu sein.

Wir haben Vollmacht über unseren Feind, den Teufel, doch diese Vollmacht kommt nur aus dem Gehorsam Gott gegenüber. Jesus war definitiv mächtig, aber er war auch gehorsam. In der Bibel heißt es, dass er bis zum Äußersten gehorsam war – bis zum Tod. Deshalb wurde ihm ein Name gegeben, der über allen anderen Namen ist, und vor diesem Namen muss sich jedes Knie beugen (siehe Philipper 2,8-10).

Ein großes Hindernis für Gebetserhörungen ist das bewusste Festhalten an Wut und Bitterkeit. Die Bibel äußerst sich unmissverständlich dazu, dass wir denen vergeben sollen, die uns verletzt haben und die wir als »Feinde« betrachten. Jesus sagt ausdrücklich, dass wir, wenn wir beten, zuerst jedem vergeben sollen, gegen den wir etwas haben (siehe Markus 11,25). Wenn also jemand meint, er könne sich weigern zu vergeben und trotzdem Gottes Handeln in seinem Leben erfahren, ist das ein Irrtum.

Damit will ich nicht sagen, dass wir durch unseren Gehorsam gerettet werden. Es war der Gehorsam von Jesus Christus, der unsere Rettung ermöglicht hat. Wir sind durch Gottes Gnade gerettet, nicht durch unsere eigenen Werke (siehe Epheser 2,8-9). Trotzdem bin ich überzeugt davon, dass jeder, der das Geschenk der Errettung durch Jesus annimmt, ihm aus Liebe immer gehorsamer werden will.

Eltern erwarten, dass ihre Kinder ihnen vertrauen und gehorchen. Warum sollten wir meinen, dass Gott weniger von uns erwartet? Ich möchte dich ermutigen, Gott jederzeit zu vertrauen und ihm zu gehorchen, wenn er dich zum Handeln oder Nichthandeln auffordert (siehe Kolosser 3,2).

Ein wenig Gehorsam vermischt
mit viel Ungehorsam führt
weiterhin zu einem
unerfreulichen Leben.

Nicht das, was wir hin und wieder tun, lässt unser Leben gelingen, sondern das, was wir konsequent und gewissenhaft tun. Ein wenig Gehorsam vermischt mit viel Ungehorsam führt weiterhin zu einem unerfreulichen Leben.

Bist du bereit für mehr Gehorsam Gott gegenüber? Wenn ja, wird er dir die Gnade schenken, deine Entscheidung auch umzusetzen. Sind dir Bereiche in deinem Leben bewusst, die du Gott überlassen musst – nicht nur Sorgen, sondern auch Verhaltensweisen, die nicht seinem Willen entsprechen? Du kannst ganz neu beginnen! Bete einfach von Herzen und immer wieder: »Vater, dein Wille geschehe, nicht meiner!«

Damit kommen wir zum zweiten Teil von »Gutes tun«, und dieser ist so spannend, dass ich es kaum erwarten kann, dir davon zu erzählen!

KAPITEL 6

Gott vertrauen und Gutes tun (Teil 2)

Deshalb werdet nicht müde zu tun, was gut ist. Lasst
euch nicht entmutigen und gebt nie auf, denn zur
gegebenen Zeit werden wir auch den entsprechenden
Segen ernten.

Die Bibel – Galater 6,9

Wir haben gelernt, dass »Gutes tun« bedeutet, Gott gehorsam zu sein und sich vom Heiligen Geistes leiten zu lassen. In diesem Kapitel geht es nun um einen bestimmten Aspekt, nämlich Gott zu gehorchen und Gutes zu tun, indem man Menschen in Not hilft.

Der Apostel Paulus forderte die Galater auf, im Gutestun nicht müde zu werden (siehe Galater 6,9) Er wies sie an, jede Gelegenheit zu nutzen, allen Menschen Gutes zu tun, besonders aber den Glaubensgeschwistern (Vers 10). Menschen in Not zu helfen sollten wir als Gelegenheit betrachten, Gutes zu tun! Es ist eine Gelegenheit, andere zu segnen und selbst Segen zu empfangen. Menschen, die sich darauf konzentrieren, anderen zu helfen, sind glückliche Menschen!

Ich bin der Meinung, dass Geben ein Ausdruck von Gottvertrauen ist. Wir tun es, weil Gott uns dazu auffordert. Und wir glauben seiner Verheißung, dass er für unsere finanziellen Bedürfnisse sorgen wird. Aus guten Werken entsteht Wunderbares für diejenigen, die sie gewissenhaft tun. In Apostelgeschichte 20,35 heißt es: *»Es ist segensreicher zu geben, als zu nehmen.«* Wenn wir etwas geben, gewinnt die Freude in unserem Leben Raum und befähigt uns, glücklich zu sein, während wir darauf warten, dass Gott für das sorgt, was wir selbst brauchen. Vielleicht fragst du dich: »Wie kann ich mich freuen, wenn ich Probleme habe?« Die einfache Antwort lautet: Denk nicht so viel an dich selbst, sondern konzentriere dich darauf, einem anderen Menschen etwas Gutes zu tun. Wir müssen uns nicht den ganzen Tag mit unseren Problemen beschäftigen, damit Gott uns diesbezüglich Antworten schenkt. Sag ihm, was du willst und brauchst, und vertraue ihm dann, dass er dich versorgen wird, während du dich darauf konzentrierst, Gutes zu tun!

Apostelgeschichte 10,38 ist einer meiner Lieblingsbibelverse. Dort heißt es, dass Jesus mit dem Heiligen Geist gesalbt wurde. Und dann zog er *umher, tat Gutes und heilte alle, die vom Teufel bedrängt waren, denn Gott war mit ihm.* Wir sollten seinem Verhalten nacheifern und ihn uns zum Vorbild nehmen. Die Welt ist voller Menschen, die »vom Teufel bedrängt« werden, und wir haben den Heiligen Geist empfangen, um ihnen so zu helfen, wie Jesus es tat.

Jedes Mal, wenn wir Gutes tun, streuen wir einen Samen aus, der zu unserer eigenen Ernte beitragen wird. Mach nicht den Fehler und denke, dass du zu viele eigene Probleme hast, um anderen Menschen helfen zu können. So bleibst du nur auf unbestimmte Zeit in deinen Problemen stecken.

Mach nicht den Fehler und denke,
dass du zu viele eigene Probleme
hast, um anderen Menschen
helfen zu können.

An einem Wochenende wollte ich im Rahmen einer Konferenz über genau dieses Thema sprechen – Gott vertrauen und Gutes tun –, als es plötzlich einen Stromausfall in dem Stadtteil gab, in dem sich das Konferenzzentrum befand. Das passierte eine Stunde vor der Eröffnungsveranstaltung, also mussten wir sie absagen und zusehen, wie Tausende Menschen wieder gingen.

Etwa zehn Minuten bevor die Veranstaltung vorbei gewesen wäre, war der Strom wieder da. Wir mussten warten und am nächsten Morgen mit der Konferenz beginnen.

Ich musste Gott vertrauen, während ich versuchte, auf einer Konferenz über das Thema Gottvertrauen zu sprechen! Hinzu kam noch, dass die Leitung des Konferenzzentrums auf der Anzeigetafel vor der Halle folgende Nachricht einblendete: »Joyce-Meyer-Konferenz abgesagt«. Sie wollten nur helfen, aber sie vergaßen hinzuzufügen, dass lediglich die Abendveranstaltung abgesagt war und wir am nächsten Morgen starten würden. Vor meinem inneren Auge sah ich mich schon vor vielen leeren Plätzen in der Halle reden. Ich war einigermaßen verzweifelt, aber ich sagte immer wieder: »Gott, ich vertraue dir.« Am Ende war es eine wunderbare Konferenz.

In meinem Vortrag benutzte ich eine Anschauungshilfe, um den Zuhörern zu helfen, das Prinzip »Gott vertrauen und Gutes tun« besser zu verstehen. Unsere Handwerker hatten zwei große Medizinflaschen gebaut, beide etwa neunzig Zentimeter hoch. Wir stellten sie auf einen Tisch und beschrifteten die eine mit »Gott vertrauen« und die andere mit »Gutes tun«. Auf den Flaschen stand außerdem, dass sie unbegrenzt wieder aufgefüllt werden durften und der Patient die »Medizin« so oft wie nötig einnehmen konnte. Eine Überdosierung ist in beiden Fällen unmöglich.

Während ich darüber sprach, wie man mit Prüfungen und Anfechtungen, Problemen und Nöten aller Art umgehen kann, sagte ich unter anderem: »Wenn die Symptome auftreten, nehmen Sie sofort eine Dosis ›Gott vertrauen‹ und danach eine Dosis ›Gutes tun‹.« Dieses Beispiel schien meinen Zuhörern wirklich zu helfen. Sie verstanden, dass »anderen Gutes tun«, während wir darauf vertrauen, dass Gott uns Gutes tut, die Medizin ist, die wir für unsere Seele brauchen.

Das Wort Gottes wirkt als Medizin für unsere Seele – allerdings nur, wenn wir es befolgen. Medizin hilft nicht, es sei denn, wir nehmen sie ein. Auch biblische Wahrheiten bringen uns nicht weiter, wenn wir sie zwar kennen, aber nicht anwenden. Hier ist ein Beispiel: Wenn wir sündigen, können wir uns entweder wie die meisten Menschen schuldig und verurteilt fühlen – oder eine Dosis »Gott, vergib mir!« einnehmen. Auf diese Weise empfangen wir Heilung für unsere Seele. Wenn jemand uns verletzt oder gekränkt hat, können wir, statt wütend und aufgebracht zu sein, eine ordentliche Dosis »Ich vergebe dir!« einnehmen und den Tag genießen. Sobald wir Gottes Wort als Medizin für unsere Seele betrachten, finden wir Hilfe für alle Probleme, die uns im Leben begegnen.

Darf ich es noch einmal sagen? Ich glaube, Gottvertrauen und Gutestun sind Medizin für unsere Seele. Ich empfehle dir sehr, dass du so oft wie nötig so viel wie nötig davon einnimmst. Allerdings sollte ich dich warnen – es gibt Nebenwirkungen, nämlich Frieden, Freude, Stabilität, Zuversicht und Lohn im Himmel.

Was sind »gute Werke«?

Eine gute Tat kann so etwas Einfaches sein, wie einer Person ein Kompliment zu machen oder jemandem zuzuhören, dem es nicht gut geht. Es kann auch bedeuten, dass man Zeit oder Geld investiert, um einem Menschen in Not zu helfen.

In der Bibel ist immer wieder die Rede davon, den Armen und Notleidenden zu helfen und innerlich verletzte Menschen zu ermutigen. Es heißt sogar, dass wir danach »trachten« sollen, Gutes zu tun und freundlich zu sein. Das heißt, dass wir nach Möglichkeiten suchen sollen, anderen zu helfen.

Seht zu, dass niemand Böses mit Bösem vergilt, sondern versucht immer, einander und auch allen anderen Gutes zu tun!

Die Bibel – 1. Thessalonicher 5,15

Möchtest du in dieser Welt nützlich sein und ein erfülltes Leben haben? Charles Dickens sagte einmal: »Niemand ist nutzlos auf der Welt, der einem anderen die Bürde leichter macht.«[4]

Gott fordert uns auf, nicht nur Menschen in Not zu helfen, sondern auch unsere Feinde zu segnen! Warum sollten wir das tun? Weil wir Böses mit Gutem überwinden (siehe Römer 12,21). Gott hat uns eine »Geheimwaffe« geschenkt, die Wunder wirken kann, wenn Schwierigkeiten kommen, Menschen uns wehtun oder wir persönliche Nöte haben, nämlich: *Gutes tun!*

Wenn uns jemand wehtut oder ungerecht behandelt, sollten wir als Erstes für denjenigen beten. Wir sollten Gott darum bitten, diesem Menschen zu vergeben und ihm die Augen zu öffnen, damit er sehen kann, dass sein Verhalten Gott nicht gefällt. Wenn der Betreffende kein Christ ist, lohnt es sich, für seine Errettung zu beten. So werden wir selbst von der quälenden Situation frei und müssen nicht länger wütend auf den anderen sein und uns über sein Verhalten aufregen. Vielleicht verändern sich unsere Gefühle nicht sofort, doch es ist schwer, auf jemanden wütend zu bleiben, für den man regelmäßig betet.

Wir sollten jederzeit bereit und entschlossen sein, Gutes zu tun. Wenn es uns schlecht geht, stehen wir jedoch in der Versuchung, uns zurückzuziehen und nicht mehr auf andere zuzugehen. Das ist ein großer Fehler. Es ist immer wichtig, Gutes zu tun, besonders dann, wenn wir selbst Probleme haben. Jesus stand ein unglaublich schmerzhafter Tod bevor, doch er tat weiterhin Gutes: Er bat seinen Vater, denjenigen zu vergeben, die ihn ans Kreuz schlugen, und er tröstete den Verbrecher, der mit ihm gekreuzigt wurde und um Hilfe bat (siehe Lukas 23,32-43). Ich weiß nicht, wie es bei dir ist, aber wenn ich Probleme habe, fällt es mir oft schwer, anderen gegenüber nicht unfreundlich zu sein. Im Lauf der Jahre habe ich allerdings gelernt, dass dies die beste Zeit ist, um Freundlichsein und Gutestun einzuüben. Wenn wir keine Probleme haben, erfordert es auch keine Disziplin, andere freundlich zu behandeln. Geht es uns hingegen schlecht, müssen wir sehr viel Disziplin aufbringen, um Gott zu vertrauen und weiterhin seinen Willen zu tun.

Psalm 37 ist ein Bibeltext, den ich liebe und oft lese. In den Versen 1-5 wird uns geraten: Ärgert euch nicht über Menschen, die Böses tun. Habt keine Angst vor ihnen und macht euch ihretwegen keine Sorgen, denn Gott wird sich zu seiner Zeit mit ihnen befassen. Während ihr wartet, vertraut auf Gott und tut Gutes. Erfreut euch am Herrn, und er wird euch geben, was ihr euch von Herzen wünscht. Vertraut ihm eure Wege an, und er wird alles gut machen.

Das sind nicht nur Bibelverse, die wir lesen können, um uns gut zu fühlen. Sie enthalten Anweisungen, die wir befolgen sollten. Tun wir das, werden wir zum einen erleben, wie für unsere Bedürfnisse gesorgt wird, und können zum anderen ein gutes Vorbild für Menschen sein, die Gott nicht kennen.

Durch unsere guten Taten wird die Welt erkennen, dass wir zu Gott gehören (siehe 1. Petrus 2,12).

Das größte Gebot

Im Prinzip ist jedes Gebot Gottes groß und wichtig, doch Jesus sagte, das größte oder wichtigste Gebot von allen ist, in der Liebe zu leben: Wir sollen Gott lieben und wir sollen die Menschen so lieben wie uns selbst (siehe Matthäus 22,36-39). Er sagte auch, an dieser Liebe wird die Welt erkennen, dass wir seine Jünger sind:

>*So gebe ich euch nun ein neues Gebot: Liebt einander. So wie ich euch geliebt habe, sollt auch ihr einander lieben. Eure Liebe zueinander wird der Welt zeigen, dass ihr meine Jünger seid.«*
>Die Bibel – Johannes 13,34-35

Wir können nicht über Liebe sprechen, ohne auch über gute Taten zu sprechen, denn so wird die Liebe sichtbar. Liebe ist nicht nur eine Theorie oder Lehre, die sich für ergreifende Predigten eignet; sie ist real und praktisch. Liebe lässt sich sehen und spüren. Sie hat die wunderbare Kraft, Leben zu verändern.

> Die Liebe findet einen Weg zur Verständigung; sie sucht nicht nach Dingen, über die man streiten kann.

Allein aufgrund der vielen Spaltungen unter Christen zweifelt die Gesellschaft an dem, was wir sagen. Wenn Einheit in der Kirche herrschen würde, wäre unser Zeugnis allerdings unbestreitbar! Die Liebe findet einen Weg zur Verständigung; sie sucht nicht nach Dingen, über die man streiten kann.

Eine Familie, die sich gut versteht und in Einheit lebt, hat viel Kraft! Dave und ich lernten schon relativ am Anfang unseres Dienstes, dass wir keinen Erfolg haben konnten, wenn wir Zwietracht im Herzen hatten. Seitdem arbeiten wir intensiv daran, sie nicht in unser Leben zu lassen, und wir haben hautnah erlebt, welche Kraft mit Frieden und Einigkeit einhergeht.

Lass dich in deiner Familie, in deinem Zuhause, in deiner Nachbarschaft, in deiner Kirche oder an deinem Arbeitsplatz nicht auf Zwietracht ein. In Sprüche 19,11 steht: *Menschen mit Verstand zügeln ihren Zorn; sie erwerben Achtung, wenn sie über Unrecht hinwegsehen.* Wenn wir Gott ehren, indem wir auf seinen Wegen gehen, schenkt er uns Anerkennung in unserem Leben.

> Liebe ist kein Gefühl, sondern die bewusste Entscheidung, wie wir andere Menschen behandeln wollen.

In Liebe zu leben erfordert, dass wir täglich Entscheidungen treffen, die uns helfen, über unsere Gefühle hinauszuwachsen. Wir können nicht alles tun, wonach uns zumute ist, und gleichzeitig dem Liebesgebot gehorchen. Ich »fühle« mich nicht immer danach, mir die Zeit zu nehmen, jemandem freundlich zu begegnen – doch jedes Mal, wenn ich es tue, lebe ich in der Liebe. Liebe ist kein Gefühl, sondern die bewusste Entscheidung, wie wir andere Menschen behandeln wollen.

Ein Bibelvers, der mir dabei hilft, ist Matthäus 7,12:

Geht so mit anderen um, wie die anderen mit euch umgehen sollen. In diesem Satz sind das Gesetz und die Propheten zusammengefasst.

Es ist leicht nachvollziehbar, dass es einen großen Einfluss auf unser Verhalten hätte, wenn wir andere immer so behandeln, wie wir selbst gern behandelt werden würden. Dies ist eine einfache Anweisung, die wir auf unser tägliches Leben anwenden können. Angenommen eine Situation taucht auf, die es uns schwer macht, jemanden gut zu behandeln. Wir sollten uns dann fragen: »Wie würde ich von diesem Menschen behandelt werden wollen, wenn ich Barmherzigkeit nötig hätte?«

Wir alle erleben fast jeden Tag irgendwelche Kleinigkeiten, die uns irritieren. Vielleicht warten wir auf dem überfüllten Parkdeck im Einkaufszentrum auf einen bestimmten Parkplatz und jemand schnappt ihn uns vor der Nase weg. Sofort sind wir ärgerlich, vielleicht sogar wütend, dass der andere so unhöflich war. Wir schimpfen laut los oder hupen oder tun andere »unfromme« Dinge, doch das alles wird nicht dazu führen, dass wir uns besser fühlen. Vielmehr sinken wir damit auf das Niveau des anderen herab. Wenn wir Gott jedoch vertrauen und weiterhin Gutes tun, wird er uns auf die eine oder andere Weise segnen.

Fang doch mal an, all diese Ärgernisse und ungeplanten Situationen als Gelegenheiten zu betrachten, jemandem liebevoll zu begegnen, anstatt dich darüber aufzuregen.

Wie Liebe praktisch aussieht, ist in 1. Korinther 13,4-8 in einer wunderbaren Definition zusammengefasst. Nimm dir Zeit, jeden der folgenden Punkte zu betrachten und dich zu fragen, ob du in einem der genannten Bereiche noch wachsen musst:

- Liebe hält lange durch und ist geduldig und freundlich.
- Liebe ist nie neidisch und kocht auch nicht vor Eifersucht über.
- Liebe ist nicht überheblich oder prahlerisch und stellt sich nicht hochmütig zur Schau.
- Liebe ist nicht eingebildet (arrogant und vor Stolz aufgeblasen).
- Liebe ist nicht unhöflich (unmanierlich) und verhält sich nicht ungebührlich.
- Liebe besteht nicht auf ihre eigenen Rechte oder darauf, ihren eigenen Willen durchzusetzen, denn sie ist nicht selbstsüchtig.
- Liebe ist nicht empfindlich, gereizt oder nachtragend.
- Liebe führt nicht Buch über das Böse, das ihr angetan wird, und schenkt erlittenem Unrecht keine Beachtung.
- Liebe freut sich nicht über Ungerechtigkeit, sondern sie freut sich, wenn Recht und Wahrheit siegen.
- Liebe erträgt alles, was kommt.
- Liebe glaubt immer das Beste von jedem Menschen.
- Liebe gibt nie auf; sie ist immer voller Hoffnung und hält alles aus, ohne schwach zu werden.
- Liebe bleibt immer bestehen.

Den Armen helfen

Hilfe für arme Menschen ist ein Thema, das die Bibel häufig anspricht. Für diejenigen, die diese Hilfe leisten, gibt es einige wunderbare Verheißungen. Eine davon lautet:

Wer dem Armen hilft, leiht dem Herrn – und er wird ihm zurückgeben, was er Gutes getan hat!

Die Bibel – Sprüche 19,17

Der Apostel Jakobus sagt: *Echte und untadelige Frömmigkeit, die vor Gott, dem Vater, bestehen kann, zeigt sich darin, dass man Waisen und Witwen in ihrer Not beisteht* (Jakobus 1,27 NGÜ). Der Glaube muss sich immer in sichtbarem Handeln äußern, denn echtes Christsein wirkt sich nicht nur auf das Herz, sondern auch auf das Verhalten eines Menschen aus. Gott ist ein Geber, und wer eine Beziehung zu ihm hat, wird ebenfalls geben wollen. Der Heilige Geist ist der Helfer, und wer mit dem Heiligen Geist erfüllt ist, wird auch helfen wollen.

Es ist eine gute Übung, sich selbst zu fragen: »Was tue ich, um jemand anderem zu helfen?« Kannst du dich erinnern, wem du zuletzt geholfen hast? Natürlich helfen wir im Alltag üblicherweise unseren Familien oder spenden Geld zu bestimmten Anlässen, aber ich spreche von etwas, das darüber hinausgeht. Ich spreche davon, zu leben, um zu geben. Ein glückliches und sinnerfülltes Leben lässt sich nicht in dem finden, was wir bekommen, sondern was wir geben. Wie viele Menschen kennen wir, die Hilfe brauchen? Dennoch haben wir nicht einmal in Erwägung gezogen, selbst diejenigen zu sein, die ihnen helfen. Wenn wir anfangen, uns mit diesen herausfordernden Fragen zu beschäftigen, ist es möglich, dass wir von unseren eigenen Antworten enttäuscht sind. Die gute Nachricht ist: Wir können jederzeit anfangen, das Richtige zu tun.

Ein glückliches und sinnerfülltes
Leben lässt sich nicht in dem
finden, was wir bekommen,
sondern was wir geben.

Ich möchte dir Mut machen, gezielt Menschen in Not zu helfen. Halte nach ihnen Ausschau und überlege dir, wie du sie unterstützen kannst. Es ist leicht, Ausreden zu finden und nichts zu tun, doch das ist für einen Christen kein angemessenes Verhalten. Einige Ausreden, die ich früher selbst angeführt oder von anderen gehört habe, sind zum Beispiel:

- »Ich habe zu viel zu tun.«
- »Sie sind selbst an ihren Problemen schuld.«
- »Ich habe eigene Probleme.«
- »Ich will mich da nicht einmischen.«
- »Ich weiß nicht, was ich machen soll.«

Statt nach Gründen zu suchen, warum wir nicht helfen können, wäre es da nicht viel besser, sich aktiv Gedanken zu machen, wie wir helfen können? Vielleicht kennst du jemanden, der eine Not hat, die du allein nicht lindern kannst. Möglicherweise könntest du aber eine Gruppe organisieren, die zusammen der betreffenden Person hilft? Das Allermindeste, das jeder von uns tun sollte, ist, zu beten und Gott zu bitten, dass er uns zeigt, wie wir den Menschen in unserem Umfeld – denen es schlecht geht und die in Not sind – helfen können. Denk daran: Jedes Mal, wenn du jemandem etwas Gutes tust, hilfst du dir auch selbst.

Vor nicht allzu langer Zeit besuchten drei Frauen unsere Konferenz und hörten, wie ich darüber sprach, dass es notwendig ist, beim Bau von Brunnen in Dritte-Welt-Ländern zu helfen. Dort haben die Menschen in vielen Gegenden keinen Zugang zu Wasser, ohne stundenlang, manchmal sogar einen ganzen Tag lang, dafür unterwegs zu sein. Dieses Wasser ist dann meist schmutzig und voller Krankheitserreger. Wir hatten das Vorrecht, über neunhundert Brunnen bauen und miterleben zu dürfen, wie dadurch ganze Dörfer verändert wurden.

Die drei Frauen wollten etwas dazu beitragen, also trommelten sie einundzwanzig Familien zusammen und veranstalteten einen riesigen Flohmarkt. Bei der nächsten Konferenz, an der sie teilnahmen, brachten sie eine Spende von über zweitausend Dollar, um den Bau eines Brunnens und einer Kirche gleich daneben zu unterstützen. So können wir Menschen einerseits natürliches Wasser und andererseits die Wahrheiten des Wortes Gottes bringen. Beides spendet Leben!

Wenn ihr gebt, werdet ihr erhalten. Was ihr verschenkt, wird zusammengepresst und gerüttelt, in einem vollen, ja überreichlichen Maß zu euch zurückfließen. Nach dem Maß, mit dem ihr gebt, werdet ihr zurückbekommen.

Die Bibel – Lukas 6,38

Unsere Motivation zum Geben sollte nicht darin bestehen, etwas zurückzubekommen. Wir sollten geben, weil wir den Wunsch haben, anderen zu helfen. Doch die Bibel verspricht uns, dass wir, wenn wir etwas geben, es um ein Vielfaches und in vielfältiger Form zurückerhalten.

Hiob sagt an einer Stelle etwas sehr Radikales, nämlich, wenn er seinen Arm nicht gebraucht, um Menschen in Not zu helfen, sollte man ihm diesen Arm am besten auskugeln (siehe Hiob 31,16-22).

Die Bibelstellen, von denen ich hier spreche, haben in meinem Leben viel bewirkt, und ich bete, dass du dir die Zeit nimmst und sie einige Male durchgehst, bevor du weiterliest. Du und ich sind in der Lage, Leid zu lindern, und wir sollten uns keine Gelegenheit dazu entgehen lassen. John Bunyan sagte einmal: »Du hast heute nicht gelebt, bis du etwas für jemanden getan hast, der es dir nicht vergelten kann.«[5]

Wie man Gott zum Lächeln bringt

Es ist eine erstaunliche Vorstellung, dass man Gott zum Lächeln bringen kann, doch so steht es in der Bibel. David betete: *Blicke mich freundlich an [lächele mir zu], ich gehöre doch zu dir! Lehre mich, deine Ordnungen zu verstehen!* (Psalm 119,135 HFA/ AMPC).

Wenn wir Gottes Willen tun, lächelt er! Ich denke, er lächelt sogar noch mehr, wenn sich unser Gehorsam in der Hilfe für andere äußert – denn dann ahmen wir ihn nach. Mein Sohn sagt hin und wieder über seine Kinder: »Sie sehen, wie ich das mache, und jetzt imitieren sie mich.« Und wenn er das sagt, lächelt er meistens!

Jedes Mal, wenn du jemanden zum Lächeln bringst, glaube ich, dass Gott auch lächelt.

KAPITEL 7

Jederzeit

Vertraue allezeit (stütze dich, verlasse dich und setze
dein Vertrauen) auf ihn, mein Volk. Schütte dein
Herz vor ihm aus, denn Gott ist unsere Zuflucht (eine
Burg und ein hoher Turm). [Sela – halte inne und
denk in aller Ruhe darüber nach!]

Die Bibel – Psalm 62,9

In einundsiebzig Versen in den Psalmen und in drei Versen im Buch Habakuk erscheint das Wort »Sela«. Da der oben stehende Vers, in dem es darum geht, Gott jederzeit zu vertrauen, einer dieser vierundsiebzig Bibelstellen ist, sollten wir uns bewusst machen, was Gott damit sagen will: *Dieser Vers ist sehr wertvoll und du solltest einmal innehalten und darüber nachdenken.*

In den ersten Jahren meines Christseins bemühte ich mich, bei jedem Problem, das mich überforderte, auf Gottes Hilfe zu vertrauen. Doch nach einigen Jahren begann ich zu erkennen, dass ich ohne ihn gar nichts tun konnte. Deshalb ist es mir heute besonders wichtig, ihm jederzeit zu vertrauen. Das tue ich, indem ich mich vertrauensvoll darauf verlasse, dass Gott mein Helfer ist. Es gibt nur sehr wenige Tage, an denen ich nicht mehrfach sage: »Herr, ich vertraue dir in allen Dingen.« Gott das Vertrauen auszusprechen ist eine Form des Lobes. Ich vertraue darauf, dass Gott sich um konkrete Dinge kümmert, die sich in meinem Leben und im Leben anderer Menschen ereignen. Aber ich vertraue ihm auch in Bezug auf die Dinge, die mir jetzt noch gar nicht bewusst sind.

Es ist töricht, auf einen Notfall oder ein ernstes Problem in unserem Leben zu warten, bevor wir uns entscheiden, Gott zu vertrauen. Wir können in einer Grundhaltung des Vertrauens leben – und wenn wir das tun, leben wir aus Glauben. Das garantiert uns nicht, dass wir keine Probleme haben werden. Aber es zeigt, dass wir uns auf Gott verlassen und in Schwierigkeiten mit seiner Hilfe rechnen, selbst wenn er sich entscheidet, uns nicht daraus zu befreien.

Als Jesus im Garten Gethsemane war, wusste er, welche Schwierigkeiten, welches Leid und welche Versuchungen ihm und seinen Jüngern bevorstanden. Er forderte sie auf: *»Betet, damit ihr der Versuchung nicht erliegt«* (Lukas 22,40). Doch die Jünger schliefen lieber.

In der Bibel heißt es, sie waren »erschöpft vor Kummer« eingeschlafen (siehe Lukas 22,45). Vielleicht hatten Sorge und Angst sie müde gemacht, oder vielleicht wollten sie dem Problem auch einfach ausweichen.

Jesus hingegen verbrachte die Zeit in inständigem Gebet. Er vertraute schon im Voraus darauf, dass sein Vater das bevorstehende Leid entweder wegnehmen oder ihm die Kraft geben würde, es durchzustehen.

Jesus überließ die Entscheidung Gott. Statt das einzufordern, was er selbst wollte, äußerte er seinen Wunsch, beendete das Gebet dann aber mit den Worten: *»Doch ich will deinen Willen tun, nicht meinen«* (Lukas 22,42). Danach wurde ein Engel vom Himmel geschickt, um ihn zu stärken (siehe Lukas 22,43).

Unser Vater im Himmel ist nicht nur derjenige, der uns befreit, sondern auch derjenige, der uns Kraft gibt! Vielleicht zeigt er dir nicht gleich einen Ausweg aus deiner Situation. Er wird dir jedoch Kraft schenken, solange du bereit bist, geduldig zu sein und ihm weiter zu vertrauen, dass er zur richtigen Zeit das Richtige tun wird.

Manchmal gibt es Bereiche in unserem Leben, die uns als Schwächen bekannt sind. In dem Fall ist es klüger, im Vertrauen auf Gottes Hilfe der Versuchung aus dem Weg zu gehen, als abzuwarten, bis wir mittendrin stecken.

Eine meiner Schwächen war jahrelang, entweder zu viel zu reden oder, ohne nachzudenken, mit etwas »herauszuplatzen«. Das sorgte natürlich oft für Probleme. Bevor ich mit anderen rede, bete ich nun morgens häufig, dass Gott mir hilft, eine gute Zuhörerin zu sein und meine Worte weise zu wählen.

Ich warte also nicht erst ab, bis ich ein Problem verursacht habe und mich mit den Folgen auseinandersetzen muss. Ich bete, dass Gott mich davor bewahrt, der Versuchung nachzugeben, wenn sie auftaucht. Es ist weise, unsere Schwächen zu kennen und uns darauf zu verlassen, dass Gott uns die Kraft gibt, ihnen nicht nachzugeben. Petrus wäre es viel besser ergangen, wenn er diese Weisheit besessen hätte

> Es ist weise, unsere Schwächen zu kennen und uns darauf zu verlassen, dass Gott uns die Kraft gibt, ihnen nicht nachzugeben.

Jesus hatte Petrus davor gewarnt, dass der Teufel ihn in schwere Versuchung führen würde; doch statt Jesus um Hilfe zu bitten, dachte Petrus, er sei so stark, dass er unmöglich versagen könne. Lies die folgenden Verse einmal aufmerksam durch und achte darauf, dass deine Haltung nie der von Petrus entspricht:

»Simon, Simon, Satan hat euch alle haben wollen. Er wollte euch durchsieben wie Weizen. Doch ich habe für dich gebetet, dass dein Glaube nicht aufhöre. Wenn du also später umgekehrt und zu mir zurückgekommen bist, dann stärke deine Brüder.« Petrus sagte: »Herr, ich bin bereit, mit dir ins Gefängnis zu gehen und sogar mit dir zu sterben.«

Die Bibel – Lukas 22,31-33

Danach verleugnete Petrus Jesus drei Mal (siehe Lukas 22,55-61)! Hätte er seine menschliche Schwäche erkannt und Jesus um Hilfe gebeten, wäre er stärker gewesen. Jesus befreite ihn nicht aus der Versuchung. Vielmehr wollte er, dass Petrus ihr erfolgreich widerstand, um dann mit seinen gesammelten Erfahrungen auch anderen helfen zu können. Doch offenbar meinte Petrus, er würde über der Versuchung stehen. Das war ein großer Fehler, vor dem auch wir uns hüten müssen. Höher von uns zu denken, als wir sollten, ist nicht klug und kann zu schwerem Scheitern führen (siehe Römer 12,3). Gott liebt uns zu sehr, als dass er nicht gegen unseren Stolz angehen würde, damit wir lernen, völlig von ihm abhängig zu sein.

Paulus lehrt uns, jederzeit zu beten – das heißt zu jeder Gelegenheit, in jeder Situation (siehe Epheser 6,18). Dadurch bringen wir zum Ausdruck, dass wir Gott jederzeit vertrauen.

Nimm dir Zeit, über deine Schwächen nachzudenken, und vertraue immer darauf, dass Gott dir die Kraft gibt, sie zu überwinden. Sein Wort verspricht uns:

Wenn ich zu dir bete, erhörst du mich; du machst mir Mut und gibst mir Kraft.

Die Bibel – Psalm 138,3

Vielleicht hast du Gott bereits um Hilfe gebeten, der Versuchung zu widerstehen, und dennoch gibst du ihr nach. Mir geht es manchmal auch so. Doch wenn du Gott weiterhin vertraust, wirst du mit der Zeit immer stärker werden. Noch besser ist es, nicht nur Gottvertrauen zu haben, sondern auch die Bibel gründlich zu studieren. Jakobus schreibt, Gottes Wort hat die Kraft, unsere Seelen zu retten (siehe Jakobus 1,21).

Wenn ich Gott zum Beispiel um Hilfe bitte, meine Worte unter Kontrolle zu halten, zitiere ich auch verschiedene Bibelverse zum Thema »Reden«, mit denen ich mich beschäftigt habe. Mein Gebet lautet dann ungefähr so:

»Vater, bitte hilf mir heute, nur gute Worte auszusprechen. Hilf mir, wirklich zuzuhören und nachzudenken, bevor ich rede. Ich

möchte, dass meine Worte dich verherrlichen und ein Segen für diejenigen sind, die sie hören. Ich brauche dich, Herr. Ohne dich bin ich nichts. Mach mich stark, wo ich schwach bin.«

Dann spreche ich Gottes Wort aus, um Gott an sein Wort zu erinnern (siehe Psalm 27,8). Natürlich hat er es nicht vergessen – warum sollten wir ihn also daran erinnern? Hier sind ein paar Gründe:

- Wenn wir Gott an sein Wort erinnern, bringen wir dadurch zum Ausdruck, dass wir unser ganzes Vertrauen auf ihn und seine Verheißungen setzen.
- Gottes Wort laut auszusprechen hat große Kraft, denn es ist das Schwert des Geistes, das zu unserer »geistlichen Waffenrüstung« gehört (siehe 2. Korinther 10,4-5; Epheser 6,17).
- Gottes Wort auszusprechen hilft uns, unser Denken zu erneuern (siehe Römer 12,2). In der Bibel werden wir häufig dazu aufgefordert, über die biblischen Wahrheiten nachzusinnen, und das können wir auf diese Weise tun.

Ich möchte noch drei Bibelstellen zum Thema Worte und Mundwerk weitergeben, die ich oft in mein Gebet einbeziehe:

Herr, gib acht auf das, was ich rede, und wache über meine Lippen!

Die Bibel – Psalm 141,3

Herr, lass dir die Worte meines Mundes und die Gedanken meines Herzens gefallen! Herr, mein Fels und mein Erlöser.

Die Bibel – Psalm 19,15

Wer gern redet, muss die Folgen tragen, denn die Zunge kann töten oder Leben spenden.

Die Bibel – Sprüche 18,21

In jedem Bereich, in dem du Hilfe brauchst, kannst du so vorgehen – beten und Gottes Wort aussprechen. Was ist deine Schwäche? Wut? Übermäßiges Essen? Egoismus? Ganz gleich was es ist: Ich kann dir versprechen, dass es diesbezüglich biblische Verheißungen gibt, die dir weiterhelfen werden. Mit den Bibelprogrammen, die heutzutage überall im Internet zugänglich sind, ist es ganz einfach, sie zu finden. Bitte vergiss auch nicht, dass wir Schwächen nicht dadurch überwinden, dass wir etwas ein oder zwei Mal richtig machen. Entscheide dich bewusst, dich zuallererst und *jederzeit* auf Gott und sein Wort zu verlassen. Mit der Zeit wirst du dann Veränderungen erkennen können.

Beständige Zufriedenheit

Gott jederzeit zu vertrauen bedeutet, dass wir ihm auch in den Situationen vertrauen, die wir nicht verstehen und die uns ungerecht erscheinen. Es ist eine Sache, Gott zu vertrauen, wenn wir bekommen, was wir wollen, aber etwas ganz anderes, wenn das nicht geschieht. Ich glaube, unser Ziel als Christen sollte sein, mit dem Apostel Paulus sagen zu können: *Ich habe gelernt, mit dem zufrieden zu sein, was ich habe* (Philipper 4,11). Paulus hatte gelernt, so zufrieden zu sein, dass es ihn nicht aus der Bahn warf, wenn er Überfluss hatte oder in Not war (siehe Philipper 4,11-12).

Es ist eine Sache, Gott zu vertrauen,
wenn wir bekommen, was wir wollen,
aber etwas ganz anderes, wenn das
nicht geschieht.

Zufrieden zu sein bedeutet nicht, dass wir uns nie nach Veränderung sehnen oder keinen Blick für etwas Besseres haben. Es bedeutet vielmehr, dass wir uns die Freude an dem, was momentan geschieht, nicht durch das rauben lassen, was wir uns wünschen und noch nicht haben.

Es gab einige Jahre in meinem Leben, die ich als äußerst frustrierend empfand. Die Wurzel des Problems war, dass ich auf dem Weg zum angestrebten Ziel nicht den Punkt genießen konnte, an dem ich mich gerade befand. Gott ist ganz für Fortschritt und Wachstum, doch noch mehr ist er für Frieden! Denk einmal über folgenden Bibelvers aus dem Buch Prediger nach:

Es ist besser, du bist mit dem zufrieden, was du hast, als wenn du immer nach noch mehr Dingen verlangst. Denn auch das ist sinnlos und wie der Versuch, den Wind einzufangen.

Die Bibel – Prediger 6,9

Der Verfasser (wahrscheinlich Salomo) sagt, dass es sinnlos ist, sich nach etwas zu sehnen, was man nicht hat. Es hält einen davon ab, das zu genießen, was man hat.

Paulus hatte gelernt zufrieden zu sein, ganz gleich ob er nun bekam, was er wollte, oder nicht. Dieses Ziel sollten wir uns auch stecken. Nur dann zufrieden und dankbar zu sein, wenn alles nach unseren Vorstellungen läuft, ist sehr kindisch und kein Zeichen für geistliche Reife. Als Eltern korrigieren wir unsere Kinder, wenn sie sich so verhalten. Wir erinnern sie an das Gute, das sie haben, und fordern sie auf, dankbar dafür zu sein. Wir dürfen aber nicht vergessen, ihnen auch mit unserem Verhalten ein Vorbild zu sein, wenn *wir* etwas nicht bekommen, was wir uns wünschen. Gott zu vertrauen ist leicht, wenn alles nach unseren Vorstellungen läuft. Doch in diesem Buch geht es darum, Gott *jederzeit* zu vertrauen.

Um zufrieden sein zu können – selbst wenn das Leben wehtut oder wenn wir auf etwas warten müssen und nicht verstehen, warum –, braucht es einen Glauben daran, dass Gott gut ist und seine Wege anders sind als unsere. Was ich für mich selbst tun würde, ist vielleicht nicht das Beste für mich. Für eine kurze

Zeit würde es sich sicher gut anfühlen und gut aussehen. Doch würde es mir auch auf lange Sicht helfen? Würde es mich befähigen, weniger egoistisch zu sein und liebevoller und mitfühlender mit Menschen umzugehen, denen es nicht gut geht, wenn ich immer das bekäme, was ich will? Nein, bestimmt nicht! Die einzige Möglichkeit, sich mit anderen wirklich identifizieren zu können, ist, ähnliche Erfahrungen wie sie zu machen. Wir müssen zwar nicht alles selbst durchleben, um Menschen helfen zu können; doch wir werden Enttäuschungen, seelischen und körperlichen Schmerz oder andere Schwierigkeiten nicht verstehen, wenn wir nie etwas Vergleichbares erlebt haben.

In unserem Schmerz wenden wir uns an Jesus, denn er ist ein Hohepriester, der unsere Schwächen und Unzulänglichkeiten versteht. Warum kann er sie verstehen? Weil er in allen Dingen ebenso in Versuchung geriet wie wir – und doch nie sündigte (siehe Hebräer 4,15). Es fällt uns leicht, zu Jesus zu gehen und ihn um Hilfe zu bitten, weil wir glauben, dass er uns versteht! Krankheit und Trauer, Schmerz und Ablehnung sind ihm vertraut. Auch uns sollte es wichtig sein, dass es anderen leichtfällt, mit dieser Art von Zuversicht zu uns zu kommen, weil sie uns abnehmen, dass wir sie verstehen.

Die schweren Erfahrungen in unserem Leben befähigen uns, von Gott gebraucht zu werden, um Menschen, die in Not sind, Trost und Ermutigung zu bringen. Wir werden Gottes Wege nicht immer unbedingt verstehen (siehe Jesaja 55,9), doch wir können Gott ehren, indem wir glauben, dass er gut ist und seine Wege immer richtig sind!

Vertrauen erfordert Geduld

Gott zu vertrauen erfordert immer Geduld, denn er arbeitet nicht nach unserem Zeitplan. Geduld ermöglicht es uns, das Leben auch in den Wartezeiten zu genießen! Es mag uns schwerfallen zu verstehen, warum Gott etwas nicht tut, was er problemlos tun könnte, wenn er nur wollte. Doch natürlich hat er dafür seine Gründe. Vielleicht soll unser Glaube auf die Probe gestellt werden oder wachsen, damit wir in jeder Situation aus Glauben leben können. Vielleicht will Gott auch etwas Besseres tun als das, was wir uns vorstellen oder im Moment verkraften können. Alle diese Gründe (und noch viele weitere) sind Gelegenheiten für uns, inneren Frieden zu bewahren und der Souveränität, Güte und Weisheit Gottes zu vertrauen.

> Geduld ermöglicht es uns,
> das Leben auch in den
> Wartezeiten zu genießen!

Geduld ist eine Frucht des Heiligen Geistes, die in unserem Leben meist nicht im Überfluss vorhanden ist. Ich persönlich bin in manchen Bereichen geduldig und in anderen nicht. Ich habe in dieser Hinsicht also noch Wachstumspotenzial. Wir alle warten auf Dinge und daran lässt sich nichts ändern. Doch wie wir uns verhalten und welche Haltung wir einnehmen, während wir warten – darauf haben wir sehr wohl einen Einfluss. Geduld wird in einem Bibellexikon* als Frucht des Heiligen Geistes definiert, die nur unter Anfechtungen wächst. Ein harter Brocken. Wäre es dir nicht auch lieber, wenn die Definition anders lauten würde? Mir schon.

Es wäre wunderbar, wenn ich einfach um mehr Geduld beten könnte und Gott sie mir daraufhin schenken würde. So funktioniert das leider nicht. Als Kinder Gottes haben wir die Frucht der Geduld in uns, doch sie muss sich entwickeln und nach außen hin immer sichtbarer werden. Es handelt sich hier um mehr als eine geistliche Theorie oder Idee. Echte Geduld zeigt sich in unseren Alltagssituationen. Und wir brauchen be-

---

* *Vine's Expository Dictionary.*

sonders dann Geduld, wenn wir auf etwas warten müssen, das wir am liebsten sofort hätten!

Ob wir nun im Supermarkt in der Schlange stehen, im Stau stecken, auf jemanden warten, der zu spät zu einem Termin kommt, oder darauf warten, dass Gott unsere Gebete erhört: Wir brauchen auf jeden Fall Geduld, wenn wir Frieden haben und unser Leben genießen wollen. Augustinus sagte: »Geduld ist die Gefährtin der Weisheit.«[6] Geduld mag bitter und sauer erscheinen, aber ihre Früchte sind süß.

Häufig besteht der Grund, warum Gott uns warten lässt, darin, dass er unsere Schwierigkeiten benutzt, um uns Geduld zu lehren. Es ist Gott äußerst wichtig, dass wir Geduld lernen, und deshalb zwingt er sich, uns nicht sofort alles zu geben, was wir haben wollen. Das ist etwas, das auch viele Eltern lernen müssen. Leider ist unsere Welt voller Menschen, denen dieses unglaublich wichtige Prinzip nie beigebracht wurde. Aus dem Grund fordern sie, dass alle ihre Wünsche umgehend erfüllt werden. Das Verlangen nach sofortiger Befriedigung treibt uns zu vielen unklugen Entscheidungen. Manche Menschen verschulden sich beispielsweise haushoch und geraten damit unter enormen Druck. Andere Menschen heiraten einen Partner, der nicht gut für sie ist, weil sie ihren ungezähmten Emotionen folgen. Der Irrglaube, dass wir ein Recht auf sofortige Befriedigung haben, führt zu einem unglücklichen Leben, vielen schlechten Einstellungen und falschen Entscheidungen.

So, wie ich Gottes Wesen verstehe, bezweifle ich, dass er uns absichtlich warten lässt, es sei denn, es ist das Beste für uns. Es fällt uns schwer zu glauben, dass Warten gut für uns ist, doch das hat mit unserer falschen Erziehung und unserer menschlichen Natur zu tun. Warten ist gut – es macht uns dankbarer, wenn wir irgendwann das bekommen, was wir uns wünschen.

Ungeduld setzt uns unter Druck, doch wenn wir Gott in der Wartezeit vertrauen, schwindet dieser Druck, und wir können mit einer Haltung warten, die Gott verherrlicht. Die Vorteile von Vertrauen sind wunderbar. Wenn wir glauben, dass Gott sich um etwas kümmert, das uns beunruhigt, sind wir frei, uns auf andere Dinge zu konzentrieren, die gute Früchte hervorbringen. Es trägt zu guter Gesundheit und einem langen Leben bei, und ich glaube, es macht uns auch umgänglicher. Vertrauen beseitigt Frust und Stress aus unserem Leben – zwei Dinge, die oft dafür sorgen, dass wir mürrisch und gereizt sind. Wir wollen anderen gar nicht unbedingt wehtun und sie unfreundlich behandeln; doch wenn unsere Seele voller Unruhe ist, konzentrieren wir uns viel mehr darauf, wie wir uns *fühlen*, statt wie wir andere behandeln. Oft ist uns überhaupt nicht bewusst, wie barsch und grob wir sind, doch die Menschen spüren es. Irgendwann werden sie uns aus dem Weg gehen, wenn unser schlechtes Verhalten nicht aufhört.

Ich finde, es ist ein großartiges Vorrecht, Gott vertrauen zu dürfen! Und ich verabscheue es, besorgt, ängstlich, frustriert und übermäßig gestresst zu sein. Falls du eine Entscheidung treffen musst, wie du dich in deiner momentanen Situation verhalten sollst und wie du dein Leben angehen willst, kann ich dir garantieren, dass Gott zu vertrauen die beste Wahl ist.

KAPITEL 8

Wenn Gott gut ist, warum müssen Menschen dann leiden?

*Ich bin aber davon überzeugt, dass unsere jetzigen
Leiden bedeutungslos sind im Vergleich zu der
Herrlichkeit, die er uns später schenken wird.*

Die Bibel – Römer 8,18

Es gehört zum Schwierigsten überhaupt, etwas zum Thema
Leid zu sagen. Deshalb tue ich es unter viel Gebet und möchte
gleich vorausschicken, dass ich keineswegs glaube, alle Antworten zu haben. Allerdings kann ich kein Buch über Gottvertrauen schreiben, ohne mich mit diesem Thema auseinanderzusetzen, denn eine der am häufigsten gestellten Fragen lautet:
»Wenn Gott gut ist, warum müssen Menschen dann leiden?«

Als Christen fragen wir womöglich nicht, warum Nichtchristen leiden – denn wenn jemand nicht an Gott glaubt, meinen wir vielleicht eher zu verstehen, warum er Leid erlebt. Unsere Frage ist also: »Warum leiden Christen?« Wir wurden
gelehrt zu glauben, dass Gott uns liebt und möchte, dass wir
ein Leben voller Frieden und Freude haben. Das ist wahr.
Doch Gott lehrt uns ebenfalls, dass uns dies auch inmitten von
Leid möglich ist.

Ich höre Fragen wie:
- »Verursacht Gott das Leid?«
- »Lässt Gott Leid zu?«
- »Wenn Gott souverän ist, warum setzt er dem Leid kein
  Ende?«

- »Warum lässt er Hunger, Missbrauch, Krankheiten und tausend andere Dinge zu, die Leid hervorrufen?«
- »Warum bekommen manche Kinder Krebs?«
- »Warum sterben gute Menschen manchmal jung?«
- »Warum habe ich meinen Arbeitsplatz und meine ganze Altersvorsorge verloren?«
- »Warum unternimmt Gott nicht etwas gegen Hungersnöte oder Völkermord?«

Dieses »Warum?« kann Menschen schier in den Wahnsinn treiben, wenn sie nicht irgendwie ihren Frieden damit machen. Müsste ich diese Fragen beantworten, würde ich zuallererst einfach sagen: »Ich weiß es nicht.« Ich weiß, dass Gott gut ist. Darum richte ich mich bewusst auf diese Wahrheit aus statt auf das, was ich nicht voll und ganz verstehe. Ich glaube, die feste Zusicherung, dass Gott gut ist, erlaubt uns, persönliches Leid und das Leid in unserem Umfeld zu bewältigen, ohne uns völlig aus der Bahn werfen zu lassen. Wenn es dir hilft, allein in ein Zimmer zu gehen und zu schreien: »Warum, Gott? Warum ist das passiert?«, dann nur zu. Aber stell dich darauf ein, dass du wahrscheinlich keine Antwort bekommst und dich trotzdem noch entscheiden musst, ob du Gott vertraust oder dich unerträglicher Frustration aussetzt.

Ich weiß, dass Gott gut ist. Darum richte ich mich bewusst auf diese Wahrheit aus statt auf das, was ich nicht voll und ganz verstehe.

Ich muss gestehen, dass ich Gott in den ersten Jahren als Christ bei allem, was ich nicht verstand, nach dem Warum gefragt habe. Ich war oft verwirrt und frustriert. Meine unbeantworteten Fragen wirkten sich negativ auf meine Beziehung zu Gott aus, also hörte ich irgendwann auf, Antworten von ihm zu verlangen. Ich beschloss, ihm völlig zu vertrauen, besonders dann, wenn ich litt oder nicht verstand, was in meinem Leben vor sich ging.

Nachdem ich fünfzehn Jahre lang entsetzlich unter dem sexuellen Missbrauch durch meinen Vater gelitten hatte und mindestens weitere fünfundzwanzig Jahre unter den Folgen dieses Missbrauchs, kann ich dir sagen, dass ich viele Fragen hatte. Als Kind hatte ich Gott darum gebeten, mich aus meiner Situation zu befreien, doch er tat es nicht. Obwohl er mich nicht befreite, gab er mir Kraft zum Durchhalten und die Gnade, mich davon zu erholen. Allzu oft schauen wir auf das, was Gott *nicht* für uns getan hat, statt auf das, *was* er getan hat. Ich glaube, das ist ein großer Fehler. Du kannst dich entscheiden, dich an dem zu erfreuen, was du hast, statt um das zu trauern, was in deinem Leben ungerecht aussieht. Lass dir nicht durch etwas, das du nicht verstehst, den Blick für die Güte Gottes nehmen.

> Allzu oft schauen wir auf das,
> was Gott nicht für uns getan hat,
> statt auf das, was er getan hat.

Nicht immer lässt Gott uns im Dunkeln darüber, warum Dinge geschehen oder nicht geschehen. Dennoch gibt es vieles, was in der unermesslichen Weisheit Gottes verborgen bleibt – Dinge, die wir nicht ergründen können und die Geheimnisse bleiben werden, bis wir in den Himmel kommen. Wie es in einem Bibelvers heißt:

> *Wie wunderbar ist doch Gott! Wie unermesslich sind seine Reichtümer, wie tief seine Weisheit und seine Erkenntnis! Unmöglich ist es uns, seine Entscheidungen und Wege zu begreifen!*
>
> Die Bibel – Römer 11,33

Gott verspricht uns Einblick in Rätsel und Geheimnisse, wenn wir ihn suchen (siehe Epheser 1,17), und doch sagt der Apostel

Paulus uns, dass wir nur wenig erkennen und erst dann alles wissen werden, wenn wir Jesus von Angesicht zu Angesicht sehen (siehe 1. Korinther 13,9-10).

Vertrauen erfordert, mit unbeantworteten Fragen zu leben. Gott offenbart uns vieles und gibt uns Antworten auf komplexe Probleme. Allerdings gibt es auch Zeiten, in denen wir die Antwort auf eine Situation nicht annehmen könnten, selbst wenn Gott sie uns gäbe. Meiner Meinung nach ist unser endlicher Verstand nicht dazu fähig, manche der Dinge zu erfassen, die nur Gott weiß. Ich bin überzeugt davon, dass er uns zeigt, was wir wissen sollen, und vor uns verbirgt, was zu wissen nicht gut für uns wäre.

Vertrauen erfordert, mit
unbeantworteten Fragen zu leben.

Wir leben das Leben vorwärts und verstehen es doch oft erst im Rückblick. Es gab viele schmerzhafte Dinge, die ich in dem Moment, in dem sie passierten, nicht verstand. Doch wenn ich heute zurückblicke, sehe ich sie mit anderen Augen als zuvor, weil ich das Gute wahrnehme, das aus dem früheren Schmerz entstanden ist, oder weil ich geistlich gewachsen bin. David schrieb: *Herr, mein Herz ist nicht stolz und meine Augen schauen nicht auf andere herab. Ich beschäftige mich nicht mit Dingen, die zu groß oder zu wunderbar für mich sind* (Psalm 131,1).

Ich glaube, damit wollte David lediglich zum Ausdruck bringen, dass in den Geheimnissen Gottes Dinge verborgen liegen, die kein Mensch je verstehen wird. Vielleicht sollten wir weniger Fragen stellen und Gott einfach mehr vertrauen! Lee Strobel schrieb einmal etwas, das mir sehr gefällt: »Gottes endgültige Antwort auf das Leid ist keine Erklärung, sondern die Menschwerdung Jesu.«[7] Gott sandte Jesus, um für unsere Sünden zu leiden und zu sterben. Er hat allen Befreiung versprochen, die ihm vertrauen, doch er sagt uns nie, wann oder wie genau wir diese Befreiung erleben werden. Bis dahin haben wir das Vorrecht, Gott zu vertrauen und seinen Trost in allen unseren Schwierigkeiten zu erfahren.

Wenn wir erleben, wie ein geliebter Mensch in jungen Jahren an einer Krankheit stirbt, sagen wir vielleicht: »Die Befreiung kam nicht. Wie soll ich da glauben, dass Gott uns immer befreit?« Ich halte daran fest, dass Gott diejenigen, die ihm vertrauen, immer rettet und befreit. Das mag zwar nicht immer hier auf der Erde geschehen, doch sobald wir zu ihm in den Himmel kommen, gibt es keinen Schmerz mehr, keine Tränen und kein Leid irgendeiner Art.

Ich hörte einmal eine sehr eindrückliche Geschichte von einem jungen Mann, der als Kleinkind die Treppe herunterfiel und sich schwere Rückenverletzungen zuzog. Sein Leben lang musste er wiederholt im Krankenhaus behandelt werden. Im Alter von siebzehn Jahren hatte er schon dreizehn Jahre seines Lebens in Krankenhäusern verbracht. Er sagte, dass er Gott für gerecht hielt, und wenn man ihn fragte, wie er nur so denken konnte, erwiderte er: »Gott hat die ganze Ewigkeit Zeit, um mich zu entschädigen.«

Es ist schwer zu erklären, was genau ich empfinde, wenn ich Geschichten wie diese höre oder Menschen begegne, die schreckliches Leid durchgemacht haben und Gott trotzdem vertrauen. Ich kann nur sagen, dass ich eine Schönheit in ihrem Vertrauen wahrnehme. Sie sind ein großes Vorbild darin, den Glauben an Gott in allen Situationen des Lebens zu bewahren. Es ist eine Sache, Gott zu vertrauen, wenn alles so läuft, wie man es sich wünscht, und die Gebete schnell erhört werden. Es ist etwas ganz anderes, Gott zu vertrauen, wenn man leidet oder – vielleicht über einen langen Zeitraum hinweg – gebetet hat und immer noch auf einen Durchbruch wartet. In meinen Augen erfordert Letzteres viel größeren Glauben.

Ist Gott gut?

Ja, Gott ist gut! Sein Wesen ist Güte, und er kann gar nicht anders sein. Nur weil etwas für uns nicht gut aussieht oder wir es nicht als gut empfinden, heißt das nicht, dass Gott nicht gut ist. Etwa siebenhundert Bibelstellen bezeugen es uns. Ein Vers aus dem Jakobusbrief gefällt mir besonders:

> *Alles, was gut und vollkommen ist, wird uns von oben geschenkt, von Gott, der alle Lichter des Himmels erschuf. Anders als sie ändert er sich nicht, noch wechselt er zwischen Licht und Finsternis.*
>
> Die Bibel – Jakobus 1,17

Alles Gute kommt von Gott – zu etwas anderem ist er nicht fähig, und an dieser Wahrheit ändert sich auch nichts. Ich bin mir sicher, dass einige Leser darauf erwidern wollen: »Wenn Gott immer gut ist, warum müssen Menschen dann leiden?« Es gibt viele Gründe, warum wir leiden, doch keiner davon lautet: »Weil Gott es veranlasst hat.« Nicht er ist der Urheber des Leids, sondern Satan! Obwohl etwas vielleicht an und für sich nicht gut ist, kann Gott, weil er gut ist, aus jeder Situation in unserem Leben etwas Gutes machen. Vielleicht befindest du dich in oder weißt von einer Situation, die so schrecklich ist, dass du denkst: *Daraus kann unmöglich etwas Gutes entstehen!* Doch bei Gott ist alles möglich.

Ich kann ohne Zögern sagen, dass Gott den Missbrauch meiner Kindheit genommen und etwas Gutes daraus gemacht hat – für mich und viele andere, die ich lehren durfte. Ich gewann diese Erkenntnis nicht, als ich verbittert sowie voller Selbstmitleid und Hass auf die Täter war. Sie wuchs nach und nach, als ich anfing, darauf zu vertrauen, dass Gott das Schlechte nimmt und etwas Gutes daraus macht. Das Gleiche kann auch in deinem Leben geschehen. Ich möchte dich ermutigen, Gott jederzeit zu vertrauen, weil ich glaube, dass du nur so die Hilfe bekommst, die du brauchst. Wenn wir Gott nicht vertrauen, bleiben uns nur Verwirrung und Verbitterung über die tragischen Dinge, die wir im Leben sehen und erleben.

Gott ist gut, und was er tut, ist gut (siehe Psalm 119,68). Ist es also möglich, dass aus unserem Leid je etwas Gutes für uns entsteht? Wenn wir von Leid betroffen sind, kann es dann sein, dass Gott sich für unsere Befreiung länger Zeit lässt, als uns lieb ist, weil er aus dem Schlechten etwas Gutes für uns bewirken will? Ja, das ist auf jeden Fall möglich. Die meisten von uns können bezeugen, dass infolge von Dingen, die wir lieber nicht durchgemacht hätten, Wunderbares geschehen ist. Wenn wir die Wahl hätten, würden wir allem Leiden aus dem Weg gehen. Doch wir haben nicht immer die Wahl. Allerdings können wir uns entscheiden, ob wir Gott vertrauen, dass er etwas Gutes daraus macht.

Ich werde später noch ausführlicher darauf eingehen, doch bevor wir versuchen, die Bedeutung von wenigstens einem Teil unseres Leidens zu begreifen, brauchen wir ein festes Fundament im Herzen: den uneingeschränkten Glauben, dass Gott gut ist und Gutes tut. Am Anfang, nachdem er die Dinge erschaffen hatte, die wir jetzt genießen, schaute Gott sich alles an, und in 1. Mose 1,31 heißt es: *Danach betrachtete Gott alles, was er geschaffen hatte. Und er sah, dass es sehr gut war.*

Manchmal taucht die Frage auf: »Wenn Gott gut ist, warum hat er dann nicht eine Welt ohne Leid und Tragödien erschaffen?« Genau das hat er getan! Wir müssen nur den Garten Eden und den ursprünglichen Plan anschauen, den Gott für den Menschen hatte, um zu sehen, dass alles gut war. Doch Gott gab dem Menschen einen freien Willen, und die traurige Folge war Leid.

Er möchte, dass wir ihn aus freiem Willen lieben, nicht als Marionetten, die nicht entscheiden können, was sie tun. Er möchte, dass wir uns mit unserem freien Willen für seinen Willen entscheiden. Adam und Eva entschieden sich nicht für den Willen Gottes, und infolgedessen kam der Schmerz in die Welt.

Jesus kam, um uns von der tragischen Entscheidung Adams und Evas zu erlösen, doch wir werden den vollen Umfang seiner Erlösung erst sehen, wenn wir in den Himmel kommen. Paulus schrieb im Epheserbrief: *Der Heilige Geist ist die Garantie dafür, dass er uns alles geben wird, was er uns versprochen hat, und dass wir sein Eigentum sind – zum Lob seiner Herrlichkeit* (Epheser 1,14).

Gott befreit uns nach und nach
von unseren Feinden.

Diese Bibelstelle zeigt uns mehreres. Wenn wir Jesus als unseren Retter und Herrn annehmen, verändert sich unser Leben zum Besseren. Je mehr wir von ihm lernen und seinem Willen gehorchen, umso besser wird es. Salomo sagte, der Weg des Gerechten leuchtet immer heller, »bis das volle Licht des Tages erstrahlt« (Sprüche 4,18). Und in 5. Mose 7,22 heißt es, dass Gott uns nach und nach von unseren Feinden befreit.

Selbst die Erde wartet seufzend auf die vollständige Erlösung der Kinder Gottes, wie es im folgenden Bibelvers eindrücklich heißt:

Und [nicht nur die Schöpfung, sondern] sogar wir, denen Gott doch bereits seinen Geist gegeben hat, den ersten Teil des künftigen Erbes, sogar wir seufzen innerlich noch, weil die volle Verwirklichung dessen noch aussteht, wozu wir als Gottes Söhne und Töchter bestimmt sind: Wir warten darauf, dass auch unser Körper [von der Sinnlichkeit und Vergänglichkeit] erlöst wird.

Die Bibel – Römer 8,23

Wir erleben jetzt einen Vorgeschmack auf Gottes Güte, doch es kommt der Tag, an dem wir sie voll und ganz genießen werden. Solange es noch Sinnlichkeit gibt, wird es auch Sünde geben, und solange es Sünde gibt, gibt es auch Leid. Gott hat nie versprochen, uns auf dieser Erde von allem Leid zu befreien, doch er hat uns versprochen, dass wir seine Auferstehungskraft genießen können, die uns über das Leid erhebt (siehe Philipper 3,10). Mit anderen Worten, er befähigt uns, es mit Freude und Fassung zu ertragen. Jesus sagt, dass wir in der Welt viel Schweres erleben werden, doch wir sollen uns nicht entmutigen lassen, denn er hat die Welt überwunden (siehe Johannes 16,33).

Solange ich auf der Erde bin, genieße ich Gottes Güte so intensiv wie möglich. Gleichzeitig freue ich mich auf noch Besseres, wenn ich nicht mehr in diesem Körper wohne, sondern zu Hause bei meinem Herrn bin. Bis dieser Tag kommt, bete ich, dass ich nichts anderes sage als: »Gott ist gut!« Ganz gleich was wir erleiden oder wie viel Unglück wir auf dieser Erde erleben: Gott ist *nicht* schuld daran. Gott ist gut!

Leiden ist nicht von Dauer

In einer leidvollen Situation ist es sehr ermutigend, sich daran zu erinnern, dass es nicht ewig so bleiben wird. Jedenfalls nicht für Menschen, die an Jesus glauben. Ganz gleich wie schlimm es hier auf dieser Erde ist, wir können uns auf die Ewigkeit bei Gott freuen, für die die Verheißung gilt, dass es keinerlei Schmerz mehr geben wird:

> *[Gott] wird alle ihre Tränen abwischen, und es wird keinen Tod und keine Trauer und kein Weinen und keinen Schmerz mehr geben. Denn die erste Welt mit ihrem ganzen Unheil ist für immer vergangen.*
>
> Die Bibel – Offenbarung 21,4

Das meiste, was uns schmerzt, wird sich lösen, noch bevor wir sterben und in den Himmel kommen. Doch selbst wenn wir die extreme Möglichkeit von lebenslangem Leiden betrachten, wird auch das einmal enden, und an seine Stelle wird unvorstellbare Freude treten.

Verletzungen heilen, aus Enttäuschungen
werden neue Träume, und wenn etwas
endet, öffnet sich damit die Tür für etwas
Neues.

Auch das geht vorüber ist ein guter Gedanke, wenn es uns schlecht geht, denn er hilft uns, unter dem Schmerz nicht zusammenzubrechen. Vor Kurzem hatte ich eine Nebenhöhleninfektion und aufgrund dessen Kopfschmerzen – fünfunddreißig Tage lang. Ich sagte mir oft: »Auch das geht vorüber«, und am Ende war es so. Aber wenn wir schon länger leiden, fangen wir meist an zu denken: *Das nimmt nie ein Ende.* Doch die meisten Dinge enden irgendwann. Zerbrochene Herzen heilen, oder können zumindest heilen, wenn wir Jesus in unserem Leben wirken lassen. In Psalm 147,3 heißt es: *Er heilt gebrochene Herzen.* Verletzungen heilen, aus Enttäuschungen werden neue Träume, und wenn etwas endet, öffnet sich damit die Tür für etwas Neues.

Wir alle können auf unser Leben zurückblicken und uns an Umstände erinnern, die sehr schmerzhaft waren. Und doch haben sich diese Dinge gelöst und wir leiden nicht mehr darunter. Dreißig Jahre lang hatte ich chronische Rückenschmerzen, die mich in meinen Aktivitäten einschränkten. Vor zwei Jahren fand ich einen neuen Arzt und er war so weise, mich zu einer Untersuchung zu schicken, die noch nie gemacht worden war. Man stellte fest, dass ich wahrscheinlich einen angeborenen Hüftfehler hatte, der meine Rückenprobleme verursachte. Mit der uns heute zur Verfügung stehenden fantastischen Technologie konnte mir ein neues Hüftgelenk eingesetzt werden und ich habe keine Rückenschmerzen mehr. Ich kann vieles tun, was ich vorher nicht konnte. Man sollte meinen, dass, wenn jemand bereits dreißig Jahre lang ein bestimmtes Problem hat, dies eine permanente Situation ist. In meinem Fall hatte sie jedoch ein Ende und mir wurde ein Neuanfang geschenkt. Ich glaube, wir sollten nie die Hoffnung aufgeben, uns von Leid erholen zu können. Die Hoffnung auf Besserung ist besser, als hoffnungslos zu sein! Kann unser Herz sich von dem plötzlichen, verheerenden Verlust eines geliebten Menschen erholen? Ja, denn Gott ist der Gott allen Trostes und bei ihm ist alles möglich.

Der Apostel Paulus erlebte mehr Leid, als die meisten von uns je erleben werden, und doch bezeichnete er es als »gering« und »von kurzer Dauer«:

Denn unsere jetzigen Sorgen und Schwierigkeiten sind nur gering und von kurzer Dauer, doch sie bewirken in uns eine unermesslich große Herrlichkeit, die ewig andauern wird!

Die Bibel – 2. Korinther 4,17

Paulus hatte eine Haltung, die auch wir haben können, wenn wir bewusst Gott vertrauen. Er sagte, dass er nach den Dingen Ausschau hielt, die er noch nicht sehen konnte, statt nach den Dingen, die er vor Augen hatte (siehe 2. Korinther 4,18). Mit anderen Worten: Paulus' Blick aufs Leben war vom Geist Gottes und nicht von seiner menschlichen Natur bestimmt. Er glaubte selbst mitten im Leid an Gottes Güte, und er glaubte in Übereinstimmung mit Gottes Wort an eine Ewigkeit an einem herrlichen Ort, wo all sein Leid in Glückseligkeit verwandelt wird.

KAPITEL 9

»Erlaubt« Gott Leid?

Der Herr tut, was ihm gefällt, im Himmel oder auf
Erden, in den Meeren und in allen Tiefen.

Die Bibel – Psalm 135,6

Nun könnte man sagen: »Ich glaube nicht dass Gott Leid und Unglück verursacht. Ich glaube nicht, dass er der Urheber von alledem ist. Doch lässt er es zu? Und wenn ja, zu welchem Zweck, und worin besteht der Unterschied, ob er es zulässt oder es verursacht? Wie kann ich einem Gott vertrauen, der es vielleicht erlaubt, dass ich Böses oder Unglück erleide?« Ich weiß, dass es diese Fragen gibt, weil sie mir von Menschen gestellt wurden.

Jemand sagte außerdem einmal: »Nicht die Wissenschaft hat dazu geführt, dass ich nicht an die Existenz eines höheren Wesens glaube, sondern all das Leid und das Böse in der Welt.« Dieser Mann konnte das Böse, das er sah, nicht mit der Existenz eines Gottes in Einklang bringen, der angeblich gut ist. Bei manchen von uns schwingt sich der Glaube über diese Fragen hinaus, doch viele Menschen benötigen eine Antwort, um glauben zu können.

Bei mir war es der Schmerz, den mir mein böser Vater zugefügt hatte, der mich zum Glauben an Gott trieb. Der Schmerz und das Leid waren zu groß, als dass ich damit leben konnte, und durch meine Beziehung zu Gott fand ich Frieden, Hoffnung und Heilung. Das Gute, was ich empfangen habe, weil ich Gott kenne und an ihn glaube, hat meine Fragen weit aufgewogen. Ich kann sie nun zurückstellen, bis der Tag kommt, an dem ich entweder eine Antwort von Gott erhalte oder bei ihm im Himmel bin, wo die Antwort auf jede Frage klar werden wird.

Dennoch verstehe ich die Fragen, die Menschen stellen, und ich glaube nicht, dass es falsch ist, sie zu stellen. Unsere Fragen beleidigen Gott nicht, doch er hält es nicht immer für angebracht, sie zu beantworten. Ganz gleich wie viele Antworten wir erhalten, es wird weiterhin Fragen geben, bei denen wir uns entscheiden müssen, ob wir Gott vertrauen wollen oder nicht – vor allem wenn das Leben unverständlich ist.

Ich werde die Frage, ob Gott Leid »erlaubt« oder nicht, so gut ich kann, beantworten. Ich möchte jedoch gleich von vornherein sagen, dass meine Antworten unvollkommen ausfallen werden, besonders für die Menschen, die nach einer Ausrede suchen, um nicht an Gott glauben zu müssen. Auch für diejenigen, die meinen, alles intellektuell verstehen zu müssen, werden sie unbefriedigend sein. Unsere Suche nach Wissen ist gut, doch sie kann auch unser Untergang sein, wenn wir sie zu weit treiben. Ein für mein ganzes Leben prägender Vers steht in den Sprüchen:

Vertraue von ganzem Herzen auf den Herrn und verlass dich nicht auf deinen Verstand. Denke an ihn, was immer du tust, dann wird er dir den richtigen Weg zeigen. Bilde dir nichts auf deine Weisheit ein …

Die Bibel – Sprüche 3,5-7

Wir werden niemals Frieden finden, wenn wir uns auf unseren eigenen Verstand verlassen. *Warum ist dies oder jenes passiert, und warum ist es* mir *zugestoßen?* ist der erste verführerische Gedanke, den unser Feind, der Teufel, uns einflüstert. Sein Ziel ist es, uns von einer Beziehung zu Gott abzubringen. Wir können bis zum Garten Eden zurückgehen und lesen, wie der Teufel Eva Fragen einflüsterte, die sowohl sie als auch Adam am Ende zu jener Sünde verführten, die den Verlauf von Gottes erwünschtem Plan für den Menschen veränderten. Der Teufel sagte zu Eva: »*Hat Gott wirklich gesagt, … dass ihr keine Früchte von den Bäumen des Gartens essen dürft?*« (1. Mose 3,1). Diese Frage eröffnete den Weg für eine weitere Frage, die der Teufel nicht einmal stellen musste: *Wenn alle Früchte der Bäume im Garten gut sind, warum sollte Gott mir dann einen Teil davon vorenthalten?* Eva begann nachzudenken, und ihre Gedanken führten zu jener Täuschung, die den Kurs ihres Lebens veränderte.

> Wir werden niemals Frieden finden, wenn wir uns auf unseren eigenen Verstand verlassen.

Gott hatte eine Welt erschaffen, die vollkommen und ohne Leid und Unglück war. Er wollte, dass Adam und Eva als seine Bevollmächtigten handelten und sich die Erde untertan machten, indem sie die enormen Ressourcen im Dienst Gottes und des Menschen einsetzten (siehe 1. Mose 1,28). Nicht Gott war es, der das Unglück in die Welt holte, sondern der Mann und die Frau, die er erschaffen hatte. Sowie sie auf den Teufel statt auf Gott hörten und die Frucht aßen, die Gott ihnen verwehrt hatte, begann ihr Leid. Mit einer Entscheidung wurde aus einem freien, erfüllten Leben in der Liebe zu und Gemeinschaft mit Gott ein ängstliches Verstecken vor ihm (siehe 1. Mose 3,8).

Gott ist souverän, und natürlich kann er alles tun, jederzeit, überall und im Leben eines jeden Menschen. Wir beten, und diese Gebete hängen von der Souveränität Gottes ab. Wir sind abhängig von der Verheißung, dass bei Gott alles möglich ist (siehe Matthäus 19,26). Doch Gott hat sich entschieden, dem Menschen einen freien Willen zu geben, und damit ändert sich die Dynamik, ob wir Böses erleiden oder nicht. Werden wir Gott gehorchen oder unseren eigenen Weg gehen?

Gott liebt uns und möchte, dass wir ihn lieben, doch Liebe ist keine Liebe, wenn sie erzwungen ist. Sie muss freiwillig gegeben werden, um von Bedeutung zu sein. Denen, die wir wirklich lieben, gewähren wir immer Freiheit. Jemand drückte es einmal so aus: Die Liebe verlangt die freie Entscheidung, und wo es einen freien Willen gibt, gibt es immer auch das Böse. Doch wo es das Böse gibt, kann es einen Retter geben, und wo es einen Retter gibt, kann es Erlösung geben, und wo es Erlösung gibt, kann es Wiederherstellung geben.

Gott gab dem Menschen die Möglichkeit, sich frei zu entscheiden. Er tat dies bereits in dem Wissen, dass der Mensch eine schlechte Entscheidung treffen und dadurch Schmerz und Leid die Tür öffnen würde. Gott hat uns allerdings nicht ohne Ausweg und Hilfe gelassen. Aus diesem Blickwinkel betrachtet kann man sagen, Gott hat es zugelassen, dass Leid in die Welt kommt. Doch selbst das war besser, als den Menschen als eine Marionette zu erschaffen – ohne Entscheidungsmöglichkeit, ob er lieben oder wie er sich verhalten will.

Bei Gott gibt es nie ein Problem, das sich nicht lösen lässt. In dem Wissen, was passieren würde, plante er von Anbeginn der Zeit, seinen einzigen Sohn zu senden – Jesus –, um für die Sünde zu bezahlen und einen Weg zu eröffnen, wie Gott und seine Kinder wieder in Beziehung treten können. Gott hat keinen »Fluchtweg« aus dem Leid geschaffen, denn die Sünde ist noch immer in der Welt, und solange es Sünde gibt, wird es auch Leid geben. Durch Jesus hat Gott jedoch für Sündenvergebung gesorgt sowie für Trost, Gnade, Kraft und alle Hilfe, die wir brauchen, um das Leiden geduldig zu ertragen, wenn es sein muss. Er ist sogar noch weiter gegangen und hat gesagt, wenn wir ihm vertrauen, wird er dafür sorgen, dass selbst unser größtes Leiden zu unserem Besten dient:

Und wir wissen, dass für die, die Gott lieben und nach seinem Willen zu ihm gehören, alles zum Guten führt.

Die Bibel – Römer 8,28

Etwas muss nicht gut sein, damit man Gutes daraus machen kann. Das an sich ist schon ein Beweis dafür, dass Gott gut ist

und dass seine Güte alle schlimmen Folgen von Ungerechtigkeit und persönlichem Leiden zudecken kann. Allein aus diesem Grund sollten wir uns entscheiden, Gott zu vertrauen. Mit
oder ohne Glauben an Gott werden wir in diesem Leben Leid
erfahren. Jesus sagte, dass wir hier auf der Erde viel Schweres
erleben werden; doch gleich im Anschluss gab er uns eine wunderbare Verheißung: Er hat die Welt überwunden (siehe Johannes 16,33). Die Sünde ist die Ursache für Leid, und Jesus ist die
Antwort darauf! Gott hat uns nicht hilflos zurückgelassen!

> Etwas muss nicht gut sein, damit
> man Gutes daraus machen kann.

Wenn wir auch ohne Gott leiden werden, wäre es dann nicht
besser, mit ihm zu leiden und darauf zu vertrauen, dass er uns
entweder zur rechten Zeit befreien oder alles zum Guten führen
wird? Für mich ist es nur logisch, Gott zu vertrauen. Es eröffnet
die Möglichkeit, Hilfe zu empfangen, während Gott nicht zu
vertrauen oder nicht an ihn zu glauben uns dazu verurteilt,
ohne die Hoffnung auf Befreiung oder Heilung zu leiden.

Für die Menschen, die Gott lieben und ihm vertrauen sowie
das wollen, was er will, führt er alles zum Guten. Wir werden
mit der Möglichkeit zur freien Entscheidung geboren, und
wenn wir leiden, können wir uns ebenfalls entscheiden, ob wir
Gott vertrauen wollen oder nicht.

Alles Leiden ist eine Folge der Sünde

Gäbe es keine Sünde, gäbe es auch kein Leid. Alles Leid und
alles Böse ist eine Folge der Sünde. Es kann eine direkte Folge
unserer eigenen Sünde sein oder der eines anderen Menschen
oder eine indirekte Folge dessen, dass wir in einer gefallenen
Welt leben. Der Teufel ist der Urheber der Sünde. Er ist der
Verführer und Betrüger, sodass wir mit Recht sagen können,

dass er die Quelle unserer Probleme ist. Wir müssen jedoch auch Verantwortung übernehmen und erkennen, dass wir mit unserem freien Willen entscheiden, auf wen wir hören und wem wir folgen. Werden wir den Anweisungen Gottes für unser Leben glauben und gehorchen, oder werden wir uns durch die Lügen des Teufels von unserer menschlichen Natur bestimmen lassen? Der Teufel bietet uns vergängliches Vergnügen an, das unsere Emotionen anspricht, so wie es bei Eva der Fall war. Doch Gott bietet uns ein Leben an, das weit über vergängliches Vergnügen hinausgeht. Er bietet uns eine ungestörte Beziehung zu ihm an, Frieden, Freude und ein sinnvolles Leben durch die Gemeinschaft mit ihm.

Ich möchte allerdings davor warnen, Leid zu stark mit persönlicher Sünde in Verbindung zu bringen. Viele kranke Menschen haben ihr Leiden nur noch vergrößert, weil sie glaubten, an ihrer Krankheit durch etwas, das sie vermeintlich falsch gemacht haben, selbst schuld zu sein. Natürlich kann es sein, dass wir durch persönliche Sünde der Krankheit eine Tür geöffnet haben. Doch es ist ebenso möglich, dass wir nichts falsch gemacht haben und der Grund einfach darin liegt, dass wir in einer gefallenen Welt leben, wo Krankheiten zu den Konsequenzen der Sünde gehören. Quäle dich nicht mit Schuldgefühlen, wenn du bereits unter einem tragischen oder schmerzlichen Ereignis leidest. Selbst wenn Gott sich entscheidet, uns zu zeigen, dass wir etwas falsch gemacht haben, lädt er uns dabei keine Schuldgefühle auf. Gott lässt uns unsere Sünde erkennen und bietet uns die Möglichkeit, umzukehren und seine Vergebung zu empfangen. Gott verurteilt uns nicht – das tut nur der Teufel.

Noch wichtiger als die Frage danach, warum Menschen leiden und die Welt voll mit Bösem ist, ist für viele Menschen die Frage, was der Sinn ihres Lebens ist. Sie wollen spüren, dass sie einen Wert haben. Das Problem des Menschen ist nicht das Leid, sondern derart maßloses Vergnügen, dass es ihm keine Befriedigung mehr bringt. In einem Land wie Indien zum Bei-

spiel herrscht großes Leid aller Art, aber es ist auch ein sehr
religiöses Land. Obwohl es falsche Religionen sind, suchen die
Menschen dort nach Gott. Sie glauben daran, dass es wichtig ist,
etwas anderes als sich selbst anzubeten. Die westliche Welt hingegen, die aus großem Glauben an Gott geboren wurde, hat jede
Art von Vergnügen genossen, und doch scheint sie sich immer
weiter von Gott zu entfernen. Im Grunde hat die westliche Welt
zu Gott gesagt, dass er nicht mehr willkommen ist. Ganze Völ-
ker wenden sich nun dem Humanismus zu: Der Mensch ohne
Gott hat die Macht. Und je mehr die Sünde um sich greift, umso
mehr wird auch Leid und Böses um sich greifen. Unabhängig
davon, wie sehr sich ein Volk von Gott abwendet, wird jeder
Einzelne, der sich ihm zuwendet und ihm in allem vertraut,
die wunderbare Erfahrung machen, dass Gott ihm in seinen
Schwierigkeiten hilft. Ein solcher Mensch wird Befreiung und
viel Bewahrung vor Bösem erfahren, doch nirgendwo in der Bibel heißt es, dass wir dem ganz aus dem Weg gehen können.
Wir leben in der Welt und die Welt ist voller Sünde. Darum
können wir nicht allen ihren Folgen aus dem Weg gehen.

Leid lässt sich in zwei Kategorien unterteilen. Zum einen
gibt es Leid, das durch moralische Entscheidungen hervor-
gerufen wird. Zum anderen gibt es natürliches Leid, das beispielsweise durch Hochwasser, Brände, Stürme und Ähnliches
entsteht. Sind diese Katastrophen von Gott bzw. von ihm zugelassen? Manche Theologen bejahen das und andere verneinen
es. Ich möchte mich hier nicht auf eine theologische Debatte
darüber einlassen. Ich ziehe es vor, solche Katastrophen als das
Stöhnen der Erde unter der Last der Sünde zu betrachten.

Es gibt immer gute und unschuldige Menschen, die infolge
von Naturkatastrophen schreckliche Verluste erleiden und
Schlimmes durchleben müssen. Ich versuche lieber, diesen
Menschen zu helfen, als darüber zu diskutieren, warum die Ka-
tastrophen überhaupt passiert sind. Es gibt Menschen, die an
Gott glauben und ihm vertrauen, und trotzdem sind sie von
Naturkatastrophen ebenso betroffen wie schlechte Menschen.

Das sind Dinge, die wir nicht erklären können – jedenfalls kann ich es nicht. Doch wer Gott vertraut, darf auf Hilfe und Wiederherstellung hoffen. Barmherzigkeit und Güte triumphieren immer über Gericht.

Wann wird Hilfe kommen?

Es scheint, als würde Gott mir manchmal helfen und manchmal auch nicht. Obwohl es auf mich so *wirken* mag, ist das nicht der Fall. Wenn Gott mir nicht die Hilfe schickt, die ich mir wünsche, hilft es mir, dass ich Gottes Charakter kenne. Ich kann dann darauf vertrauen, dass er mir immer so hilft, wie es für mich am besten ist, wenn ich ihn darum bitte. Oft sind wir derart darauf fixiert, zu bekommen, was wir wollen, dass wir das Gefühl haben, wenn Gott es uns nicht gibt, hilft er uns gar nicht. Eine zu intensive Beschäftigung mit unserem eigenen Willen kann dazu führen, dass wir nicht erkennen können, was Gott bereits tut, um uns zu helfen.

Dann ist da noch das Problem der Zeit. Manchmal beten wir und Gott hilft und befreit uns sofort. In anderen Fällen kommt seine Hilfe zu einem Zeitpunkt, den wir nicht verstehen. Wir fragen uns: Warum wartet Gott monate- oder sogar jahrelang, bevor er etwas tut, obwohl er doch weiß, dass wir etwas Leidvolles durchleben, und er uns auch helfen will? Gott hat immer seine Gründe. Er teilt sie uns allerdings nur selten mit. Manchmal benutzt er unser Leiden, um etwas in uns zu bewirken, das wir ihn in guten Zeiten nicht tun lassen würden.

C. S. Lewis schrieb: »Der Schmerz aber besteht darauf, dass man sich mit ihm befasst. Gott flüstert in unseren Freuden, er spricht in unserem Gewissen; in unseren Schmerzen aber ruft er laut. Sie sind sein Megafon, eine taube Welt aufzuwecken.«[8]

Wenn wir Gottes Stimme hören, ist das nicht unbedingt das erste Mal, dass er uns anspricht. Ich musste feststellen, dass meine eigenen Gedanken zu einer Sache mich manchmal daran gehindert haben, die Gedanken Gottes zu empfangen, die so ganz anders waren als meine. In einem der vorigen Kapitel habe ich erwähnt, dass Gottes Antwort auf meine trockenen Augen war, ich solle mehr Wasser trinken Da ich meinte, bereits viel zu trinken, nahm ich seine Antwort nicht an. Rückblickend wird mir klar, dass er mir durch mehrere Menschen mitgeteilt hatte: »Vielleicht solltest du mehr Wasser trinken«, doch ich antwortete immer sehr schnell: »Ich trinke schon viel Wasser; das kann nicht die Lösung sein!«

In 2. Könige 5 lesen wir die Geschichte von einem Mann namens Naaman. Er war ein Heerführer der aramäischen Armee, ein mächtiger, tapferer Mann, doch er hatte Aussatz. Durch eine Magd erfuhr er, dass der Prophet Elisa ihn heilen könne. Also machte sich Naaman mit einem Brief des Königs, in dem dieser den Propheten um Hilfe für seinen Heerführer bat, auf den Weg zu Elisa. Als Naaman dort ankam, empfing Elisa ihn nicht persönlich, sondern schickte ihm nur eine Nachricht: Er solle sich sieben Mal im Jordan waschen, dann werde er geheilt. Naaman wurde wütend und reiste wieder ab, denn er »dachte«, dass der Mann Gottes zu ihm kommen und ihn im Rahmen einer großen Zeremonie heilen würde. Offenbar war er es als mächtiger Heerführer gewohnt, fürstlich behandelt zu werden – doch das war hier nicht der Fall.

In der Bibel lesen wir, dass Naaman zornig abreiste und sagte, wenn er sich hätte in einem Fluss waschen wollen, hätte er nicht so weit reisen müssen, denn in seiner Heimat gebe es bessere Flüsse. Doch einer seiner Diener sagte zu ihm: »*Herr, ... wenn der Prophet etwas Großes von dir verlangt hätte, hättest du es dann nicht getan?*« (2. Könige 5,13). Gott gebrauchte diesen einfachen Diener, um Naamans Stolz infrage zu stellen, der ihn daran hinderte, die Heilung zu empfangen, die er dringend brauchte. Wie oft »denken« wir, etwas müsse so oder so laufen, und wenn Gott uns einen anderen Weg anbietet (seinen Weg), tun wir ihn ab, weil wir ihn nicht verstehen oder uns sogar beleidigt fühlen?

Gottes Wort sagt: ... *seid schnell bereit, zuzuhören, aber lasst euch Zeit, ehe ihr redet oder zornig werdet* (Jakobus 1,19). Ich glaube, wir könnten einige der nötigen Antworten bekommen, wenn wir nur besser hinhören würden. Bei mir zumindest ist das der Fall.

Als junger, unreifer Christ war ich oft frustriert, weil ich das Warum hinter allem wissen wollte, was ich nicht verstand. *Gott, warum wächst mein Dienst nicht schneller? Herr, ich bete doch – warum veränderst du nicht Dave und meine Kinder?* Die Antwort ist mir heute sonnenklar: Gott veränderte an meinem Dienst und meiner Familie nichts, weil *ich* diejenige war, die sich ändern musste. Ich war damals nur nicht reif genug, um es zu erkennen. Diese Erfahrungen lehrten mich, dass Gott manchmal mit seiner Antwort wartet, weil wir die falsche Frage stellen, und manchmal sind wir nicht bereit für das, worum wir bitten. Letzten Endes läuft es darauf hinaus, dass die Antwort – unabhängig von der Frage – immer die gleiche ist: Vertraue Gott!

Gott wartet manchmal mit seiner
Antwort, weil wir die falsche
Frage stellen.

KAPITEL 10

Gründe für unser Leiden (Teil 1)

Was immer auch geschieht, seid dankbar, denn das
ist Gottes Wille für euch, die ihr Christus Jesus
gehört.
Die Bibel – 1. Thessalonicher 5,18

Obwohl wir den Sinn von Leid nie vollständig verstehen werden, gibt es Dinge, die wir in diesem Zusammenhang lernen
können – und es ist klug, sie zu lernen. Es ist meist leichter,
etwas auszuhalten, wenn wir es verstehen, als wenn es uns total
verwirrt. Mangelndes Verstehen kann dazu führen, dass eine
Last doppelt schwer zu ertragen ist. Ich selbst habe mich oft
gefragt, warum wir leiden, doch viele der Antworten auf diese
Frage erhielt ich erst, als ich geistlich reifer wurde. Beispielsweise habe ich gelernt, dass manches Leid mir tatsächlich nützt.
Manches Leid muss ich annehmen und dann zulassen, dass es
in mir bewirkt, was es bewirken soll. Anderen Dingen muss ich
standhaft entgegentreten, weil der Teufel die Absicht hat, mich
zu zerstören. Je mehr ich in meiner Beziehung zu Gott wachse,
umso mehr werde ich hoffentlich verstehen; doch für den Moment gebe ich das weiter, was ich bisher gelernt habe.

Dankbarkeit für die vielen Segnungen in unserem Leben ist
wie ein Stärkungsmittel für unsere leidende Seele. Je mehr wir
auf unser Leid schauen, umso mehr leiden wir. Viel hilfreicher
ist es, Dinge zu finden, für die wir dankbar sind, und uns dann
auf sie zu konzentrieren. Wer glaubt, dass Gott gut ist, kann
selbst im schlimmsten Leid unter Beweis stellen, dass sein Vertrauen zu Gott stark ist und alle Lebenslagen ertragen kann.
Worte der Dankbarkeit angesichts von Leid, besonders unge-

rechtem Leid, sind ein stärkerer Beweis für unser Vertrauen zu Gott als irgendetwas sonst, das mir bekannt ist.

Leid ist real und schmerzhaft. Manchmal ist es schrecklich und scheinbar unerträglich. Es kann körperlicher, geistlicher, geistiger, emotionaler und finanzieller Art sein oder unsere Beziehungen betreffen. Jesus litt mehr, als irgendjemand von uns je leiden wird, und doch sagt Gottes Wort, dass er durch sein Leiden Gehorsam lernte (siehe Hebräer 5,8). Jesus war nie ungehorsam. Er blieb dankbar und war immer liebevoll. Doch durch sein Leiden erlebte er, was Gehorsam Gott gegenüber oft kostet. Er war bereit, den Preis zu bezahlen, um zum Urheber und Ursprung unserer Rettung werden zu können (siehe Hebräer 5,9; 12,2). Er ist der Hohepriester, der jeden Schmerz versteht, den wir in diesem Leben erfahren (siehe Hebräer 4,15). Jesus verlangt nie von uns, irgendwohin zu gehen, wo er nicht war. Es tröstet mich zu wissen, dass er bereits vor mir hergegangen ist und den Weg vorbereitet hat, auf dem ich gehen kann und soll.

Jesus verlangt nie von uns, irgendwohin
zu gehen, wo er nicht war.

Unter Berücksichtigung dieser Aspekte möchte ich einige Gedankenanstöße für die Zeiten des Leids in unserem Leben weitergeben.

Sünde ist die Wurzel allen Leidens

Wir haben bereits festgestellt, dass unsere eigene Sünde, die Sünde eines anderen Menschen oder die Tatsache, dass wir in einer sündigen und gefallenen Welt leben, die Ursache allen Leidens ist. Ich möchte diesen Gedanken jedoch noch etwas ausführen, damit wir ihn besser verstehen. Gottes ursprüngliche Absicht war nicht, dass der Mensch Leid und Schmerz erlebt, und es ist unfair, Gott die Schuld daran zu geben.

Eine Form des Leids, die die meisten von uns irgendwann im Leben durchmachen, ist Krankheit. Wenn wir hören, dass Sünde und Krankheit oft zusammenhängen, kann es leicht passieren, dass wir Nabelschau betreiben und versuchen herauszufinden, welche Sünde wir begangen haben. Natürlich ist es möglich, dass mein Handeln oder Verhalten zu der Krankheit geführt hat, doch das ist nicht unbedingt immer, und noch nicht einmal meistens, der Fall.

In der Bibel finden wir kein Beispiel dafür, dass Jesus je eine bestimmte Sünde mit einer bestimmten Krankheit in Verbindung brachte. Er ist unser Arzt, und häufig gebrauchte er Heilungen als ein Mittel, um Menschen davon zu überzeugen, dass er, wenn er imstande war, Krankheiten zu heilen, gewiss auch Sünden vergeben konnte (siehe Markus 2,9-11). Wer sich ausführlich mit der Bibel beschäftigt, wird feststellen, dass sowohl Heilung als auch Sündenvergebung zum Erlösungswerk des Messias gehören (siehe Jesaja 53,4-5). Gott kann nicht gleichzeitig unser Arzt als auch die Ursache von Krankheit sein. Wir sollten uns ein für alle Mal ins Herz schreiben, dass Gott gut ist und der Teufel schlecht!

Wenn sich jedes Jahr die Erkältungs- und Grippesaison einstellt, leiden alle möglichen Leute unter diesen Krankheiten – gute und böse, junge und alte! Das ist ganz »zufällig« und es ist sehr zu bezweifeln, dass diejenigen, die eine Erkältung oder Grippe bekommen, die Sünder sind und die anderen die Sündlosen. Ich glaube jedoch, dass es im Krankheitsfall klug sein kann, Gott zu fragen, ob wir der Krankheit in irgendeiner Weise die Tür geöffnet haben. Oft haben wir nicht gut genug auf uns selbst geachtet und damit unser Immunsystem geschwächt, sodass wir anfälliger für die Krankheit waren, als wenn wir uns anders verhalten hätten. Möglicherweise zeigt Gott uns etwas, das wir in Zukunft vermeiden sollten; doch es gibt auch Situationen, in denen er das nicht tut. Wenn Gott schweigt, bitte ich einfach um Heilung und vertraue ihm, dass er etwas Gutes daraus macht.

Das alles ist leicht zu verstehen, wenn wir von einer Erkältung oder Grippe reden. Viel schwieriger ist es, wenn die Krankheit Krebs lautet oder es sich um eine andere schmerzhafte sowie lebensbedrohliche Situation handelt. Je schmerzhafter die Situation, umso schwieriger ist es für uns, sie zu verstehen.

1989 erkrankte ich an Brustkrebs. Erst vor Kurzem wurde mir klar, dass ich das eventuell hätte vermeiden können, wenn ich besser auf meinen Körper geachtet hätte. Zu jener Zeit steckte unsere Organisation noch in den Kinderschuhen. Ich war ständig im Stress, weil ich noch nicht viel über Gottvertrauen und Geduld wusste. Ich versuchte nicht nur eine Arbeit aufzubauen, sondern machte mit Gott auch einen inneren Heilungsprozess durch, der schmerzhaft und schwierig war. Ich schlief zu wenig und trieb nicht genügend Sport, ich arbeitete zu viel, ruhte mich nicht genug aus, ernährte mich ungesund, trank zu viel Kaffee und zu wenig Wasser, war häufig verärgert und aufgebracht, ich war frustriert … und diese Liste ließe sich noch fortsetzen. Das Ergebnis dieses Dauerstresses war ein hormonelles Ungleichgewicht, das meinen Zyklus beeinflusste. Also ging ich zum Arzt, der mir eine Hysterektomie und anschließende Östrogeninjektionen empfahl. Das half mir sehr, und am Ende spritzte ich mir das Hormon alle zehn Tage. Nach etwa einem Jahr wurde bei mir ein östrogenbedingter Tumor in der Brust diagnostiziert. Mit anderen Worten, dieser Tumor »ernährte« sich von und wuchs durch Östrogen. Es war eine schnell wachsende, gefährliche Art von Tumor. Ich musste mich einer radikalen Operation unterziehen.

Das war keine Strafe von Gott, und er machte mir auch keine Vorwürfe, weil ich nicht besser auf mich geachtet hatte. Die Operation war erfolgreich und ich brauchte keine weitere Behandlung. Für mich war das an sich schon ein Wunder. Doch Gott gebrauchte die Situation als Gelegenheit, mir beizubringen, wie wichtig es ist, meinen Körper zu respektieren, weil er sein Tempel ist. Heute treffe ich jeden Tag viel bessere Entscheidungen, was meine körperliche Gesundheit betrifft. Inzwischen ist es meine persönliche Überzeugung, dass es eine Sünde ist, unseren Körper zu missachten und schlecht zu behandeln. Warum? Weil wir mit einem hohen Preis erkauft sind und Gott gehören und weil unser Körper der Tempel (das Haus) Gottes ist. Wenn dieser Gedanke dir zu extrem erscheint, dann schieb ihn erst einmal beiseite, aber ich möchte dir nahelegen, dich selbst genug wertzuschätzen, um gut auf dich zu achten.

Durch die Gespräche mit anderen Menschen habe ich festgestellt, dass viele – wenn nicht sogar die meisten – ihren Körper missachten. Vielleicht fehlt einfach das Wissen, wie wichtig es ist, gesund zu sein, und aus diesem Grund (wenn schon aus keinem anderen) ist es klug, Gott nach dem wahren Ursprung jeder Krankheit zu fragen, die wir vielleicht haben. Ich möchte dir vorschlagen, Zeit zu investieren und ein gutes Buch darüber zu lesen, wie man an Geist, Seele und Körper gesund bleibt. Ich glaube wirklich, dass du auf diese Weise einen Blick für viele Dinge gewinnen kannst, für die du zuvor blind warst.

Gott war sehr barmherzig und gnädig mit mir, als ich Krebs hatte, und es hätte gar nicht besser ausgehen können. Eine Sache möchte ich aber ganz deutlich sagen: Mit meiner Geschichte will ich keineswegs andeuten, dass andere, die Krebs bekommen, nicht gut auf sich geachtet haben. Ich kenne nicht alle Hintergründe von Krankheiten, doch ich weiß, dass wir in unsere Gesundheit investieren und so stark wie möglich bleiben sollten. Der Teufel streift umher und hält Ausschau nach jemandem, den er fangen und verschlingen kann, und ich tue, was in meiner Macht steht, um nicht sein Opfer zu werden. In 1. Petrus 5,8 heißt es: *Seid besonnen [bleibt ausgeglichen] und wachsam und jederzeit auf einen Angriff durch den Teufel, euren Feind, gefasst! Wie ein brüllender [hungriger] Löwe streift er umher und sucht nach einem Opfer, das er verschlingen kann.* Petrus sagt, wir sollen »besonnen« oder ausgeglichen sein, um uns nicht verschlingen zu lassen. Ich war definitiv unausgeglichen in meiner Herangehensweise an das Leben. Wir können Gottes Gesetze der Gesundheit, die in seinem Wort zu finden sind, nicht brechen und erwarten, dass es keine negativen Auswirkungen hat. Zumindest wird es uns müde machen, wenn wir nicht gut auf uns achten.

Vor Kurzem habe ich ein neues Hüftgelenk bekommen, weil meine Hüfte durch Arthritis und eine Fehlbildung geschädigt war. Obwohl ich staunte, wie gut ich mich von der Operation erholte, hatte ich doch einige Tage lang große Schmerzen, weil ich zu aktiv war. Mein Körper teilte mir durch den Schmerz mit, dass ich es langsamer angehen, weniger aktiv sein und mehr Geduld haben musste. Der Arzt sagte mir sogar, ich solle den Schmerz als Gradmesser benutzen, was ich tun konnte und was nicht. Er erklärte mir:»Wenn Sie an einem Tag zu viel tun und am nächsten Tag mehr Schmerzen haben, dann schrauben Sie Ihre Aktivitäten zurück und geben Sie dem schmerzhaften Bereich die Möglichkeit, sich zu beruhigen.«

Wie Paulus an die Epheser schrieb: *Tut alles, was die Krise erfordert, und steht dann fest an eurem Platz* (sinngemäß nach Epheser 6,13). Bleib in Christus, bleib in seiner Liebe, und vertraue darauf, dass er dich heilt. Tu, was Gott dir zeigt, und dann ruhe in seiner Liebe und erwarte eine vollständige Wiederherstellung und Heilung.

Der Weise leidet weniger als der Törichte

Obwohl ein weiser Mensch nicht allem Leid aus dem Weg gehen kann, kann er doch viele Dinge vermeiden, die ein törichter Mensch nicht vermeiden würde. Nach Gottes Gesetzmäßigkeiten ernten wir, was wir säen (siehe Galater 6,7; Matthäus 7,1-2; Lukas 6,31). Für mich ist das ein ernüchternder Gedanke, und ich meine, wir sollten uns täglich daran erinnern.

Wenn ein Mann seiner Ehefrau mehrmals untreu war, kann es gut sein, dass die Beziehung zerbricht. Er ist selbst schuld daran und erntet, was er gesät hat. Wenn jemand ständig zu viel Geld ausgibt und dann durch Schulden unter Druck gerät,

ist er selbst schuld daran, denn er hat töricht ausgesät und erntet nun die Folgen. Im Buch der Sprüche wird häufig darauf
hingewiesen, dass die Worte eines törichten Menschen ihn in
Schwierigkeiten bringen, zum Beispiel:

> *Ein Narr gerät ständig in Streit; er fordert es geradezu he-
> raus, dass er geschlagen wird. Der Mund des Narren ist sein
> Untergang; seine Lippen bringen ihn ins Verderben.*
>
> Die Bibel – Sprüche 18,6-7

Es gibt außerdem viele Bibelstellen, die uns zeigen, wie wohl-
tuend die Worte eines weisen Menschen sind, zum Beispiel:

> *Wer unüberlegt redet, der verletzt andere, die Worte der
> Weisen aber sind wie Balsam.*
>
> Die Bibel – Sprüche 12,18

Wir sollten uns nicht nur darum bemühen, weise Worte auszusprechen, sondern wir sollten uns auch entscheiden, weise zu
handeln. In den Sprüchen heißt es, dass Weisheit das Wert-
vollste ist, worum wir uns bemühen und wonach wir handeln
können. Weisen Menschen werden viele erstrebenswerte Dinge
verheißen: Wohlwollen, Reichtum, ein langes Leben, Vorankommen, Klarheit und Schutz, um nur einige zu nennen.

Natürlich ernten oder erleben wir nicht sofort die Auswirkungen jeder schlechten Entscheidung, die wir treffen – andernfalls hätten wir alle ein großes Problem. Wir können Gott
danken, dass wir seine Vergebung und Gnade empfangen dürfen. Doch wenn wir hartnäckig Torheit aussäen, werden wir die
Folgen ernten und in irgendeiner Form darunter leiden.

Wir leben in einer Welt, die auf moralischen Fundamenten
aufgebaut ist, und unmoralisches Verhalten hat Konsequenzen.
Wenn zum Beispiel jemand unter Alkoholeinfluss Auto fährt,
kann es sein, dass er selbst oder andere verletzt werden. Wenn
jemand ständig aufbrausend ist, wird er vermutlich irgendwann

113

allein dastehen. Wenn jemand einen anderen Menschen ermordet, kann ihm dafür wohl vergeben werden, doch er wird wahrscheinlich sein Leben hinter Gittern verbringen. Es ist keine schlechte Idee, am Anfang eines jeden Tages darüber nachzudenken, dass all unser Handeln und alle unsere Worte Konsequenzen haben. Möglicherweise ist das eine gute Motivation, weisere Entscheidungen zu treffen.

Der Apostel Petrus spricht von Leid, das wir verdienen, und Leid, das wir nicht verdienen. Er sagt, es ist besser, zu Unrecht dafür zu leiden, dass man das Richtige getan hat, als zu Recht dafür zu leiden, dass man etwas Falsches getan hat (siehe 1. Petrus 2,19-20; 4,15-16).

Ich kann definitiv sagen: Je mehr ich Gottes Wort studiere, Weisheit daraus ziehe und auf mein Leben anwende, umso weniger leide ich. Die Bibel ist die »Gebrauchsanweisung« für unser Leben! Sie kann uns helfen, sorgfältig über jede Entscheidung nachzudenken, die wir treffen. Das ist wichtig, weil jede Entscheidung Konsequenzen hat. Wer Gottes Wort befolgt, wird nie Opfer seiner Umstände sein müssen, denn er kann nicht nur Entscheidungen treffen, die ihm helfen, seine Umstände zu überwinden, sondern er kann auch aus ihnen lernen. Bevor ich mich mit der Bibel auseinandersetzte, war ich das Opfer von sexuellem Missbrauch, doch heute bin ich frei von dessen Auswirkungen, weil ich Entscheidungen getroffen habe, die im Einklang mit Gottes Willen sind.

Verfolgung aufgrund unseres Glaubens

Paulus erinnerte Timotheus in einem Brief daran, dass jeder, der ein Leben zur Ehre Gottes führen will, Verfolgung aufgrund seines Glaubens erleiden wird (siehe 2. Timotheus 3,12). Außerdem sagte Paulus, dass er zwar Verfolgung erlitt, doch Gott ihn daraus befreite (siehe 2. Timotheus 3,11). Ich bin sehr dankbar, dass wir in allem Leid die Verheißung auf Rettung haben und das Vorrecht, diese Rettung von Gott vertrauensvoll erwarten zu dürfen. Es mag sein, dass wir eine Zeit lang Geduld üben und die Not ertragen müssen, doch Gott ist treu. Bis er uns rettet, wird er uns Kraft geben, die Probleme mit einer guten Einstellung zu ertragen, wenn wir dazu bereit sind.

Nur wenige von uns können behaupten, sie hätten deutlich Stellung für die Sache Jesu bezogen und keinen Gegenwind erlebt. Dieser Widerstand zeigt sich häufig in Form von Ablehnung. Meine persönlichen Erfahrungen in dieser Hinsicht waren tief greifend und schmerzlich. Als ich der Berufung folgte, Gottes Wort zu lehren, wurde ich aufgefordert, meine Gemeinde zu verlassen, und erlebte Ablehnung von Verwandten und Freunden. Es fällt uns Menschen sehr schwer, in Verschiedenheit Einigkeit zu finden. Wir wollen, dass alle sind wie wir, denn wenn dies nicht der Fall ist, fühlen wir uns in unseren Gedanken, unseren Ideen und unserem Handeln angegriffen.

Ich war der Meinung, dass Gott zu mir gesprochen hatte, und scherte aus der normalen, akzeptierten Frauenrolle aus. Darüber waren viele empört. Was glaubte ich denn, wer ich war? Ich hatte keine ordentliche Ausbildung. Ich war eine Frau, und Frauen taten so etwas in unseren religiösen Kreisen nicht. Obwohl ich das damals nicht begriff, war dies der erste Versuch des Teufels, mich dazu zu bringen, aufzugeben und dortzubleiben, wo ich mich befand – nämlich in einem jämmerlichen und unbefriedigenden Zustand.

Die Apostel wurden vom Heiligen Geist gewarnt, dass man sie verfolgen würde, und doch gingen sie mutig voran. Jesus lehrt uns, dass die Menschen, die sein Wort hören und »mit Freude [aber nur oberflächlich] aufnehmen«, kurze Zeit durchhalten, doch wenn sie um des Wortes Gottes willen Verfolgung (Leid) erleben, fühlen sie sich sofort angegriffen, geraten ins Stolpern und kommen vom Weg ab (siehe Markus 4,16-17).

Wir alle wollen angenommen sein. Niemand findet Ablehnung schön. Es ist ein emotionaler Schmerz, der durchaus heftig sein kann – und seine Auswirkungen können uns lange verfolgen. Jesus wurde abgelehnt und verachtet (siehe Jesaja 53). In Johannes 15,25 sagt er sogar, dass man ihn ohne Grund hasste. Er war gut, hatte nichts falsch gemacht und wurde trotzdem verfolgt. Außerdem sagt er uns, dass der Schüler nicht über seinem Lehrer steht (siehe Lukas 6,40). Da er litt, müssen auch wir mit Leid rechnen.

Ich möchte hier einige Bibelverse zum Thema Leid weitergeben, die für mich früher schwer zu begreifen waren:

Es verdient nämlich Anerkennung, wenn jemand, der zu Unrecht leidet, sein Leiden geduldig erträgt, weil er entschlossen ist, Gott treu zu bleiben. Oder hättet ihr irgendeinen Grund, stolz zu sein, wenn ihr wegen einer Verfehlung bestraft werdet und die Schläge standhaft ertragt? Aber wenn ihr leiden müsst, obwohl ihr Gutes tut, und dann standhaft bleibt – das findet Gottes Anerkennung, denn dazu hat er euch berufen. Auch Christus hat ja für euch gelitten und hat euch damit ein Beispiel hinterlassen. Tretet in seine Fußstapfen und folgt ihm auf dem Weg, den er euch vorangegangen ist …

Die Bibel – 1. Petrus 2,19-21

Ich konnte nicht verstehen, warum es Gottes Anerkennung findet, wenn ich leide – doch irgendwann begriff ich, dass nicht mein Schmerz oder mein Leid der »positive« Teil ist, sondern dass ich bereit bin, es für Gott und um seinetwillen auf mich zu nehmen. Es ist nicht unser Leid, das Gott verherrlicht, sondern unsere Fähigkeit, im Leid eine gute Einstellung zu bewahren.

Ganz gleich was du gerade durchlebst – du
sollst wissen, dass Gott bei dir ist und einen
Plan für deine Rettung und Heilung hat.

Wenn wir leiden, leidet Gott mit uns – so wie wir leiden, wenn unsere Kinder leiden. Nichts kann uns von Gottes Liebe trennen, und er verlässt uns niemals, nicht einen Augenblick lang (siehe Römer 8,38-39; Hebräer 13,5). Auch wenn wir vielleicht das *Gefühl* haben, dass Gott uns verlassen hat, so wie es Jesus am Kreuz erging, entspricht das nicht den Tatsachen. Ganz gleich was du gerade durchlebst – du sollst wissen, dass Gott bei dir ist und einen Plan für deine Rettung und Heilung hat.

Jesus sagt, wir sind glücklich zu preisen, wenn wir um der Gerechtigkeit willen verfolgt werden, und dass unser Lohn im Himmel groß sein wird (siehe Matthäus 5,10-12). Vielleicht geht es dir so ähnlich wie mir und du würdest es vorziehen, nicht bis zum Himmel auf den Lohn warten zu müssen. Die gute Nachricht ist, Jesus hat noch etwas anderes gesagt. Er hat auch versprochen, dass wir, wenn wir etwas um seinetwillen und um des Evangeliums willen aufgeben, in diesem Leben und in der kommenden Welt einen Ausgleich erhalten werden (siehe Markus 10,29-30). In diesen beiden Bibelstellen sehen wir die Verheißung auf Lohn sowohl im Himmel als auch auf der Erde.

Etwas, das wir häufig aufgeben müssen, um Gott von ganzem Herzen dienen zu können, ist unser Ansehen. Jesus selbst gab sein Ansehen auf (siehe Philipper 2,7) und heute leuchtet mir der Grund dafür ein. Wenn wir zu viel darauf geben, was andere von uns denken, werden wir Jesus nie voll und ganz nachfolgen. Zu dem Zeitpunkt, als Gott mich berief, opferte ich mein Ansehen bei meinen damaligen Bekannten, und er hat mich dafür belohnt. Heute habe ich viel mehr Freunde, als ich damals aufgeben musste.

Gott belohnt diejenigen, die ihn aufrichtig suchen (siehe Hebräer 11,6). Wenn du heftigen Gegenwind erlebst, freu dich auf den Lohn, den Gott für dich bereithält! Wenn du unter dem Verlust deines Ansehens leidest oder wegen deines Glaubens an Gott verurteilt und kritisiert wirst, dann verzweifle nicht. Vertraue weiterhin auf Gott und freu dich auf deine Belohnung.

KAPITEL 11

Gründe für unser Leiden (Teil 2)

Im letzten Kapitel habe ich über drei Gründe für unser Leiden gesprochen. Der erste Grund war die Existenz der Sünde, der zweite waren unkluge Entscheidungen und der dritte war Verfolgung aufgrund unseres Glaubens an Gott.

In diesem Kapitel soll es um weitere Gründe gehen, weshalb wir leiden, und ich bete, dass es dir auf deinem Weg mit Gott helfen wird.

Wir leiden zu Unrecht durch die Sünde anderer Menschen

Diese Art von Leid ist sehr schwer zu ertragen, weil wir uns unschuldig fühlen und dennoch für etwas leiden, auf das wir keinen Einfluss haben. Unser erster Gedanke ist: *Das ist nicht fair* … und das ist es auch nicht. Doch obwohl das Leben nicht immer fair ist, können diejenigen, die ihr Vertrauen auf Gott setzen, mit seiner Gerechtigkeit rechnen – zu seiner Zeit und auf seine Art und Weise. Weil Gott Gerechtigkeit liebt, bringt er Falsches gern in Ordnung. Er ist unser Verteidiger und entschädigt uns, wenn wir ungerecht behandelt werden.

Ganz gleich ob es Missbrauch oder Misshandlungen in der Kindheit sind oder Diskriminierung aufgrund von Hautfarbe, Geschlecht, Nationalität oder tausend anderer Dinge: Eine ungerechte Behandlung ist immer sehr verletzend. Wenn wir uns nicht richtig damit auseinandersetzen, kann sie in unserer Seele tiefe Wunden und Narben hinterlassen, die beeinflussen, wie wir leben.

Gott ist ein Gott der Gerechtigkeit – das ist eine seiner Eigenschaften, die mich immer wieder begeistern. Und auf Verheißungen wie die folgende können wir unser Vertrauen setzen:

Denn wir kennen den, der gesagt hat: »Ich will Rache nehmen [es ist meine Sache, für Gerechtigkeit zu sorgen]. Ich will Vergeltung üben an denen, die es verdienen [an den Übeltätern].« Er sagte auch: »Der Herr wird sein Volk richten.«
Die Bibel – Hebräer 10,30

Das ist eine wunderbare, tröstliche Bibelstelle, und wenn du unter ungerechter Behandlung durch einen anderen Menschen leidest, solltest du sie in deinem Herzen bewahren und darauf vertrauen, dass Gott sie in deinem Leben wahr werden lässt.

Ich selbst habe Gottes Gerechtigkeit in vielen Situationen erlebt. Die Ablehnung am Anfang meines Dienstes habe ich bereits erwähnt; und obwohl viele Jahre bis dahin ins Land gingen, haben mich mehrere der Personen, die mich damals tief verletzt haben, inzwischen um Verzeihung gebeten und ihr Fehlverhalten eingestanden.

Für ein Unrecht entschädigt zu werden bedeutet, dass man erstattet bekommt, was einem an Schaden zugefügt wurde. Es gibt kaum etwas Besseres, als zu erleben, wie man von Gott Ehre und Segen empfängt, weil man ungerecht behandelt wurde. Wir müssen allerdings unsere eigenen Versuche aufgeben, den anderen für das Unrecht büßen zu lassen, das er uns angetan hat, wenn wir erleben wollen, dass Gott uns verteidigt.

Nachdem mein Vater mich sexuell missbraucht, meine Mutter mich in dieser Situation im Stich gelassen und andere Verwandte mir nicht geholfen hatten, entwickelte ich eine innere Haltung, die mein Leben vergiftete. Ich wollte mich an den Menschen rächen, die mich verletzt hatten, ebenso wie an denen, die mir nicht geholfen hatten. Ich war verbittert, voller Groll und überzeugt, dass die Welt mir etwas schuldete. Natürlich war all das nicht gut für mich. Es half mir nicht, mein Problem zu lösen, und ich fühlte mich dadurch auch nicht besser, sondern blieb in meinem Elend stecken. Ich hatte Missbrauch erlebt – das war schlimm genug. Doch Jahre später war ich immer noch das Opfer und kam nicht von dem los, was mir zugestoßen war. Ich ging davon aus, dass ich nie ein normales oder emotional gesundes Leben führen würde.

Ich war Christ, aber im Grunde kannte ich Gottes Wort nicht. Ich war wiedergeboren, doch ich lebte immer noch so, wie ich es für richtig hielt, statt den Willen Gottes zu erkennen und ihn zu tun. Als ich begriff, dass Gott Gerechtigkeit liebt und sich persönlich um die Dinge aus meiner Vergangenheit kümmern will, begann sich für mich alles zu ändern. Es geschah nicht über Nacht, doch nach und nach erlebte ich Heilung von meiner Zerbrochenheit. Gott nahm die schlimmen Dinge, die mir angetan worden waren, und machte tatsächlich etwas Gutes daraus.

Gott verlangt von uns, dass wir die Vergangenheit loslassen und unseren Feinden vollständig vergeben, für sie beten und sie sogar segnen. Er wird uns zeigen, wie wir das tun können. Mein Vater bat mich am Ende um Verzeihung und weinte voller Reue. Ich hatte das Vorrecht, ihn zu Jesus zu führen und zu taufen. Er sagte mir, wie stolz er auf mich ist und auf die Arbeit, die ich für Gott tun darf.

Ich denke, man kann getrost sagen, dass der größte Teil unseres Leidens im Leben durch böse Menschen kommt, die uns ungerecht behandeln. Ein Teil kann aber auch von Menschen kommen, die behaupten, uns zu lieben. In dem Fall sind die Wunden noch tiefer. Doch ganz gleich wie tief greifend oder schlimm ein Problem war: Gott kann es berühren, heilen, Gutes daraus entstehen lassen und uns für vergangenen Schmerz entschädigen.

Er schenkt uns Schönheit anstelle von Asche und Freude anstelle von Trauer (siehe Jesaja 61,1-3). Er verspricht, uns zu erstatten, was wir verloren haben.

Der Herr [wird] euer Schicksal wieder zum Guten wenden. Er wird sich euer erbarmen und euch wieder aus allen Völkern sammeln, unter die er euch verstreut hat.

Die Bibel – 5. Mose 30,3

Niemand wünscht sich Leid und Schmerz im Leben. Steckt man jedoch mittendrin, ist es gut zu wissen, dass Gott bereit ist, uns zu entschädigen, wenn wir seinen Wegen folgen und darauf vertrauen, dass er Wort hält.

Wir leiden, weil wir versuchen, Dinge zu ändern, die nur Gott ändern kann

Eine der ersten Lektionen für mich, die einen großen Teil meines emotionalen Leidens linderte, war, dass ich das Universum nicht im Griff hatte. Da ich von Natur aus eine starke Persönlichkeit habe und gern die Führung übernehme, strengte ich mich sehr an und versuchte, vieles zu kontrollieren und zu verändern, das nicht in meiner Macht stand. Es dauerte mehrere schmerzliche Jahre, bis ich begriff, dass Gott viel mehr daran interessiert war, mich zu verändern als meine unangenehmen Umstände. Natürlich hatte ich auch Probleme, weil ich versuchte, die Menschen in meiner Welt zu verändern, damit sie mich glücklicher machten und mir besser »passten«. Ich musste lernen (und das fiel mir nicht leicht und ging auch nicht schnell), dass nur Gott Menschen verändern kann und dass selbst er nichts unternehmen wird, wenn sie seine Hilfe nicht wollen.

Als ich lernte, die Menschen so wertzuschätzen, wie sie waren (das ist auch heute noch ein täglicher Lernprozess), litt ich nicht mehr so stark und fühlte mich auch nicht mehr so elend. Ich hatte Demut dringend nötig. Obwohl Gott uns einlädt, uns zu demütigen, sind nur wenige von uns bereit, es zu tun – also übernimmt er es für uns. Dazu stellt er uns in Situationen mit Menschen, die uns frustrieren und verärgern. Weil wir natürlich wollen, dass unser Leiden endet, gelangen wir irgendwann zu der Erkenntnis, dass Gott sie benutzt, um an unseren eigenen tief sitzenden Problemen zu arbeiten. Er ist unser Retter, und auch wenn er sich mehr Zeit lässt, als uns lieb ist, gebraucht er das Schlechte in unserem Leben immer, um etwas Gutes zu bewirken!

Hast du schon einmal in Erwägung gezogen, dass deine *Reaktion* auf dein Problem das eigentliche Problem ist und nicht das, was du ursprünglich dafür gehalten hast? Ich war jahrelang davon überzeugt, dass ich unglücklich sei, weil Dave meinen Bedürfnissen nicht begegnete, doch Gott zeigte mir, dass mein Egoismus das eigentliche Problem war. Ich versuchte ständig, Dave zu ändern. Alle meine Anstrengungen führten aber nicht zum gewünschten Ergebnis, weil Gott die Situation benutzte, um an die wahre Wurzel meines Problems zu gelangen.

In der Bibel lesen wir, dass ein kleiner Hirtenjunge – David – zum König gesalbt wurde. Doch lange bevor er die Krone trug, musste er unter dem wahnsinnigen und bösen König Saul, an dessen Stelle er einmal treten sollte, arbeiten und mit ihm zurechtkommen. Vieles von dem, was David angetan wurde, schien ungerecht zu sein, und doch hatte es einen Zweck.

Jemand sagte einmal, Gott gebrauchte König Saul, um den »Saul« aus David herauszubekommen, damit er nicht auch solch ein König werden würde. In meinem eigenen Leben habe ich Ähnliches erlebt. Heute kann ich auf die Grausamkeit meines Vaters zurückschauen und erkennen, dass ich viele seiner Eigenschaften übernommen hatte, ohne dass es mir damals bewusst war. Ich war eine in den geistlichen Dienst berufene Frau, doch durch den Missbrauch, den ich als Kind erlitten hatte, war ich hartherzig geworden. Ich war barsch und gesetzlich im Hinblick auf das, was andere meiner Meinung nach tun oder nicht tun sollten. Eine Beziehung mit mir zu haben bedeutete, meinen Regeln zu folgen, und die Betonung liegt auf **meinen** Regeln! Ich hatte zwar Charisma, doch mir fehlte der christliche Charakter, den ich für die Arbeit brauchte, die vor mir lag. Ich war blind für mein eigenes Verhalten, weil es in den offenen und verdeckten Wunden meiner Seele wurzelte, die erst behandelt werden mussten. Christ zu sein bedeutet nicht, dass wir unser Leben lang an unserem Verhalten »herumbasteln«, vielmehr sollten wir uns von Jesus von innen nach außen verändern und in sein Bild umgestalten lassen.

Gott gebrauchte einen geistlichen Leiter und einige andere Menschen, die mich nicht gut behandelten, um mir begreiflich zu machen, dass ich mit anderen nie so umgehen sollte, wie diese Personen mit mir umgegangen waren. Genau genommen tat Gott mir einen Gefallen, indem er mich mehrere Jahre lang in engen Kontakt mit ihnen brachte. Obwohl es sehr schmerzhaft war, half es mir enorm und machte mich zu einem besseren Menschen. Ich sage gern, dass wir manchmal etwas Schwieriges oder Unangenehmes erleben müssen, damit wir lernen, uns so zu sehen, wie wir wirklich sind, statt so, wie wir zu sein meinen. Unser Denken wird allzu schnell von Stolz beeinflusst, sodass wir andere kritisch beurteilen, und obwohl wir vielleicht selbst einiges von dem tun, wofür wir sie verurteilen, erkennen wir es nicht (siehe Römer 2,1).

Ich finde, Petrus ist ein gutes Beispiel dafür. Er war impulsiv und hatte immer viel zu sagen. Er war zu großen Dingen bestimmt, doch er dachte höher von sich selbst, als es angemessen war. Seine Haltung brauchte zu seinem eigenen Besten eine Korrektur. Als Jesus zu ihm sagte, Satan werde ihn zwar in den bevorstehenden Anfechtungen wie Weizen sieben, doch er habe für Petrus gebetet, damit sein Glaube nicht aufhört, erklärte Petrus, ohne zu zögern, seine Bereitschaft, für Jesus ins Gefängnis zu gehen und sogar, wenn nötig, mit ihm zu sterben. Am Ende verleugnete er Jesus noch am gleichen Tag drei Mal. Aufgrund seines Versagens sah er sich endlich als den, der er wirklich war. Er war ein schwacher Mensch, der Vergebung und Gottes Hilfe brauchte (siehe Lukas 22,31-34.55-62). Als Jesus zu Petrus sagte, er habe für ihn gebetet, hätte Petrus ihm danken und eingestehen sollen, dass er alle Hilfe brauchte, die er bekommen konnte.

Nachdem Petrus Jesus verleugnet hatte, bereute er es zutiefst und weinte bitterlich – und später wurde er zu einem der größten und einflussreichsten Apostel. Es sind nicht unsere Schwächen, die uns Probleme bereiten, sondern unsere mangelnde Bereitschaft, uns mit ihnen auseinanderzusetzen. Es wäre weise, Gott täglich zu bitten, dass er uns hilft und uns alles an uns zeigt, was ihn daran hindert, das in unserem Leben zu tun, was er tun möchte. Wir sollten Gottes Willen immer mehr wollen als alles andere.

Petrus ermahnt uns, uns demütig unter die mächtige Hand Gottes zu beugen, denn dann wird Gott uns zu seiner Zeit erhöhen (siehe 1. Petrus 5,6). Sich »demütig zu beugen« bedeutet, unter einer Situation zu bleiben, statt darum zu kämpfen, von ihr freizukommen, weil sie schwierig ist. Keiner von uns möchte leiden, doch wir sollten dazu bereit sein, wenn es von uns verlangt wird.

Nehmen wir einmal an, eine Frau ist mit einem Mann verheiratet, der sie und ihre Kinder körperlich misshandelt. In dieser Situation sollte sie definitiv nicht unter der Misshandlung bleiben. Sie sollte sich von ihrem Mann trennen. Meine Mutter blieb bei meinem Vater, obwohl sie wusste, was er mir antat, und das war möglicherweise der schlimmste Fehler ihres ganzen Lebens.

Doch angenommen eine Frau arbeitet in einer Firma, in der sie die einzige Christin ist und daher die Einzige, die von Jesus erzählen kann. Viele ihrer Kollegen lehnen sie ab und machen sich über sie lustig, und sie wird sogar bei der Beförderung übergangen, die ihr zusteht. Kündigt sie, weil die Situation unangenehm für sie ist? Oder betet sie darum, dass Gott ihr deutlich zeigt, ob sie gehen soll, und wenn nicht, dass sein Wille geschehe? Vielleicht bittet Gott sie darum, eine Zeit lang unter den schwierigen Umständen auszuhalten, denn er braucht eine

»Repräsentantin« in dieser Firma. In 2. Timotheus 4,2 heißt es, dass wir bereit sein sollen, Gott zu dienen, *ob die Zeit günstig ist oder nicht (ob die Gelegenheit passend oder unpassend ist, ob es begrüßt wird oder nicht).*

Wenn wir unter einer Situation oder einer Person leiden, sollten wir Gott immer fragen, wie wir damit umgehen sollen. Es ist nicht weise, Entscheidungen zu treffen, wenn wir verletzt sind, ohne den Heiligen Geist um Wegweisung zu bitten. Paulus schrieb an die Galater, dass sie sich bei ihren Schwierigkeiten und Problemen gegenseitig helfen sollten (siehe Galater 6,2). Meine instinktive Reaktion wäre zu sagen: »Ich muss und werde mich damit nicht herumärgern«, doch auf der anderen Seite »ärgert« sich Jesus mit mir herum, und ich bin froh darüber!

Gott schenkt uns immer Gnade
für die Situation, in der wir uns
befinden.

Ich habe in meinem Leben viel Unterschiedliches durchgemacht und erkannt, dass Gott uns immer Gnade für die Situation schenkt, in der wir uns befinden. Mit anderen Worten: Wenn wir sind, wo er uns haben will, kann er uns so viel Gnade schenken, dass wir tatsächlich genießen können, was andere unglücklich machen würde.

In den ersten Jahren meines Christseins hatte ich ständig mit irgendetwas zu kämpfen. Wenn es nicht das eine war, dann war es etwas anderes. Meine Stimmung war fast vollständig von meinen Umständen abhängig. Ich freute mich zum Beispiel, wenn unsere Konferenzen gut besucht waren. Im gegenteiligen Fall hatte ich mit Entmutigung zu kämpfen und redete sehr negativ. Deshalb setzten wir alles daran, die Teilnehmerzahlen zu erhöhen. Es gab jedoch weiterhin Schwankungen bei der Teilnahme und das wirkte sich dann auch auf meine Stimmung aus. Irgendwann wurde mir bewusst, dass ich versuchte, etwas zu ändern, das ich nicht ändern konnte – doch Gott konnte und würde es tun, wenn die richtige Zeit dafür gekommen war. Unsere Zeit steht wahrhaftig in Gottes Händen (siehe Psalm 31,16). Schließlich gab ich meine Sorgen an Gott ab, und tatsächlich stellte sich – so wie er es versprochen hat – Frieden ein (siehe Philipper 4,6-7).

Heute sind unsere Konferenzen viel besser besucht, doch ab und zu gibt es aus irgendwelchen Gründen trotzdem eine, die weniger Teilnehmer hat. Das gefällt mir immer noch nicht, aber ich leide nicht mehr darunter wie früher, einfach weil ich nicht mehr dagegen ankämpfe. Ich ziehe die Konferenz durch und gehe zur nächsten über.

Wenn deine Seele das nächste Mal leidet, weil du versuchst, etwas zu ändern, das dir nicht gefällt, dann frage dich, ob es etwas ist, das nur Gott ändern kann. Und sollte dem so sein, dann rate ich dir, »loszulassen und Gott machen zu lassen«.

Wir leiden, weil wir in einer unvollkommenen Welt leben

Wir haben gesehen, dass wir aufgrund von persönlicher Sünde oder der Sünde anderer Menschen leiden können. Doch einer der Hauptgründe für unser Leiden ist einfach, dass wir in der Welt leben – einer Welt voller Sünde. Es scheint, dass sich umso mehr Böses aufhäuft, je länger die Erde besteht. Ich glaube, in jeder Generation waren die Menschen schockiert darüber, wie schlimm die Welt geworden ist. Ich weiß noch, wie ich als Kind die Erwachsenen darüber reden hörte, wie schlecht alles ist. Auch heute sprechen wir davon, wie sehr uns erschüttert, was in der Welt vor sich geht. Und wenn Jesus nicht vorher wiederkommt, werden auch unsere Kinder irgendwann dasitzen und darüber reden, wie viel schlimmer als je zuvor es in ihrer Generation zugeht. Bosheit und Schlechtigkeit sind auf dem Vormarsch. Sie bleiben nicht statisch, sondern sammeln sich an und multiplizieren sich. Dave erinnert sich noch daran, wie in unserer Stadt der erste Zeitungsjunge ausgeraubt wurde, und das war etwa 1950. Es war schockierend, und man konnte sich einfach nicht vorstellen, dass so etwas passiert. Doch wenn wir uns anschauen, was heute alles geschieht, würde man wegen eines ausgeraubten Zeitungsjungen nicht einmal mehr mit der Wimper zucken, und es würde die Allgemeinheit auch nicht mehr erschüttern. Es ist beunruhigend, dass die Zustände so schlimm sind, wie sie sind. Die traurige Tatsache ist: Je schlimmer die Dinge werden, umso mehr Leid wird es geben. Wir haben zwar nicht alle Antworten, doch wir haben das Vorrecht, Gott zu vertrauen.

Schützt Gott diejenigen, die ihr Vertrauen auf ihn setzen? Das glaube ich ganz fest. Wir hören oft Berichte, wie Gott einen Menschen beschützt hat, und wir selbst können es auch bezeugen. Doch was ist mit den Situationen, in denen Gottes Schutz weit weg erscheint und wir etwas erleiden, das wir einfach nicht verstehen? Kommen wir noch einmal auf den weisen Satz zurück, den Lee Strobel gesagt hat: »Gottes endgültige Antwort auf das Leid ist keine Erklärung, sondern die Menschwerdung Jesu.« Niemand kann alles erklären, doch Jesus kann alles erlösen.

Vor Kurzem verlor eine unserer Mitarbeiterinnen in einem Hochwasser, das wir in St. Louis hatten, ihr Haus und alles, was sich darin befand. Sie leitet unser medizinisches Hilfsprogramm und hat viele persönliche Opfer gebracht, um in Dritte-Welt-Länder zu reisen und Menschen zu helfen. Sie ist eine gottesfürchtige Frau aus einer gottesfürchtigen Familie. Warum ist ihr das zugestoßen? Manchmal geschehen schmerzliche Dinge einfach deshalb, weil wir in dieser Welt leben. Die gute Nachricht ist, dass Gott in die Situation unserer Mitarbeiterin rettend eingegriffen hat. Viele Menschen und verschiedene christliche Organisationen helfen ihrer Familie, das Haus wieder aufzubauen und zu kaufen, was benötigt wird. Wenn das alles vorbei ist, hat sie vielleicht ein besseres Haus und bessere Möbel als zuvor.

Ich kenne andere Christen, die ihr Haus fast verloren hätten – aber auch nur fast. Sie erlebten Gottes Schutz, und wenn wir ihre Berichte hören, freuen wir uns mit ihnen. Weshalb wurden einige verschont und andere nicht? Auch hier sollten wir nicht in erster Linie versuchen, eine Erklärung zu finden. Halten wir uns lieber an den menschgewordenen Gott und schauen zu, wie er Rettung und Wiederherstellung für die Verletzungen schenkt und sie in Gewinn verwandelt.

KAPITEL 12

Nach dem Leiden

*Im Gefängnis legten sie seine Füße in Fesseln und
seinen Hals in eine eiserne Klammer.*

Die Bibel – Psalm 105,18

Josef war ein junger Mann, der davon träumte, große Dinge zu
tun. Seine Brüder hassten ihn und waren eifersüchtig, weil er
Jakobs Lieblingssohn war. Ihr Hass wurde so groß, dass sie ihn
eines Tages »aus dem Verkehr zogen« und an Sklavenhändler
verkauften. Sie brachten ein blutdurchtränktes Kleidungsstück
nach Hause und logen ihren Vater an, indem sie sagten, ihr
Bruder sei von einem wilden Tier getötet worden.

Viele Jahre lang durchlebte Josef tragische und ungerechte
Situationen, unter denen er sehr litt. Dennoch blieb er Gott
treu und vertraute ihm. Gott schenkte Josef Gunst, wo er auch
hinkam, und machte ihn schließlich zum zweiten Mann in
Ägypten, gleich nach dem Pharao. Dadurch gebrauchte er Josef,
um viele Menschen – unter anderem auch seine eigene Familie –
vor dem Verhungern zu retten, als eine schwere Hungersnot im
Land herrschte. Seine Brüder erschraken, als sie feststellten,
dass Josef in einer hochrangigen Machtposition war. Nun
konnte er ihnen alles Leid heimzahlen, das er aufgrund ihrer
Grausamkeit vor all den Jahren zu Unrecht durchgemacht
hatte – doch Josefs Reaktion war erstaunlich:

*Dann kamen seine Brüder und fielen vor ihm nieder. »Wir sind
deine Diener«, sagten sie. Aber Josef sagte zu ihnen: »Habt
keine Angst vor mir. Bin ich etwa an Gottes Stelle? Was mich
betrifft, hat Gott alles Böse, das ihr geplant habt, zum Guten*

gewendet. Auf diese Weise wollte er das Leben vieler Menschen retten.«

Die Bibel – 1. Mose 50,18-20

Diese Bibelverse sind wirklich wunderbar, wenn wir einmal sorgfältig darüber nachdenken. Trotz allem, was Josef durchgemacht hatte, war er nicht verbittert, sondern sah Gottes Hand, die aus der ganzen Situation etwas Gutes hervorgebracht hatte. Statt verbittert zu sein, war er bereit, seinen Brüdern zu helfen. Und so fuhr er fort:

»Habt also keine Angst. Ich selbst will für euch und eure Familien sorgen.« So beruhigte er sie und sprach freundlich mit ihnen.

Die Bibel – 1. Mose 50,21

Josef ist mein Held: Er erlitt tragisches Unrecht und ging damit genau so um, wie Gott es sich von uns wünscht. Kein Wunder, dass er ein mächtiger Mann war. Er wurde 110 Jahre alt und scheint mehr gute Jahre genossen zu haben als die schlechten, die er durchleiden musste. Josef durfte sich nach dem Leid an einem großen Sieg erfreuen. Wir könnten sagen, dass sein Leid ihm zu einem besseren Leben verholfen hat. Wenn wir im Leid stark bleiben und Gott vertrauen, erweisen wir uns als Menschen, denen Gott große Verantwortung und großen Segen anvertrauen kann.

Wir tun uns selbst einen Gefallen, wenn wir bereit sind, denen zu vergeben, die uns verletzt haben, weil es unmöglich ist, das Leben zu genießen und gleichzeitig voller Bitterkeit zu sein. Wir sollten uns an Josefs Leben ein Beispiel nehmen.

Wir tun uns selbst einen Gefallen,
wenn wir bereit sind, denen zu
vergeben, die uns verletzt haben.

In der Zeit, nachdem Josef in die Sklaverei verkauft worden war, saß er dreizehn Jahre für etwas im Gefängnis, dessen er sich nicht schuldig gemacht hatte. Er lag in eisernen Ketten, und in Psalm 105, den ich weiter oben zitiert habe, heißt es in der Amplified Bible, man legte »seine Seele in Eisen«. Was bedeutet das? Ich verstehe das so, dass die Gefangenschaft ihn stärker machte. Mit anderen Worten, sein Leid machte ihn zu einem besseren Menschen und trug dazu bei, ihn auf sein Regierungsamt in Ägypten vorzubereiten.

Es gibt die Redewendung »Unsere Probleme machen uns entweder besser oder bitter«, und darin steckt eine Menge Wahrheit. Gott auch in schmerzlichen Situationen zu vertrauen wird am Ende immer belohnt und zahlt sich aus. Eine der positiven Folgen ist, dass man stärker wird.

Im Buch Jesaja sehen wir, dass Gott durch den Propheten zu den Israeliten sprach und sie ermutigte, sich nicht vor dem zu fürchten, was sie erlebten, denn er wollte sie dadurch stärker machen:

> *»Fürchte dich nicht, denn ich bin bei dir. Sieh dich nicht ängstlich nach Hilfe um, denn ich bin dein Gott. Meine Entscheidung für dich steht fest, ich helfe dir. Ich unterstütze dich, indem ich mit meiner siegreichen Hand Gerechtigkeit übe …*
>
> *Ich habe dich zu einem neuen Dreschwagen mit scharfen Messern gemacht. Du wirst sowohl Hügel dreschen und zermalmen als auch Berge in Spreu verwandeln.«*
>
> Die Bibel – Jesaja 41,10.15

Dies ist ein weiteres Beispiel für Gottes Verheißung, dass er unsere Schwierigkeiten gebrauchen wird, um uns stärker und besser zu machen als zuvor. Das alles steht und fällt jedoch mit unserer Bereitschaft, in den schmerzlichen Dingen, die uns im Leben begegnen, unser Vertrauen vollständig auf Gott zu setzen. Ganz gleich was du gerade durchlebst: Diese Verheißung gilt dir. Deine Feinde mögen dir schaden wollen, doch Gott wird es zum Guten wenden und dich dabei noch zu einem besseren Menschen machen. Wenn das Leben schmerzlich und hart ist, denk daran, dass Gott dich liebt. Deshalb musst du dich nicht fürchten. Eine kurze Geschichte, die ich einmal hörte, bringt das auf interessante Weise zum Ausdruck:

Ein Mann hatte gerade geheiratet und kehrte mit seiner Frau nach Hause zurück. Einen Teil der Strecke, der über einen See führte, mussten sie per Boot zurücklegen. Unterwegs kam ein Sturm auf, der das Boot mächtig hin und her schaukelte. Die Frau bekam Angst. Ihr Mann wirkte jedoch sehr ruhig und sie fragte ihn immer wieder, warum er sich nicht fürchtete.

Er lächelte, zog ein Messer und kam der Frau damit sehr nahe, so als wollte er ihr etwas antun. Sie zuckte nicht einmal zusammen, und als er sie fragte, warum sie sich nicht fürchtete, antwortete sie: »Warum sollte ich mich fürchten? Ich weiß, dass du mich liebst und mir unmöglich Schaden zufügen könntest.«

Der Mann erwiderte: »Und genau darum habe ich in diesem Sturm keine Angst. Ich weiß, dass Gott uns liebt und dass er, was auch geschieht, etwas Gutes für uns daraus machen wird.«

Ganz gleich in wie viele Lebensstürme wir geraten: In Gottes liebenden Händen sind wir immer sicher.

Mitgefühl und Einfühlungsvermögen

Ich habe festgestellt, dass mein eigenes Leiden mir geholfen hat, viel mehr Mitgefühl für andere zu entwickeln, die ebenfalls in irgendeiner Form leiden. Wer nicht den Schmerz von Misshandlung oder Verlust erlebt hat, dem wird es sehr schwerfallen zu verstehen, was andere durchmachen.

Ratschläge zu geben ist leicht, doch ohne Erfahrung kann es sein, dass wir manche Dinge einfach abtun. Stellen wir uns einmal vor, ich wäre fünfundzwanzig Jahre alt und mein bisheriges Leben wäre ziemlich problemlos verlaufen. Ich hatte wunderbare Eltern, die immer für mich gesorgt und mir meistens gegeben haben, was ich wollte. Ich bin intelligent, daher war es leicht für mich, im Studium gute Noten zu bekommen. Mein Vater hat mir über einen Geschäftspartner einen Traumjob besorgt, noch bevor ich meinen Abschluss hatte. Das Leben ist gut! Bei der Arbeit gibt es eine Kollegin, die ich ganz gut kennengelernt habe, und sie wirkt entmutigt oder sogar deprimiert. Ich frage mich, was los ist, aber ich mache mir nicht die Mühe, sie einmal darauf anzusprechen. Irgendwann versucht meine Freundin mir von den ernsten finanziellen Problemen zu erzählen, die sie hat. Rasch schlage ich ihr vor, dass sie ihre Eltern anruft und sie um Hilfe bittet, denn genau das würde ich tun. Sie erklärt mir, dass ihre Eltern sie in der Kindheit misshandelt haben und die Beziehung völlig zerrüttet ist. Sie versichert mir, dass es nicht möglich ist, Hilfe von ihnen zu bekommen. Da ich mir nicht einmal vorstellen kann, dass Eltern ihre Kinder misshandeln oder ihnen nicht helfen, tue ich ihr Problem mit einer unsensiblen Bemerkung ab. Ich sage: »Keine Sorge, es wird schon werden«, und lasse sie stehen.

Meine Freundin fühlt sich einsam und leer. Das wirklich Traurige daran ist, dass es mir aufgrund der Großzügigkeit meiner Eltern finanziell so gut geht, dass ich ihr problemlos hätte helfen können. Doch mein Mangel an Erfahrung mit Leid hat dazu geführt, dass ich Menschen, denen es schlecht geht, ohne Mitgefühl begegne.

Solche Menschen gibt es viele auf der Welt. Es sind keine schlechten Menschen, aber sie sind unerfahren. Irgendwann im Leben wird ihnen eine Schwierigkeit begegnen, die sie hoffentlich zum Besseren verändert.

Ich bin nicht wie die Fünfundzwanzigjährige, die ein leichtes Leben hatte. Ich hatte keine Eltern, die mich wirklich liebten oder mir halfen; vielmehr misshandelten sie mich. Meine Kindheit war voller Angst, Leid und Einsamkeit. Ich würde gern sagen, dass ich aufgrund meiner Kindheit viel Mitgefühl für leidende Menschen entwickelt hatte, doch stattdessen hatte ich ein hartes Herz. Erst durch eine tiefe Beziehung zu Jesus Christus und mehrere Jahre, in denen ich aufgrund von schmerzlichen und leidvollen Erlebnissen unterschiedliche Erfahrungen sammelte, änderte sich das langsam.

Als ich Krebs hatte, wuchs mein Mitgefühl für Menschen mit einer derart schlimmen Diagnose. Nach zehn Jahren, in denen ich unter Migräne litt, habe ich nun den nötigen Glauben, um mitfühlend für die Heilung von Menschen mit Kopfschmerzen zu beten. Durch die Gnade Gottes und sein Wort war ich irgendwann in der Lage, meinem Vater zu vergeben, dass er mich sexuell missbraucht hatte. Ich weiß aus erster Hand, wie viel besser es ist zu vergeben, statt mit Hass und Bitterkeit erfüllt zu sein. Ich gründete eine Organisation mit nichts weiter als Gott und einem Traum, und vierzig Jahre später arbeite ich immer noch dort. Ich habe viel aus Erfahrung gelernt, doch es hat mich auch viel gekostet. Zahlreiche Menschen haben mich verurteilt und kritisiert und meinten, ich sei aus verschiedenen Gründen ungeeignet für den geistlichen Dienst. Doch ich erlebte auch Gottes Trost in solchen Situationen, und jetzt kann ich andere trösten. Gott schenkt uns die Gnade, Leidende zu trösten, indem er uns selbst im Leid tröstet.

> *Gepriesen sei Gott, der Vater von Jesus Christus, unserem Herrn. Er ist der Ursprung aller Barmherzigkeit und der Gott, der uns tröstet.*
>
> *In allen Schwierigkeiten tröstet er uns, damit wir andere trösten können. Wenn andere Menschen in Schwierigkeiten geraten, können wir ihnen den gleichen Trost spenden, wie Gott ihn uns geschenkt hat.*
>
> Die Bibel – 2. Korinther 1,3-4

Ich erinnere mich lebhaft daran, dass ich oft versuchte, anderen zu erzählen, was ich durchmachte, aber sie wussten einfach nicht, wie sie mir helfen sollten. Sie konnten mit meinem Schmerz nichts anfangen, weil sie selbst keinen erlebt hatten. Sie konnten mich nicht trösten, weil sie selbst nie Trost von Gott gebraucht hatten. Oder vielleicht hatten sie ihn gebraucht, wussten aber nicht, wie sie darum bitten und ihn empfangen konnten. Ich sage oft, dass wir nicht geben können, was wir nicht haben. Zuerst müssen wir von Gott empfangen, und dann kann das, was er uns gegeben hat, durch uns zu anderen fließen.

Wenn Menschen mit ihren Problemen zu uns kommen, wissen sie meistens schon, dass wir sie nicht lösen können. Was sie eigentlich wollen, ist Verständnis, Trost und Mitgefühl. Nach eigenem durchlebtem Leid können wir weichherziger, sanfter, behutsamer, mitfühlender und einfühlsamer werden. Diese Eigenschaften gehören zu dem, was wir an unserem Herrn bewundern, und sie befähigen uns zum Dienst in seinem Namen.

Mitgefühl und Einfühlungsvermögen für andere zu entwickeln ist ein Segen, der uns durch erlebtes Leid zuteilwird. Das einfache Geschenk des Mitgefühls ist sehr wertvoll für einen Menschen, dem es nicht gut geht!

Doch es ist nicht unser Leiden allein, das uns befähigt, von Gott gebraucht zu werden, um anderen zu helfen. In der Tat kann Gott auf wunderbare Weise Menschen gebrauchen, die großartige Eltern, eine gute Kindheit, keine finanziellen Probleme und jeden anderen Vorteil hatten – und er tut es auch. Allerdings gibt es nur sehr wenige solcher Menschen, einfach deshalb, weil das Leben zu den meisten von uns nicht besonders freundlich ist.

Eine tiefere Beziehung zu Gott

Zu dem Guten, was ich aus meinem Leid gewann, gehört unter anderem eine tiefere Beziehung zu Gott. Wenn wir in eine schwierige Situation geraten, in der niemand außer Gott uns helfen kann, und wir unser Vertrauen auf ihn setzen, erleben wir die vielen Wunder seines Wesens und seiner Güte. Wir erleben seine Treue, Gerechtigkeit, Barmherzigkeit, Gnade, Weisheit und Macht, um nur einige Dinge zu nennen. Paulus sagte, sein ausdrückliches Ziel sei es, Christus zu kennen und mit den Wundern seiner Person tiefer vertraut zu werden. Er sagte, er wolle die Macht der Auferstehung Jesu erleben und »lernen, was es heißt, mit ihm zu leiden« (siehe Philipper 3,10).

In diesem Bibeltext gibt es mehrere bemerkenswerte Punkte:

1. Paulus war fest entschlossen.

Entschlossenheit ist notwendig, wenn wir im Leben irgendetwas erreichen wollen. Nicht das, was wir ein oder zwei Mal tun, bringt den Erfolg oder die gewünschten Ergebnisse, sondern das, was wir wiederholt richtig machen.

2. Paulus wollte Jesus viel besser kennenlernen.

Er wollte nicht nur etwas *über ihn wissen*, sondern er wollte *ihn kennen*! Er wollte eine enge, persönliche Beziehung zu ihm haben. Das steht jedem offen, der es sich wünscht und bereit ist, Jesus von ganzem Herzen zu suchen.

3. Paulus wollte die Wunder der Person Jesu stärker und deutlicher erkennen.

Paulus kannte Jesus. Er hatte eine erstaunliche Begegnung mit ihm auf dem Weg nach Damaskus, und doch suchte er nach mehr. Wir sollten uns nie damit zufriedengeben, wenn wir geistlich nicht wachsen. Es gibt immer noch mehr darüber zu lernen, wie wunderbar Jesus ist, und wir werden es erfahren, wenn wir ihn verstärkt suchen. Auf unserer Lebensreise mit ihm werden wir feststellen, dass er in allen möglichen Situationen bei uns ist. Er verlässt uns nicht und lässt uns nie im Stich.

4. Paulus wollte die Kraft der Auferstehung Jesu erleben, die uns schon auf dieser Erde lebendig macht.

Wenn wir wirklich mit Jesus vertraut sind, können wir auch in schwierigen Zeiten Frieden und Freude erleben. Wir vertrauen darauf, dass er Gutes aus allem hervorbringt, was wir zu bewältigen haben, ganz gleich wie schmerzhaft es ist. Wir müssen kein resigniertes Leben führen, da uns die Auferstehungskraft Jesu zur Verfügung steht.

Sobald wir Gottes Kraft in unserem Leben erfahren haben, wird es einfacher, ihm auch beim nächsten Mal zu vertrauen, wenn wir etwas brauchen. Gott will seine Kraft in uns und durch uns offenbaren. Er möchte uns nicht nur befreien, sondern uns auch als Botschafter einsetzen, um Menschen auf Jesus hinzuweisen.

> Unser persönliches Vorbild kann
> dafür sorgen, dass ein Mensch
> sein Leben Jesus anvertraut.

Wenn du oder ich in ernsthaften Schwierigkeiten stecken und andere Menschen sehen, dass wir Gott weiterhin vertrauen und eine von Frieden und Freude erfüllte Einstellung bewahren, sagt ihnen das etwas über die bewahrende Kraft Gottes. Wenn wir geduldig warten, ganz gleich wie lange es dauert, sagt ihnen das etwas über die Halt gebende Kraft Gottes. Erleben wir dann Befreiung, sehen sie, dass Gott treu ist. Das, was in unserem Leben geschieht, zeugt von seiner Gegenwart und seinem Wunsch, uns zu helfen. Unser persönliches Vorbild kann dafür sorgen, dass ein Mensch sein Leben Jesus anvertraut.

5. Paulus sagte, er sei bereit, an Jesu Leiden teilzuhaben,
wenn er dadurch Christus ähnlicher würde.

Das bedeutet nicht, dass wir am Kreuz hängen müssen wie Jesus. Es bedeutet einfach, dass wir bereit sein sollten, alles zu ertragen, was nötig ist, um wie Jesus zu sein, damit er durch uns verherrlicht wird.

Heißt das, dass Gott Leid und Anfechtungen in unser Leben bringt, damit wir Dinge lernen, die uns später nützen? Nein. Er ist kein Gott, der seinen Kindern hinter dem Holzschuppen das Hinterteil versohlt, um ihnen etwas beizubringen.

Ich sage lieber, dass Gott, wenn wir ein Problem oder Schwierigkeiten haben, diese möglicherweise gebraucht, um seine Ziele in unserem Leben voranzutreiben. Wenn wir schon leiden müssen, warum sollten wir nicht wenigstens einen Nutzen davon haben? In meinem Leben habe ich ohne Gott gelitten und mit ihm, und ich kann auf jeden Fall sagen, dass es *mit Gott* deutlich besser ist. Ich glaube, dass Gott immer einen Plan zu unserer Rettung hat, doch möglicherweise schiebt er diese eine Weile auf, um die Situation zu unserem Wachstum und der Entwicklung unseres Charakters zu nutzen. Sein Timing in unserem Leben ist perfekt, und während wir warten, haben wir das Vorrecht, ihm zu vertrauen.

Wenn wir schon leiden müssen,
warum sollten wir nicht wenigstens einen Nutzen davon haben?

Die Freude über den Siegespreis

Über Jesus heißt es in Hebräer 12,2: *Er war bereit, den Tod der Schande am Kreuz zu sterben, weil er wusste, welche Freude ihn danach erwartete.* Viele Menschen haben mir bezeugt, dass sie das, was sie durchgemacht haben, gegen nichts eintauschen würden, einfach deshalb, weil es sie verändert und näher zu Gott gebracht hat.

> Ich sage oft, dass wir etwas
> »durchmachen« müssen,
> um »durchzukommen«.

Es mag sein, dass uns das, was wir momentan durchmachen, zuwider ist. Niemand freut sich über Schmerz oder Leid. Gelingt es uns jedoch, unseren Blick auf den Siegespreis zu richten, auf das Danach, dann können wir mit mehr Freude durchhalten. Wenn wir glaubensvoll daran festhalten, dass wir Gottes Güte sehen werden, ganz gleich wie schlecht es uns jetzt geht oder wie lange es noch dauert, dann werden wir einen wunderbaren Durchbruch und Erfolg erleben.

Ich sage oft, dass wir etwas »durchmachen« müssen, um »durchzukommen«. Hab keine Angst vor Schwierigkeiten, denn Gott wird dir nicht mehr aufladen, als du mit seiner Hilfe und Wegweisung bewältigen kannst.

KAPITEL 13

Tag für Tag

*Da sprach der Herr zu Mose: »Ich werde für euch
Brot vom Himmel regnen lassen. Die Israeliten sollen
jeden Tag vors Lager gehen und so viel davon auf-
lesen, wie sie für den jeweiligen Tag brauchen. ...«*
Die Bibel – 2. Mose 16,4

Als Gott den Israeliten das Brot vom Himmel gab, wollte er
ihnen damit nicht nur Nahrung schenken, sondern auch ihr
Vertrauen zu ihm auf die Probe stellen. Er ordnete an, dass sie
nur sammeln sollten, was sie für den jeweiligen Tag brauchten,
im Vertrauen darauf, dass er sie auch am folgenden Tag versorgen würde. Können wir uns vorstellen, wie schwierig das für
viele von ihnen gewesen sein muss? Sie befanden sich mitten
in der Wüste, hatten keine Lebensmittel und keine Möglichkeit,
an Lebensmittel zu kommen. Sicher hatten sie große Angst – bei
mir wäre das jedenfalls so gewesen!

Es gibt Zeiten im Leben, in denen Gott uns in gewissen Bereichen auf die Probe stellt, um zu sehen, ob wir ihm vertrauen
oder nicht. Sobald die Israeliten versuchten, eine weitere Portion für den folgenden Tag einzusammeln, verdarb das Über-
flüssige und begann zu stinken. Wie oft versuchen wir, durch
eigene Überlegungen oder Sorge heute zu sammeln, was wir
morgen brauchen, und erreichen damit nichts weiter, als dass
wir unglücklich sind?

Neulich wachte ich morgens auf und begann sofort, über alle
Schreibprojekte nachzudenken, die etwa zur gleichen Zeit fertig
werden mussten. Außerdem musste ich mich noch auf eine bevorstehende Konferenz vorbereiten, mich um einige Fernseh-

sendungen kümmern, an Geschäftssitzungen teilnehmen und mehrere persönliche Termine wahrnehmen. Je mehr ich über alles nachdachte, was in den nächsten rund dreißig Tagen auf mich zukam, umso mehr fühlte ich mich unter Druck und überlastet. Gott sprach mir ins Herz hinein und erinnerte mich an etwas, das ich bereits wusste: *Lebe einen Tag nach dem anderen.* Sofort spürte ich, wie der Druck nachließ, denn ich hatte genug Erfahrung mit Gott gesammelt, um zweifelsfrei zu wissen, dass er uns zu allem befähigt, was er von uns will – wenn wir es einen Tag nach dem anderen angehen.

Wer sich heute Sorgen um morgen macht, vergeudet den heutigen Tag. Es ist sinnlos! Jesus sagte, wir sollen uns nicht um morgen sorgen, denn jeder Tag bringt genug eigene Probleme mit sich (siehe Matthäus 6,34). Gott hilft uns, wenn wir unser Vertrauen auf ihn setzen, und nicht, wenn wir uns Sorgen machen und ängstlich darüber nachdenken, wie wir unsere Probleme lösen können.

Im Jahr 2013 haben wir ein Andachtsbuch veröffentlicht, *Gott vertrauen – Tag für Tag*, und es ist eines unserer beliebtesten Andachtsbücher. Warum? Weil es uns zu etwas auffordert, das wir unserer Meinung nach schaffen können. Wenn man das ganze Leben auf einmal in den Blick nimmt, oder auch nur eine Woche oder einen Monat, fühlt man sich schnell überfordert. Aber ein Tag ist »machbar«. Die Anonymen Alkoholiker setzen dieses Prinzip bei den Frauen und Männern ein, die bei ihnen Hilfe suchen. Betroffene haben oft das Gefühl, auf gar keinen Fall den Rest ihres Lebens ohne Alkohol auskommen zu können. Die Angst vor dem Scheitern ist so groß, dass sie gar nicht erst anfangen wollen. Doch der Gedanke, jeweils einen Tag lang nicht zu trinken, ist eine realistische Möglichkeit. Das Ziel ist, einen Tag lang nüchtern zu bleiben. Viele der Betroffenen können genau sagen, wie viele Tage sie schon trocken sind, selbst wenn seit dem letzten Glas schon Jahre vergangen sind.

Weil dieses Prinzip direkt aus der Bibel abgeleitet ist, funktioniert es in den meisten Bereichen unseres Lebens. Wir können schuldenfrei werden, Sport treiben, abnehmen, einen Studienabschluss machen, ein behindertes Kind versorgen oder irgendetwas anderes bewältigen, wenn wir unser Vertrauen auf Gott setzen und das Leben einen Tag nach dem anderen in Angriff nehmen.

Mir gefällt ein Zitat, das aus einer unbekannten Quelle stammt: »Ich versuche, das Leben einen Tag nach dem anderen in Angriff zu nehmen, doch manchmal werde ich von mehreren Tagen gleichzeitig angegriffen.«

Der Unterschied zwischen Glaube und Vertrauen

Die Worte »Glaube« und »Vertrauen« werden oft als austauschbare Begriffe verwendet. Die Frage ist, ob es einen Unterschied zwischen ihnen gibt. In vielerlei Hinsicht sind sie ähnlich, weil beide Zuversicht auf Gott erfordern; doch »Glaube« ist ein Substantiv und damit etwas, das wir besitzen, während wir »vertrauen« oft auch als Verb verwenden, als etwas, das wir tun.

> Vertrauen ist Glaube in Aktion.

Gott schenkt uns Glauben. Sein Wort sagt, dass jedem Menschen ein gewisses Maß an Glauben gegeben ist (siehe Römer 12,3), doch es ist die Sache von jedem Einzelnen, was er oder sie damit tut. Vertrauen ist Glaube in Aktion. Es ist Glaube, der »freigelassen« wird. Menschen richten ihren Glauben nicht immer unbedingt auf Gott aus, sondern auch auf Dinge wie: die Finanzsysteme der Welt, Regierungen, Bildung, andere Menschen, Rentenfonds, sich selbst und so weiter. Von allem, woran Menschen ihren Glauben hängen, ist Gott der Einzige, der vollkommen zuverlässig ist.

Ich möchte hier auf ein kleines sprachliches Detail aufmerksam machen. Wenn ich sage: »Setz dein Vertrauen auf Gott«, dann ist »setzen« ein Tätigkeitswort. Einer Tätigkeit liegt eine Entscheidung zugrunde. Zum Beispiel kann ich mich entscheiden, meinen Laptop aufzuladen, wenn ich mit meiner Arbeit fertig bin, damit er beim nächsten Mal, wenn ich ihn brauche, einen vollen Akku hat und betriebsbereit ist. Ich kann ihn auch einfach auf der Couch liegen lassen, und wenn ich ihn das nächste Mal brauche, ist der Akku leer, und der Laptop ist für mich nutzlos. Natürlich kann ich das Risiko eingehen in der Hoffnung, dass er doch funktioniert, aber wenn dem nicht so ist, werde ich enttäuscht sein. So ähnlich ist es, wenn wir unser Vertrauen auf etwas oder jemanden anderes als Gott setzen. Wir gehen das Risiko ein, dass alles gut läuft, doch die Erfahrung lehrt uns, dass dies nicht immer der Fall ist.

Selbstverständlich gibt es Dinge und Menschen, denen wir vertrauen können. Es gibt allerdings keine Garantie, dass wir immer mit dem Ergebnis zufrieden sein werden. Nachdem ich nun drei Viertel meines Lebens mit Gott unterwegs bin, kann ich ehrlich sagen, dass ich mit dem »Ergebnis« meiner Entscheidung, mein Vertrauen auf Gott zu setzen, rundum zufrieden bin. Zwar ist nicht immer alles so gelaufen, wie ich es mir vorgestellt hatte oder es wollte, doch heute erkenne ich, dass Gott immer getan hat, was das Beste war.

Wenn du es bisher noch nicht gemacht hast, möchtest du dann jetzt die bewusste Entscheidung treffen, ab sofort dein Vertrauen in jeder Situation deines Lebens auf Gott zu setzen? Denke in Tagesabschnitten darüber nach, und es wird dir leichter fallen. Kannst du Gott heute vertrauen? Willst du heute dein Vertrauen auf ihn setzen? Ganz gleich vor welcher schwierigen Situation du gerade stehst, wirst du sie an Gott abgeben und dein Vertrauen auf ihn setzen?

Die Bibel steckt voller Aussagen von Menschen, die ihr Vertrauen bewusst auf Gott gesetzt haben. Es war eine Entscheidung, die sie trafen. Die Betreffenden sagten oft »Ich werde«, wenn sie von ihrem Vertrauen auf Gott sprachen. Die Entscheidung zu treffen, ist der erste Teil – und dann setzen wir die Entscheidung um, wenn nötig, eine Stunde nach der anderen. Winzige Ziele helfen uns, am Ende große Ziele zu erreichen. Die Bibel sagt:

> *Herr, mein Gott, bei dir suche ich Zuflucht [und setze mein Vertrauen auf dich]. Hilf mir und rette mich vor meinen Verfolgern!*
>
> Die Bibel – Psalm 7,2

> *Doch wenn ich Angst habe, vertraue ich dir. Gott, ich preise dein Wort und vertraue auf dich, warum sollte ich mich fürchten? Was können mir Menschen anhaben?*
>
> Die Bibel – Psalm 56,4-5

Gott zu vertrauen ist einfacher, wenn alles gut läuft. Doch an Tagen, an denen es nicht so gut läuft, ist es viel schwieriger. Besonders schwer ist es, wenn man mit einer sehr tragischen oder schmerzhaften Situation konfrontiert wird. Dennoch sollten wir uns daran erinnern, dass Gott uns niemals etwas Unmögliches aufträgt. Wir können Gott Tag für Tag vertrauen! Selbst an Tagen, an denen wir tausend Mal sagen müssen: »Ich werde mein Vertrauen auf Gott setzen«, lohnt es sich, dies zu tun. Es ehrt nicht nur Gott, sondern nimmt uns auch Lasten ab, die wir weder tragen können noch sollen.

Als 1989 Brustkrebs bei mir festgestellt wurde, war das beängstigend, und mein erster Impuls war, mir Sorgen zu machen. Mein Kopf war voller »Was ist, wenn«, doch Gott forderte mich auf zu sagen: »Herr, ich vertraue dir«, statt über meine Ängste und Sorgen zu sprechen. An manchen Tagen musste ich das immer wieder sagen, doch ich blieb beharrlich. Schließlich kam der Tag der Operation, an dem man auch meine Lymphknoten untersuchen würde, um zu sehen, ob der Krebs sich ausgebreitet hatte. Das bedeutete, ich musste Gott jeden Tag vertrauen, während wir auf die Testergebnisse warteten. Mir kam es wie eine lange Zeit vor. Trotzdem sagte ich täglich: »Gott, ich vertraue dir.« Schließlich kam das Ergebnis, und es war gut. Die Lymphknoten waren frei von Krebszellen, aber die Ärzte wussten noch nicht, ob eine weitere Behandlung nötig war. Nur die Onkologin konnte mir das sagen. Ich vereinbarte einen Termin mit ihr, doch natürlich dauerte es eine Weile, bevor ich mit ihr sprechen konnte. So vergingen noch mehr Tage, an denen ich Gott vertrauen musste, bevor ich erfuhr, wie mein Leben in den nächsten Monaten aussehen würde. Wir alle wissen, wie schwierig es ist, auf wichtige Antworten warten zu müssen.

Während dieser Wartezeiten hatte ich reichlich Gelegenheit, meine Gedanken zum schlimmsten Szenario schweifen zu lassen, doch dann erinnerte Gott mich immer wieder daran, ihm zu vertrauen. Als endlich der Termin mit der Onkologin gekommen war, sagte sie, in ihren Augen bestünde kein Bedarf für eine weitere Behandlung, da der Krebs vollständig entfernt worden war. Ich konnte mein Leben normal weiterführen und musste lediglich jedes Jahr eine Kontrolluntersuchung vornehmen lassen. Was für eine Erleichterung! Ich hatte das Gefühl, als wäre eine riesige Last von mir abgefallen! Jahrelang wiederholte sich dann der gesamte Prozess jedes Mal, wenn es Zeit für die Mammografie war. In einem Jahr meinte der Radiologe, etwas auf der Aufnahme gesehen zu haben, und wollte, dass ich zu einer Ultraschalluntersuchung blieb. Wieder musste ich eine Weile warten. *Was ist, wenn der Krebs zurück ist? Was ist, wenn er sich ausgebreitet hat?* Diese Fragen und viele andere hatten Zeit, durch meinen Kopf zu wirbeln, während ich wartete – doch ich sagte: »Herr, ich vertraue dir, ganz gleich wie das hier ausgeht.«

Die Ultraschalluntersuchung wurde durchgeführt und es stellte sich heraus, dass alles völlig in Ordnung war. Wieder wurde ich für »krebsfrei« erklärt, und so ist es jetzt seit siebenundzwanzig Jahren.

Ich erzähle diese Geschichte, damit du Folgendes weißt: Mir ist klar, dass Vertrauen auf Gott oft den guten Kampf des Glaubens erfordert – wie Paulus es Timotheus in 1. Timotheus 6,12 sagt. Der Teufel ist ein Lügner. Er versucht sich jede nur mögliche Situation zunutze zu machen, um uns Angst einzujagen. Doch wir können seine Pläne durchkreuzen, indem wir uns bewusst entscheiden, unser Vertrauen auf Gott zu setzen!

Während du das hier liest, erinnerst du dich vielleicht daran, dass du Gott in der Vergangenheit vertraut hast und die Dinge sich anders entwickelt haben, als du es dir gewünscht hast. Das ist nicht überraschend, denn es läuft nicht immer nach unseren Vorstellungen. Gott zu vertrauen – oder sollte ich sagen: Gott *vollkommen* zu vertrauen – bedeutet nicht, dass wir bekommen, was wir wollen. Wenn wir uns entscheiden, Gott zu vertrauen, verpflichten wir uns, ihm zu vertrauen, ganz gleich wie etwas ausgeht. Wir ehren ihn, indem wir darauf vertrauen, dass er es am besten weiß.

Wir können dieses vollkommene Vertrauen den Worten Hiobs entnehmen: *Gewiss wird Gott mich töten, dennoch vertraue ich auf ihn* (Hiob 13,15 HFA). Hiob wusste, dass sein Erlöser lebt und am Ende das letzte Wort haben wird (siehe Hiob 19,25). Sein zuversichtlicher Glaube und sein Gottvertrauen sind die wichtigste Botschaft im Buch Hiob. Oft konzentrieren wir uns so sehr auf die Frage, warum er litt, dass wir die anderen Lektionen des Buchs aus dem Blick verlieren. Hiobs Glaube fasziniert mich, und diese Bibelstellen fordern mich heraus und geben mir Kraft, Gott zu vertrauen, ganz gleich was ich durchmache.

Hiob klagte. Seiner Meinung nach hatte er das Leid, was er durchlebte, nicht verdient. Trotzdem hörte er nicht auf, Gott zu vertrauen. Am Ende gab Gott Hiob alles, was er verloren hatte, in doppeltem Maß zurück. Das muss ein herrliches Gefühl gewesen sein. Ich glaube fest daran, dass Gott diejenigen belohnt, die ihr Vertrauen dauerhaft auf ihn setzen.

Kaum jemand von uns – wenn überhaupt irgendjemand –

könnte etwas Tragisches durchleben, ohne ein bisschen zu klagen. Vermutlich sind wir genauso wenig der Meinung, unsere Probleme verdient zu haben, wie Hiob es war. Inmitten von alledem können wir uns jedoch entscheiden, Gott Tag für Tag zu vertrauen, und wenn wir das tun, können wir auch alles ertragen.

Wie wird meine Zukunft aussehen?

Sicher würden wir alle gern die Zukunft kennen. Menschen geben Millionen Dollar für Wahrsager und Hellseher aus, in der Hoffnung, irgendeine Information über ihre Zukunft zu erhalten. Gottes Wort verbietet solche Praktiken und es ist interessant, dass Menschen so viel Geld für solche Dinge ausgeben. Wenn wir Gott vertrauen, brauchen wir das alles nicht, denn wir wissen, dass er uns unsere Zukunft zu seiner Zeit zeigen wird – und bis dahin vertrauen wir ihm.

Abraham Lincoln sagte: »Das Beste an der Zukunft ist, dass sie tageweise eintrifft.«[9] Möchten wir unsere Zukunft wirklich kennen? Ich glaube, wenn wir sie tatsächlich kennen würden, würden wir uns wünschen, nie danach gefragt zu haben. Jedes Leben ist voller guter und nicht so guter Dinge. Wenn wir die Zukunft sehen könnten, würden wir uns auf einen Teil sehr freuen, doch die Begeisterung würde nachlassen, sobald wir alles Schwere, Schmerzliche, Enttäuschende oder Problematische sehen würden.

Dass wir die schwierigen Tage einzeln angehen können, ermöglicht es uns, sie zu bewältigen ohne aufzugeben. Wir können alles einen Tag nach dem anderen tun, solange wir unser Vertrauen auf Gott setzen und uns auf ihn stützen und verlassen. Wenn wir zu viel über unsere Probleme nachdenken, werden wir innerlich schwach und wollen aufgeben. Würden wir die Zukunft kennen, wären wir vielleicht versucht, über die schweren Dinge, die wir darin sehen, nachzudenken und uns zu sorgen. Höchstwahrscheinlich würde uns dieses Wissen überfordern. Ich bin mir ziemlich sicher, dass Gott, wenn er es gewollt hätte, dass wir die Zukunft kennen, uns die Möglichkeit dazu gegeben hätte. Alles, was er vor uns verbirgt, verbirgt er aus gutem Grund. Wir können uns ruhig darauf verlassen, dass er uns zur rechten Zeit zeigen wird, was wir wissen müssen.

Manchmal sind wir ganz unten und manchmal ganz oben, und Paulus ermutigt uns, in beidem zufrieden zu sein (siehe Philipper 4,11-12). Gott gebraucht beides in unserem Leben. Nicht alle Phasen sind gleich, doch im Zusammenwirken ergeben sie ein wunderbares Leben. Wenn wir einen langen Winter durchmachen, wird dieser irgendwann dem Frühling weichen, in dem die Blumen in unserem Leben wieder blühen.

Ich weiß nicht alles, was die Zukunft für mich bereithält. Doch ich vertraue darauf, dass es herrlich wird, und ich glaube, bei dir wird es genauso sein. Wir sollten jeden Tag einzeln angehen und die Siege genießen, die Gott uns schenkt, während wir ihm mit ganzem Herzen und Verstand vertrauen. Mach bitte nicht den Fehler, das Heute zu verschwenden, weil du dich um das Morgen sorgst. Gott hält dich in seinen Händen. Er denkt an dich, und du kannst durch ihn, der deine Kraft ist, alles bewältigen, was nötig ist (siehe Philipper 4,13).

KAPITEL 14

Das Unbekannte

Wer von euch hat Ehrfurcht vor dem Herrn und hört
auf die Stimme seines Dieners? Wer ohne Licht in der
Dunkelheit lebt, der vertraue auf den Namen des
Herrn und verlasse sich auf seinen Gott!

Die Bibel – Jesaja 50,10

Es ist eine Sache, Gott zu vertrauen, wenn wir meinen, eine relativ gute Vorstellung davon zu haben, was in unserem Leben geschieht, oder wenn wir glauben, wir hätten alles durchschaut und uns einen Plan zurechtgelegt, der uns bringt, was wir wollen. Es ist jedoch etwas völlig anderes, wenn wir hinsichtlich unserer Umstände oder unserer Zukunft im Dunkeln stehen.

Charles Spurgeon schrieb: »Gott im Licht zu vertrauen, ist nichts, doch ihm im Dunkel zu vertrauen – das ist Glaube.«[10] Der Mensch hat ein fast unstillbares Verlangen nach Wissen. Er will gut informiert sein, denn er glaubt, dadurch eine gewisse Kontrolle über sein Leben zu haben. Doch wenn wir eine Beziehung zu Gott eingehen, sollen wir die Kontrolle abgeben und darauf vertrauen, dass er unseren Weg lenkt. Die meisten von uns schaffen das nicht ohne Gottes Hilfe, also hilft er uns! Er lässt zu, dass wir in Situationen geraten, die wir nicht verstehen, und er gibt uns die Antworten nicht dann, wenn wir es wollen. Das Leben ist voller Geheimnisse, und unsere Möglichkeiten, wie wir mit ihnen umgehen, sind begrenzt. Manchmal erleben wir Frustration und Verwirrung bei dem Versuch, Dinge zu begreifen, die allein in Gottes Weisheit verborgen sind. Oder wir fragen andere Menschen, wie sie das, was in unserem Leben vor sich geht, beurteilen würden. Das kann hilfreich sein, aber es kann auch für größere Verwirrung sorgen. Der schnellste Weg zum Frieden ist zu lernen, Gott zu vertrauen. Ich glaube, Gott zu vertrauen ist eine Möglichkeit, ihm Ehre zu erweisen. Es zeigt unsere Achtung vor ihm und bringt zum Ausdruck, dass wir seinem Wort glauben und seinem Charakter vertrauen.

Der schnellste Weg zum Frieden
ist zu lernen, Gott zu vertrauen.

Angst ist der Grund für unser unstillbares Verlangen, alle Antworten auf das Leben zu haben. Wir wollen wissen, was als Nächstes passiert und wie genau sich unser Leben in Zukunft entwickeln wird. Wir wollen keine Überraschungen, jedenfalls keine, die uns nicht durch und durch erfreuen.

Obwohl Gott uns Einblick in viele Dinge gibt, tut er das nicht immer, und wenn er es nicht tut, ist ihm zu vertrauen unsere sichere Grundlage. Wer Gott vertraut und bereit ist, geduldig zu sein, wird erleben, dass Gott ihn nie im Stich lässt.

Mir ist bewusst, dass es beunruhigend ist und Stress verursacht, etwas nicht zu wissen. Unsere Gedanken springen von einer Sache zur anderen und versuchen etwas zu finden, das einleuchtend erscheint – doch seltsamerweise können wir, selbst wenn wir meinen, wir hätten die Lösung gefunden, immer noch falschliegen. Uns gefällt es, wenn alles in unserem Leben in einer hübschen kleinen Schublade liegt; aber es gibt Zeiten, in denen unser Leben eher chaotisch als aufgeräumt ist. Niemand, auch Gott nicht, macht das, was wir wollen, und deshalb sind wir frustriert. In meinem Leben habe ich meine Erwartungen häufig an das geknüpft, wovon ich *dachte*, dass es passieren würde, und war dann bitter enttäuscht, wenn es anders kam.

Solche Situationen bieten sich als Lernfeld an, doch damit wir einen Nutzen daraus ziehen können, müssen wir ruhig werden und Gott bitten, uns unsere Denkfehler zu zeigen. Bei mir stellt sich meistens heraus, dass ich meine Pläne an dem von mir gewünschten Ergebnis ausgerichtet hatte, statt in Betracht zu ziehen, was Gott wollen könnte.

Der einfachste Glaubensschritt, den wir hinsichtlich unserer Lebenssituation gehen können, ist zu sagen: »Herr, ich wünsche mir, dass dies oder jenes passiert, aber es geschehe dein Wille und nicht meiner.«

Ganz am Anfang meines vollzeitlichen Dienstes wählte ich mir einen Freundeskreis aus. Ich dachte, dass diese Freunde mit mir zusammenarbeiten und mir helfen würden, meinen von Gott gegebenen Auftrag als Bibellehrerin in die Tat umzusetzen. Man beachte: *Ich* wählte die Freunde aus. Ich tat das ohne Gebet und ohne Gott auch nur eines Gedankens zu würdigen. Als Jesus seine Jünger auswählte (die Männer, die mit ihm zusammenarbeiten sollten), betete er die ganze Nacht, bevor er seine Entscheidung traf (siehe Lukas 6,12-13).

Die Menschen, die ich mir aussuchte, waren nicht Gottes Wahl, und das Ganze stellte sich als großer Reinfall heraus, der mir persönlich sehr wehtat. Sie tratschten über mich, logen und erhoben falsche Anschuldigungen. Das warf mich fast aus der Bahn, bevor ich überhaupt angefangen hatte, meinen Weg zu gehen.

> Jeder wichtigen Entscheidung, die wir treffen, sollte Gebet vorausgehen.

Die Entscheidung, mit welchen Menschen wir uns umgeben, ist wichtig, besonders dann, wenn wir eng und persönlich mit ihnen verbunden sein wollen. Der Teufel benutzt oft Menschen, sogar Christen, um uns zu verletzen und zu schwächen. Sie können es ehrlich meinen und dabei doch völlig falschliegen. In meiner Situation dachten diese Personen, von Gott bestimmte Dinge in Bezug auf mich gehört zu haben, die absolut nicht stimmten. Ihr Hochmut führte am Ende zu ihrem Fall.

Durch viele solcher Erlebnisse lernte ich auf schmerzliche Art und Weise, dass jeder wichtigen Entscheidung, die wir treffen, Gebet vorausgehen sollte. Unsere Vermutungen und Annahmen gefallen Gott nicht! Wir dürfen nicht den Fehler machen, Pläne zu schmieden und dann zu beten, dass Gott ihnen Gelingen schenkt. Wir sollten zuerst beten und uns vom Heiligen Geist zu Gottes gutem Willen für unser Leben führen lassen.

Zufrieden damit, es nicht zu wissen

Der Apostel Paulus war ein hochgebildeter Mann, und doch kam er in seinem Leben an den Punkt, dass er sagte: *Denn ich hielt es für richtig, unter euch nichts zu wissen als allein Jesus Christus, ihn, den Gekreuzigten* (1. Korinther 2,2 LUT). Als er seinen Zuhörern das Evangelium erklärte, sagte er ihnen, dass die Rettung durch Jesus Christus ein Geheimnis Gottes war – doch er hatte sich entschieden, es einfach zu glauben, statt zu versuchen, es zu verstehen. Es gibt zahllose Menschen, die sich weigern, den Segen eines einfachen, kindlichen Glaubens zu genießen. Sie wollen alle Einzelheiten in Bezug auf das Kreuz Christi und die Rettung durch ihn intellektuell verstehen. Das lässt sich jedoch nur mit dem Herzen erfassen, nicht mit dem Verstand.

Wer keine unbeantworteten Fragen im Leben hat, braucht keinen Glauben. Man könnte sagen, dass der Glaube oft an die Stelle von Antworten tritt. Wir sollten uns darum bemühen, die Bibel zu kennen, Gott zu kennen und seinen Willen zu kennen, statt hinsichtlich unserer Umstände unaufhörlich nach Antworten zu suchen. Wenn wir gefragt werden, was wir machen, sobald wir auf ein Problem stoßen, können wir einfach sagen: »Ich weiß es nicht.« Wir können sagen, dass wir über alles beten und uns innerlich sicher sind, dass Gott uns zur rechten Zeit den Weg zeigen wird. Vielleicht klingen wir dabei etwas zuversichtlicher, als wir es in Wirklichkeit sind. Trotzdem ist es gut, unseren Glauben zum Ausdruck zu bringen. Wenn wir uns entscheiden, Gott zu vertrauen, werden unsere Gefühle sich unserer Entscheidung irgendwann anpassen.

Es ist selbstverständlich nicht falsch, Antworten auf die Geheimnisse in unserem Leben zu suchen, doch sobald wir verwirrt oder frustriert sind, ist das ein Zeichen dafür, dass wir bei unserer Suche zu weit gegangen sind.

Viele Menschen sind innerlich verwirrt, und ich glaube, das lässt sich zum großen Teil auf ein unausgewogenes Bedürfnis zurückführen, alles wissen zu wollen. Kannst du im Dunkeln an Gott glauben, auch wenn du deine aktuelle Situation nicht verstehst? Das ist die Art von Glauben, die Gott sich wünscht. Er möchte, dass wir ihm vertrauen, besonders in der Dunkelheit oder wenn das Leben ein Rätsel ist und wir Gott nicht handeln sehen oder seine Gegenwart nicht spüren. Diese Zeiten sind tatsächlich gut für uns, weil sie uns helfen, im Glauben zu wachsen. Die Bibel spricht von kleinem und großem Glauben. Warum sollten wir uns also mit einem kleinen Glauben zufriedengeben, wenn wir durch unser Vertrauen auf Gott in schwierigen Zeiten großen Glauben entwickeln können?

»Kenntnis nur bei Bedarf«

Vor Kurzem sah ich einen Film, in dem es um zwei FBI-Agenten mit unterschiedlichen Sicherheitsstufen ging. Einer schien Informationen über einen Fall zu haben, die dem anderen nicht bekannt waren. Als er um diese Informationen bat, sagte man ihm, er würde »nur bei Bedarf« informiert. Mit anderen Worten, die einzigen Personen, die über die Details des Falls informiert wurden, waren diejenigen, die sie unbedingt wissen mussten.

Ich glaube, Gott verfährt ganz ähnlich mit uns. Wenn wir etwas wissen müssen, können wir uns darauf verlassen, dass er es uns sagen wird. Doch wenn wir es nicht wissen müssen oder es besser für uns ist, dass wir es nicht wissen, sagt er es uns nicht. Wir können und sollten lernen, damit zufrieden zu sein.

Manches Wissen kann unsere Seele belasten und uns mit Sorge oder Unruhe erfüllen, und das braucht keiner von uns. Das heißt, es kann mit Frieden einhergehen, etwas nicht zu wissen. Letzte Woche telefonierte ich mit jemandem und wir kamen auf ein gewisses unangenehmes Thema zu sprechen – das unmoralische Verhalten einer Person, die wir beide kannten. Wir sprachen darüber, doch wir achteten auch darauf, nicht zu »tratschen« oder etwas Unnötiges zu sagen. Meine Freundin stellte mir eine Frage in Bezug auf diese Situation, doch bevor ich auch nur darüber nachdenken konnte, ob ich antworten sollte oder nicht, sagte sie: »Vergiss es. Das muss ich nicht wissen.«

Ich empfand das als ein Zeichen von geistlicher Reife, und es kann uns allen als Vorbild dienen. Es ist ein Unterschied, ob man etwas wissen möchte, weil man neugierig ist beziehungsweise eine Situation kontrollieren will, oder ob man es wissen möchte, weil man es wirklich wissen muss. Wir sollten darauf vertrauen, dass Gott mit uns nach dem »Kenntnis-nach-Bedarf«-Prinzip verfährt, anstatt uns verwirren oder frustrieren zu lassen, indem wir versuchen, Dinge im Leben intellektuell zu verstehen oder zu hinterfragen.

In der Bibel werden Situationen beschrieben, in denen der Mensch aufgefordert wird, mit Gott zu »diskutieren« – doch in diesen Situationen geht es nicht um Dinge, die Gott noch nicht bereit ist zu offenbaren. Zwei biblische Beispiele sollen den Unterschied zwischen »Diskussionen« deutlich machen, die Gottes Willen entsprechen beziehungsweise nicht entsprechen:

> »Dann lasst uns doch miteinander rechten«, sagt der Herr. »Selbst wenn eure Sünden scharlachrot sind, sollen sie schneeweiß werden. Eure Sünden mögen blutrot sein, doch sie sollen werden wie Wolle.«

Die Bibel – Jesaja 1,18

Vertraue von ganzem Herzen auf den Herrn und verlass dich nicht auf deinen Verstand.

Die Bibel – Sprüche 3,5

Ich möchte noch einmal betonen, dass es nicht falsch ist, Gott Fragen zu stellen. Oft gefällt es ihm, mit uns zu »diskutieren«. Doch wir dürfen nicht zulassen, dass aus einer gesunden Diskussion eine ungesunde wird oder eine, die Gott nicht gefallen kann. Hier muss der Friede der »Schiedsrichter« in unserem Leben sein (siehe Kolosser 3,15). Mit anderen Worten, der Friede ist der entscheidende Faktor, ob Gott mit unseren Fragen einverstanden ist oder nicht.

Wenn es keinen Weg zu geben scheint

Sobald wir uns einreden lassen, dass es keine Lösung für unser Problem gibt, wird die Angst um sich greifen. Wie oft sagen wir oder hören andere sagen: »Das kann auf keinen Fall funktionieren«? Nur weil wir den Weg nicht wissen, heißt das nicht, dass es keinen Weg gibt. Jesus sagte über sich selbst: »*Ich bin der Weg*« (Johannes 14,6). Gott ließ durch den Propheten Jesaja sagen: »*Ich führe Blinde einen neuen Weg, einen Weg, den sie nicht kannten, lasse ich sie gehen*« (Jesaja 42,16). Gott ist in der Lage, uns in der Dunkelheit zu führen, weil das Dunkel für ihn wie Licht ist. Mag sein, dass *wir* im Dunkeln darüber sind, was geschieht, doch Gott ist Licht, sodass er sich nie in der Dunkelheit aufhält. Der Psalmist David schrieb in einem der wunderbarsten Kapitel der Bibel über das völlige Vertrauen auf Gott:

Nähme ich die Flügel der Morgenröte oder wohnte am äußersten Meer, würde deine Hand mich auch dort führen und dein starker Arm mich halten. Bäte ich die Finsternis, mich zu verbergen, und das Licht um mich her, Nacht zu werden – könnte ich mich dennoch nicht vor dir verstecken; denn die Nacht leuchtet so hell wie der Tag und die Finsternis wie das Licht.

Die Bibel – Psalm 139,9-12

Nur weil wir den Weg nicht
wissen, heißt das nicht, dass
es keinen Weg gibt.

Nach einer langen Zeit der Anfechtung oder wenn wir vor einer extrem schwierigen Situation stehen, ist es nicht unnormal, den Mut zu verlieren und zu denken, dass dies ein permanenter Zustand für uns werden wird. Wir denken dann Dinge wie: *Das hört nie wieder auf. Ich habe alles versucht, und nichts hat funktioniert. Es gibt einfach keinen Weg!* Doch Gott erzählt eine andere Geschichte. Er sagt:

Denkt nicht mehr daran, was war, und grübelt nicht mehr über das Vergangene. Seht hin; ich mache etwas Neues; schon keimt es auf. Seht ihr es nicht? Ich bahne einen Weg durch die Wüste und lasse Flüsse in der Einöde entstehen.

Die Bibel – Jesaja 43,18-19

Diese Bibelverse haben mich schon in vielen verschiedenen Situationen ermutigt. Ich bete, dass sie auch dich ermutigen werden. Wenn das Leben wehtut, denk daran, dass *Gott einen Weg bahnen wird!*

Erinnere dich an eine Situation in deinem Leben, in der er dir einen Weg geebnet hat, obwohl es keinen Weg zu geben schien, und vergiss nicht, dass er es wieder tun wird! Seine Wege sind nicht unsere Wege, aber wie Jesaja sagte, kann er selbst in der Wüstenzeit unseres Lebens einen Weg bahnen und Flüsse in der Einöde entstehen lassen.

Doch selbst wenn wir uns entscheiden zu glauben, dass Gott

einen Weg bahnen wird, taucht möglicherweise die Frage auf: »Wann wird er es tun?« Nur Gott weiß den genauen Zeitpunkt, und meistens scheint er uns nicht unbedingt eine Antwort auf diese Frage geben zu wollen. Vermutlich, weil er möchte, dass wir ihm vertrauen.

KAPITEL 15

In Gottes Wartezimmer (Teil 1)

*Die beiden mächtigsten Krieger sind die Geduld und
die Zeit.*

Die Bibel – Leo Tolstoi

Wenn es dir so ähnlich geht wie mir, ist Geduld zu lernen eine
der größeren Herausforderungen des Lebens.

Hast du schon einmal im Wartezimmer eines Krankenhau-
ses gesessen, wo Familienmitglieder und Freunde darauf warteten, dass der Arzt ihnen mitteilt, wie es einem geliebten Menschen geht, der gerade operiert wurde? Meistens wirken die
Wartenden ein wenig unruhig. Ihr Gesichtsausdruck ist angespannt und besorgt. Sie warten darauf zu erfahren, wie es aus-
gegangen ist, doch im Moment wissen sie gar nichts. Sie warten
und warten und warten. Werden es gute oder schlechte Nachrichten sein? Zieht sich die Wartezeit länger hin als erwartet,
werden sie vielleicht noch unruhiger, ihre Gedanken düsterer
und negativer. In der natürlichen Welt ist das alles verständlich.

Die große Frage ist: Wie geht es uns, wenn wir in Gottes
»Wartezimmer« sitzen? Sind wir unruhig, angespannt und besorgt, oder warten wir geduldig und rechnen mit guten Nachrichten? Und wenn sich die Wartezeit länger hinzieht als gedacht, bleiben wir dann positiv und hoffnungsvoll? Wir
behaupten oft, Gott zu vertrauen, doch wird dieses Vertrauen
auch nach außen hin sichtbar?

Gott hat eine Ewigkeit Zeit

Gott scheint es selten bei irgendetwas eilig zu haben – und wir haben es meistens bei allem eilig! Es reicht uns nicht zu wissen, dass Gott einen Weg ebnen wird. Wir wollen wissen, *wann* es so weit ist. Die Bibel verspricht uns, dass Gott zur gegebenen Zeit das Nötige tun wird, doch wann ist die gegebene Zeit? Es ist die Zeit, die Gott für richtig erachtet. Er lässt uns selten wissen, wie lange es noch dauern wird. Wir können uns jedoch sicher sein, dass es nicht zu lange dauern wird. Unser Herr weiß, was wir verkraften können, und er wird uns nie überfordern.

Was wir für eine lange Zeit halten, ist aus Gottes Perspektive nur ein kurzer Zeitraum:

Und ihr sollt wissen, liebe Freunde, dass ein Tag für den Herrn wie tausend Jahre ist und tausend Jahre wie ein Tag.

Die Bibel – 2. Petrus 3,8

Gott sieht die Dinge im Licht der Ewigkeit, darum hat er es nicht eilig. Er kennt das Ende von Anfang an. Gott war schon dort, wo wir hingehen, und er weiß genau, was passieren wird! Für das, was er tut, hat er immer einen guten Grund. Wenn wir lernen, das wirklich zu glauben, hilft es uns, ihm zu vertrauen, ob unsere Wartezeit nun kurz oder lang ist.

Oft wollen wir Dinge, bevor wir reif genug sind, angemessen mit ihnen umzugehen. Gott kennt die beste Zeit, und ich kann dir versichern, dass er uns nichts gibt, bis es so weit ist. Es kann sein, dass er »Warte« oder sogar »Nein« sagt. Ganz gleich wie seine Entscheidung ausfällt, es wird das Perfekte zum perfekten Zeitpunkt sein. Alles, was Gott im Hinblick auf unser Leben und unsere Beziehung zu ihm tut, ist zu unserem Besten!

Als Kinder Gottes haben wir die Frucht der Geduld in uns, so steht es in Galater 5,22. In der Regel müssen wir jedoch erst mehrere Jahre mit Jesus unterwegs gewesen sein, bevor sie sich deutlich zeigt. Sie liegt als Same in uns – und Zeit und Erfahrung sorgen dafür, dass sie wächst und stark wird.

Der Wortstamm des griechischen Begriffs, den wir mit »Geduld« übersetzen, bedeutet »darunter bleiben« – mit anderen Worten: an etwas dranbleiben, auch wenn es unangenehm oder sogar schmerzhaft ist. Es bedeutet bis zum Ende durchhalten. Die meisten von uns wollen vor Dingen weglaufen, unter denen wir leiden. Der Gedanke, Schwierigkeiten zu ertragen, ohne wenigstens zu wissen, wie lange wir durchhalten müssen, ist sehr unangenehm. Gott gibt uns nicht immer die Antworten, die wir uns wünschen, zu dem von uns gewünschten Zeitpunkt, und zwar deshalb, weil ihm unser geistliches Wachstum am Herzen liegt. Das ist ihm viel wichtiger, als uns sofort Erleichterung von etwas zu verschaffen, das wir durchmachen.

Als ich noch nicht sehr viel über Gottvertrauen wusste, war ich oft frustriert, wenn ich etwas von Gott brauchte. Mir war klar, dass er es mir ganz einfach geben konnte, und trotzdem tat er anscheinend nichts! Heute weiß ich: Obwohl sich an meinen Umständen nichts änderte, arbeitete Gott an mir. Er trainierte meinen Glauben und ließ ihn dadurch wachsen und stärker werden. Weil ich nicht wusste, wie ich Gott vertrauen sollte, machten mich Wartezeiten immer sehr unglücklich. Ich bin mir sicher, dass manche Wartezeit viel kürzer ausgefallen wäre, wenn ich gewusst hätte, wie ich ihm vertrauen sollte.

Das Leben wird leichter, je mehr Erfahrungen wir mit Gott sammeln. Wir lernen, dass er zwar in aller Regel nicht zu früh kommt, aber auch niemals zu spät – jedenfalls nicht nach seinem Zeitplan. Geduld ist nicht nur die Fähigkeit zu warten, sondern beinhaltet auch die Art und Weise, wie wir uns in einer Wartezeit verhalten. Wir müssen auf viele Dinge im Leben warten, doch »geduldig zu warten« ist das Ziel, das Gott für uns im Sinn hat. Geduldig zu warten ist einfach nicht möglich, wenn wir nicht darauf vertrauen, dass Gottes Charakter fehlerlos ist, dass er gut ist und uns seine Güte zeigt, solange wir leben. Nur weil sich für mich etwas nicht gut »anfühlt«, heißt das nicht, dass es nicht gut ist. Am Ende sehe ich vielleicht, dass das, was ich für schlecht hielt, auf lange Sicht sehr gut für mich war.

Es ist nie zu spät

Marta und Maria schickten Jesus eine Nachricht, um ihm mitzuteilen, dass ihr Bruder Lazarus krank war. In der Bibel heißt es, dass Jesus Marta, Maria und Lazarus lieb hatte und dass sie gute Freunde von ihm waren. Trotzdem blieb Jesus – selbst als er von Lazarus' Krankheit erfuhr – noch zwei Tage dort, wo er sich gerade aufhielt, bevor er sich auf den Weg zu ihm machte (siehe Johannes 11,3-6). Als er eintraf, war Lazarus gestorben und lag bereits vier Tage im Grab. Die Frage, die sich natürlicherweise daraus ergibt, lautet: »Wenn Jesus die Geschwister so sehr liebte, warum wartete er, bevor er sich aufmachte, um ihnen zu helfen?«

Er wartete, weil er wollte, dass es bei seinem Eintreffen so aussah, als sei die Situation nicht mehr zu retten. Als Jesus ankam, sagte Marta zu ihm: »*Herr, wärst du hier gewesen, wäre mein Bruder nicht gestorben*« (Johannes 11,21). Oft denken oder sagen wir in Bezug auf unsere Umstände das Gleiche: »Jesus, wenn du gewollt hättest, hättest du das verhindern können.« So wie Marta sind wir enttäuscht und verstehen nicht, warum Gott etwas derart Schmerzliches zugelassen hat, obwohl er es hätte verhindern können.

Wenn du die Geschichte von Lazarus kennst, weißt du, dass Jesus die Tatsache, dass der Mann schon seit mehreren Tagen tot war, nicht als unüberwindbares Hindernis betrachtete. Genau genommen wollte er, dass die Situation unmöglich aussah, damit die Verwandten und Freunde von Lazarus – und wir – lernen, dass bei Gott alles möglich ist. Für ihn ist es nie zu spät zum Handeln. Jesus weckte Lazarus von den Toten auf. Ich bin mir sicher, dass alle, die das Wunder sahen, froh waren, dass es so geschehen war und nicht anders. Obwohl ich nie persönlich eine Totenauferweckung miterlebt habe, habe ich erlebt, wie Gott vielen toten Umständen und Situationen Leben eingehaucht hat. Ich glaube, diese Geschichte sollten wir als Beispiel dafür sehen, dass es für Gott nie zu spät ist, in unserem Leben Wunder zu tun.

Statt zu wollen, dass Gott so handelt, wie wir es uns vorstellen, können wir uns daran erinnern, dass sein Weg auf lange Sicht immer besser ist als unserer. In Gottes Wort liegen viele Geheimnisse verborgen. Wir verstehen oft nicht, *warum* Dinge so geschehen, wie sie es tun, doch wir haben das Vorrecht, Gott zu vertrauen, und das macht unseren Schmerz erträglich.

Geduld ist Kraft

Geduld gibt uns Kraft, das Leben zu genießen, während wir auf das warten, was wir uns wünschen. Wir verschwenden einen großen Teil des Lebens damit, über Dinge unglücklich zu sein, die wir nicht ändern können. Wenn wir etwas Unangenehmes ändern können, sollten wir es tun, doch wenn nicht, dürfen wir Gott vertrauen. Wir sollten den festen Entschluss fassen, nicht unglücklich zu sein, während wir abwarten, was er tut. Keinen Tag, den wir vergeuden, bekommen wir je wieder zurück, und ein weiser, kluger Mensch vergeudet nicht die Zeit, die Gott ihm auf dieser Erde schenkt.

> Wir verschwenden einen großen
> Teil des Lebens damit, über Dinge
> unglücklich zu sein, die wir nicht
> ändern können.

Frust, Entmutigung und Unglücklichsein haben noch nie eine schlechte Situation besser gemacht, sondern vielmehr zu Krankheit, einem kürzeren Leben und ruinierten Beziehungen geführt. Der Apostel Jakobus schreibt: *Durch die Geduld werdet ihr bis zum Ende durchhalten, denn dann wird euer Glaube zur vollen Reife gelangen und vollkommen sein und nichts wird euch fehlen* (Jakobus 1,4). Also, für mich klingt das wirklich gut – und für dich sicher auch. Wenn ich diesen Vers lese, denke ich oft: *Ich wünschte, ich wäre geduldig, aber ich bin es noch nicht.* Wir können allerdings von Ungeduld frei werden, und der Weg dahin ist, »richtig« zu denken.

Angenommen ich bin der Meinung, dass ich erst meinen Willen bekommen muss, bevor ich glücklich sein kann. Dann ist das Unglücklichsein bereits durch mein eigenes Denken vorprogrammiert. Ändere ich hingegen mein Denken und sage: *Ich vertraue Gott und ich weiß, dass sein Zeitplan perfekt ist; darum werde ich mich entspannen und mein Leben genießen, während ich warte,* dann wird mir in diesem Moment nichts fehlen. Was immer Gott hinsichtlich unserer Probleme unternimmt, wird sich nicht durch Ungeduld beschleunigen lassen. Eins ist sicher: Ganz gleich wie lange wir darauf warten müssen, dass Gott zu unseren Gunsten handelt – Geduld hat die Kraft, uns im Warten Freude zu schenken!

Irgendetwas geschieht immer, selbst wenn wir meinen, dass sich nichts tut. Es ist wie bei einem Baum, der wächst: Wir können ihn nicht wachsen sehen, aber er wächst. Er wird größer und seine Krone dehnt sich aus. Man sagt, langsam wachsende Bäume tragen die besten Früchte, und ich glaube, das Gleiche gilt für Menschen. Vielleicht sehen wir nicht, dass unsere Äste in die Breite wachsen, doch unsere Wurzeln reichen immer tiefer. Eines Tages werden wir gute Früchte hervorbringen und feststellen, dass wir in der Wartezeit gewachsen sind.

Vergiss es!

Wenn wir zu genau hinschauen, können wir Wachstum nicht erkennen, doch wenn wir eine Weile weggehen und dann wiederkommen, erstaunt es uns. Meine Familie hatte ein Grundstück, das wir verkaufen mussten. Obwohl es drei Jahre zum Verkauf stand, tat sich absolut nichts. Nicht nur, dass wir es nicht verkaufen konnten – es gab nicht einmal Interessenten. In über drei Jahren bekamen wir kein einziges Angebot, nicht einmal ein schlechtes! Ich war frustriert, weil ich das Grundstück *wirklich* verkaufen wollte. Ich betete viel und erklärte es im Glauben für bereits verkauft. Jeden Tag, an dem sich kein Käufer fand, war ich frustriert, sobald ich daran dachte. Eines Morgens, als ich wieder anfing, dafür zu beten, sagte Gott zu mir: *Vergiss einfach dieses Grundstück und überlass es mir, mich darum zu kümmern.* Sofort wurde mir bewusst, dass ich viel zu viel Zeit damit verbracht hatte, mich auf diese eine Sache zu konzentrieren. Gott wollte, dass ich nicht mehr darüber nachdachte und einfach vertraute, dass er daran arbeitete.

> Oft denken wir, wir warten
> auf Gott, doch in Wirklichkeit
> wartet er vielleicht auf uns!

Jedes Mal, wenn mir der Grundstücksverkauf wieder einfiel, dachte ich: *Gott kümmert sich darum!* Schließlich bekam ich Frieden darüber, und zwei Wochen später war das Grundstück verkauft! Ich würde ja gern behaupten, dass ich in den drei Jahren Wartezeit geduldig war. Fakt ist: Ich war es nicht. Meine Ungeduld kann gut und gern der Grund gewesen sein, warum es so lange dauerte. Oft denken wir, wir warten auf Gott, doch in Wirklichkeit wartet er vielleicht auf uns!

Die Angst, nicht zu bekommen, was wir wollen, ist einer der Hauptgründe für unsere Ungeduld. Ich möchte noch einmal betonen, dass wir unser Denken ändern können, und das wird uns enorm helfen. Statt zu denken: *Es tut sich gar nichts*, sollten wir denken: *Ich sehe zwar nicht, dass etwas passiert, aber ich glaube, dass Gott daran arbeitet!*

Gott weiß, was in der Vergangenheit geschehen ist, was gerade geschieht und was in Zukunft geschehen wird, und er hat alles im Griff. Er ist weder unruhig noch ungeduldig. Unsere Ungeduld rührt daher, dass wir nicht wissen, wie oder wann unsere Antwort kommen wird. Je weniger Informationen wir haben, umso leichter werden wir in Gottes Wartezimmer ungeduldig. Doch Gottes Wort und die Erfahrung lehren uns, dass sein Zeitplan perfekt ist und dass das Warten, das wir so sehr verabscheuen, in Wahrheit Gutes in uns bewirkt.

In der Bibel lesen wir Geschichten von Menschen, die wir als große Männer und Frauen Gottes bezeichnen. Die meisten von uns haben sich bestimmt schon einmal heimlich gewünscht, dass ihre Geschichten unsere wären. Zumindest möchten wir genauso bewundert werden wie sie, obwohl wir uns wahrscheinlich nicht wünschen, das Gleiche zu erleben. Es sind tatsächlich große Männer und Frauen; doch ich möchte daran erinnern, dass sie alle in Gottes Wartezimmer saßen. Mose wartete vierzig Jahre in der Wüste. David wartete zwanzig Jahre darauf, König zu werden, und fünfzehn davon musste er sich in Höhlen verstecken, damit Saul ihn nicht umbrachte. Josef wartete dreizehn Jahre auf seine Rettung, von denen er zehn im Gefängnis verbrachte. Abraham wartete zwanzig Jahre auf das Kind, das Gott ihm versprochen hatte. Wenn du und ich in Gottes Wartezimmer bleiben, kann es sein, dass andere eines Tages auch unsere Geschichte lesen und bewundern werden!

KAPITEL 16

In Gottes Wartezimmer (Teil 2)

Vertraue auf den Herrn! Sei mutig und tapfer und
hoffe geduldig auf den Herrn!

Die Bibel – Psalm 27,14

Häufig wird missverstanden, was es wirklich heißt, auf Gott zu warten. Wir betrachten Warten vielleicht als passive, inaktive Zeit, in der unser Leben »auf Eis« liegt. Den meisten von uns fällt es schwer, gar nichts zu tun. Wenn wir nicht wissen, was Warten auf Gott bedeutet, oder es falsch verstehen, kann es sein, dass diese Fehleinschätzung uns daran hindert, es tatsächlich zu tun.

Unser Wort »warten« ist von »wachen« oder »Wache halten« abgeleitet – und damit wird auch klar, dass auf Gott zu warten etwas geistlich Aktives sein soll. Es kann zwar sein, dass Gott von uns verlangt, stillzuhalten und nicht zu versuchen, etwas an unseren Umständen zu ändern, doch er sagt nicht, dass wir *nichts* tun sollen. Er möchte, dass wir erwartungsvoll auf das achthaben, was er tut. Wir sollen voller Hoffnung damit rechnen, dass er in unserem Leben etwas Wunderbares vollbringt. Er möchte, dass wir ihm für das danken, was er tut, noch bevor wir es mit unseren natürlichen Augen sehen können.

Wenn wir unsere Gedanken und unsere Einstellung im Blick behalten, wird uns das helfen, in Gottes Wartezimmer nicht die Freude zu verlieren. Vergleichen wir einmal die beiden möglichen Arten zu denken und überlegen uns, welche wohl Freude hervorruft:

Man kann denken:
- *Ich warte schon so lange, ich kann nicht mehr viel länger warten.*
- *Es tut sich gar nichts!*
- *Ich habe das Gefühl, Gott hat mich völlig vergessen.*
- *Ich fürchte, es gibt keine Antwort auf mein Problem.*
- *Ich kann genauso gut aufgeben.*

Man kann aber auch denken:
- *Ich bin gespannt darauf, was Gott tun wird!*
- *Ich glaube, dass Gott handelt, auch wenn ich noch keine Veränderung sehe.*
- *Gott liebt mich und ich weiß, dass er sich um mein Problem kümmern wird.*
- *In Psalm 139 heißt es, Gott denkt ständig an mich, also weiß ich, dass er mich nicht vergessen hat.*
- *Ich werde nicht in Angst leben und ich werde niemals aufgeben!*

Es ist ziemlich klar, welche Denkweise eher Freude hervorruft. Warum neigen wir dann zu negativen Gedanken und Einstellungen? Das Denken, das von unserer menschlichen Natur bestimmt ist und von dem Paulus in Römer 8,6 spricht, ist »Denken und Vernunft ohne den Heiligen Geist«. Es ist Denken und Logik, die zur Sünde führt. Folgen wir diesem Weg, dann haben wir keine andere Wahl, als Entscheidungen auf Grundlage unserer äußeren Umstände zu treffen. Lassen wir jedoch unseren Verstand vom Heiligen Geist bestimmen, von dem im gleichen Vers die Rede ist, wird uns Leben und Frieden für unsere Seele versprochen. Mit einem vom Heiligen Geist bestimmten Verstand sind wir in der Lage, so zu denken, wie Gott es tut. Unsere Gedanken werden dann von Hoffnung erfüllt sein, unabhängig von unseren Umständen.

Worauf schaust du?

Wir können unser Denken von unserer menschlichen Natur leiten lassen oder vom Heiligen Geist. Die Entscheidung liegt ganz bei uns. Leider denken die meisten Menschen ihr Leben lang einfach das, was ihnen in den Sinn kommt, und begreifen nicht, dass ihr Feind, der Teufel, der Ursprung all ihres negativen, hoffnungslosen, ängstlichen und von Zweifel erfüllten Denkens ist. Sie begreifen nicht, dass sie selbstständig denken können, indem sie die falschen Gedanken, die nicht mit der Bibel übereinstimmen, bewusst von sich weisen und durch gute Gedanken ersetzen.

In 2. Korinther 4 beschreibt Paulus eine Zeit, in der er und andere Christen sich in sehr schwierigen Umständen befanden:

Von allen Seiten werden wir von Schwierigkeiten bedrängt, aber nicht erdrückt. Wir sind ratlos, aber wir verzweifeln nicht. Wir werden verfolgt, aber Gott lässt uns nie im Stich. Wir werden zu Boden geworfen, aber wir stehen wieder auf und machen weiter.

Die Bibel – 2. Korinther 4,8-9

Er erklärt auch den Grund dafür:

So sind wir nicht auf das Schwere fixiert, das wir jetzt sehen, sondern blicken nach vorn auf das, was wir noch nicht gesehen haben. Denn die Sorgen, die wir jetzt vor uns sehen, werden bald vorüber sein, aber die Freude, die wir noch nicht gesehen haben, wird ewig dauern.

Die Bibel – 2. Korinther 4,18

Paulus und die Menschen, denen er diente, wussten, dass die Umstände schlimm waren; sicher konnten sie sie sehen. Doch sie richteten ihren Blick auf etwas anderes. Sie sahen Jesus und seine Verheißungen auf Befreiung und Sieg. Sie sahen nicht nur mit den natürlichen Augen, sondern auch mit den geistlichen. Sie betrachteten die Dinge – die sie nicht mit ihren natürlichen Augen sehen konnten – mit dem Herzen und glaubten, dass sie wahr sind.

Wir glauben an Gott, obwohl wir ihn mit unseren natürlichen Augen nicht sehen können. Wir glauben an Engel, wir glauben an die Schwerkraft. Und an wolkigen Tagen, wenn wir die Sonne nicht sehen können, glauben wir trotzdem, dass sie da ist. Es gibt viele Dinge, an die wir mit Überzeugung glauben, obwohl wir sie nicht sehen. Warum fällt es uns dann so schwer zu glauben, dass Gott handelt, während wir warten, aber noch keinen Hinweis erkennen können? Wir sind einfach nicht darauf trainiert, doch das kann sich ändern.

Unser wahres Leben ist in uns. Was in uns vorgeht (unsere Gedanken und Einstellungen), ist wichtiger als die äußeren Umstände. Ganz gleich wie schwierig unsere Lebenssituation auch sein mag, solange wir eine zuversichtliche Einstellung haben und hilfreiche Gedanken zulassen, die dem Wort Gottes entsprechen, können wir Frieden und Freude erleben. Ich glaube, ein Mensch, der im Gefängnis sitzt, aber gelernt hat, Gutes zu denken und sich eine lebensbejahende Einstellung zu bewahren, kann freier sein als ein Mensch, der »draußen« in der Gesellschaft lebt, aber von Hass und Bitterkeit erfüllt ist und eine negative Einstellung hat. Jeder kann seine Lebensqualität sofort verbessern, indem er sich eine hoffnungsvolle Einstellung bewahrt und über gute Dinge nachdenkt.

Wir können vorteilhafte Lebensumstände, viel Geld, eine gute Arbeitsstelle und eine wunderbare Familie haben und trotzdem unglücklich sein, wenn wir undankbar, egoistisch oder vielleicht wütend auf jemanden sind, der uns beleidigt hat. Auf der anderen Seite können wir schwierige Lebensumstände haben, allein leben und finanziell nur knapp über die Runden kommen und doch voller Frieden und Freude sein, wenn wir dankbar sind und versuchen, ein Segen für andere zu sein.

Deine Einstellung und deine Gedanken gehören dir. Niemand kann dich dazu zwingen, dass sie negativ sind, wenn du es nicht möchtest.

In der Bibel gibt es keinen Hinweis darauf, dass Josef in den dreizehn Jahren, in denen er auf Gottes Befreiung wartete, etwas anderes hatte als Hoffnung und eine gute Einstellung. Er hatte Träume für sein Leben und gab sie nicht auf, obwohl nichts in seinen Umständen darauf hindeutete, dass sie je in Erfüllung gehen würden. (Josefs Geschichte kann man in 1. Mose 37–50 nachlesen.)

> Deine Einstellung und deine Gedanken gehören dir. Niemand kann dich dazu zwingen, dass sie negativ sind, wenn du es nicht möchtest.

Abraham wartete zwanzig Jahre darauf, dass sich Gottes Verheißung erfüllen und er einen Sohn bekommen würde. Zwanzig Jahre sind eine lange Zeit in Gottes Wartezimmer.

Sicherlich bot sich Abraham oft die Gelegenheit aufzugeben. Doch in der Bibel lesen wir, dass er, obwohl er keinen Grund zur Hoffnung hatte, voller Glauben hoffte. dass seine Träume wahr werden und er die Erfüllung von Gottes Verheißung erleben würde. Selbst als er über das Unvermögen seines eigenen Körpers und über Saras Unfruchtbarkeit nachdachte, brachte ihn kein Unglaube oder Misstrauen dazu, an der Verheißung Gottes zu zweifeln. Er wurde stark, indem er Gott Lob und Ehre entgegenbrachte. Gott loben heißt, von seiner Güte zu erzählen. Abraham dachte offensichtlich über das nach, was Gott in seinem Leben für ihn getan hatte. Ehre ist die Anerkennung von Gottes überragender Herrlichkeit. Wiederum machte sich Abraham über all die großen Dinge Gedanken, die Gott in der Vergangenheit getan hatte. Seine Entscheidung, sich an das Gute zu erinnern und darüber nachzudenken, stärkte ihn während seiner Zeit in Gottes Wartezimmer (siehe Römer 4,18-21).

Befindest du dich auch gerade in Gottes Wartezimmer, oder bist du schon sehr lange dort? Viel länger, als du erwartet hattest? Wie gut geht es dir beim Warten? Worüber denkst du nach und wie ist es um deine Haltung bestellt? Ich möchte dich ermutigen, dich bewusst für Gedanken und Einstellungen zu entscheiden, die es dir ermöglichen, geduldig auf Gott zu warten, der alles gut macht.

Voller Hoffnung warten

Glücklicherweise ist Hoffnung nichts, das wir erst *fühlen* müssen, um es zu besitzen. Für Hoffnung können wir uns entscheiden, ganz gleich wie schwierig unsere Umstände auf uns wirken. Gott verspricht, dass er uns den früheren Segen doppelt zurückgeben wird, wenn wir an der Hoffnung festhalten (siehe Sacharja 9,12). Mit anderen Worten, wenn wir bereit sind, der Hoffnung so viel Raum zu geben, dass wir gar nicht mehr anders können, als zu hoffen, wird Gott uns zurückgeben, was wir im Leben verloren haben, und uns doppelt segnen.

Hoffnung bedeutet nicht einfach, sich zu wünschen, dass alles gut ausgeht. Sie ist eine Kraftquelle, die uns zum Durchbruch verhilft, wenn wir sorgsam daran festhalten. Während wir warten, kann die Beschäftigung mit dem Wort Gottes (seinen Verheißungen) und das Nachdenken darüber unseren Glauben stärken und uns mit Hoffnung erfüllen. Im Wort Gottes liegt die Kraft, durch die alle ermutigt und gestärkt werden, die ihre Hoffnung auf Gott setzen.

Der Psalmist David, ein junger Mann, der ebenfalls zwanzig Jahre auf die Erfüllung von Gottes Verheißung an ihn warten musste, sagte:

Ich hoffe auf den Herrn von ganzem Herzen, und ich vertraue auf sein Wort.

Die Bibel – Psalm 130,5

Hoffnung braucht eine Grundlage. einen Grund, und David sagte, sein Grund war das Wort Gottes. David vertraute einfach darauf, dass Gott in seiner Treue sein Wort erfüllen würde.

Warum ist es so hilfreich, Gottes Wort zu studieren und darüber nachzudenken? Es ist ein Samen, und ein Samen bringt immer das hervor, was er von Natur aus ist. Wenn das Wort Gottes in ein Herz ausgesät wird, das fruchtbaren Boden bietet (demütig und empfänglich ist), kann es gar nicht anders, als eine Ernte hervorzubringen. Wir finden dieses Prinzip überall in der Bibel, doch Markus 4 gibt uns einen tieferen Einblick in diese Wahrheit. Über Saat und Ernte sagt diese Bibelstelle Folgendes:

Der gute Boden aber meint schließlich die Menschen, die Gottes Botschaft hören und annehmen und reiche Frucht bringen – dreißig-, sechzig-, ja hundertmal so viel, wie gesät wurde.

Die Bibel – Markus 4,20

Ich möchte dir empfehlen, so oft wie möglich die Bibel zu lesen, zu studieren, darauf zu hören und darüber nachzudenken, und das mit einem glaubensvollen, demütigen (sanften und gütigen) Herzen. Jakobus sagt uns, wenn das Wort Gottes in unser Herz eingepflanzt wird und dort Wurzeln schlägt, hat es die Kraft, unsere Seelen zu retten (siehe Jakobus 1,21). Gottes Wort verändert und befähigt uns. das zu sein und zu tun, was Gott von uns will. Wenn wir in seinem Wartezimmer sitzen, will er nicht, dass wir aufgeben. Sein Wort wird uns die Kraft geben, fest zu stehen, bis die Zeit der Veränderung gekommen ist.

Setz deine Hoffnung auf Gott und sein Wort! Rechne jeden Moment mit guten Nachrichten! Wenn wir mit Hoffnung leben, können wir Befreiung von unseren Problemen erfahren und die Reise genießen.

Gehorsam warten

Hoffe auf den Herrn und befolge seine Gebote, dann wird er dich
ehren und dir das Land schenken …

Die Bibel – Psalm 37,34

Voller Hoffnung zu warten ist einer der Aspekte, wie wir im Leben Siege erringen können. Doch zu warten und auf Gottes Wegen zu bleiben ist ein weiterer Aspekt, den wir bedenken müssen. Hoffentlich wissen wir alle, wie wichtig Gehorsam ist. Dennoch sollten wir uns auch klarmachen, dass Gehorsam – so schwer er selbst in den guten Zeiten sein mag – noch schwerer ist, wenn wir in Gottes Wartezimmer sitzen, unter schwierigen Umständen leiden und schon lange keine Veränderung mehr erlebt haben. In diesen Zeiten ist uns nicht immer danach zumute, das Richtige zu tun – zum Beispiel, mit anderen freundlich und liebevoll umzugehen, zu dienen oder zu geben.

Es ist viel schwerer, die Frucht des Heiligen Geistes zur Geltung kommen zu lassen, wenn wir gestresst sind und unter Druck stehen. Außerdem kann es schwierig sein, sich zum Beten oder Bibellesen durchzuringen, doch genau in diesen Zeiten ist das am wichtigsten. Das Richtige zu tun, obwohl in unserem Leben nicht das Richtige geschieht, ist etwas Großes. Paulus sagt, wir sollen nicht müde werden, das Richtige zu tun, denn zu gegebener Zeit werden wir ernten, wenn wir nicht aufgeben (siehe Galater 6,9). Ich möchte dich ermutigen, auch weiterhin das Richtige zu tun, während du in Gottes Wartezimmer sitzt. Tu es, weil du Gott liebst und dankbar für alles bist, was er für dich getan hat und auch jetzt für dich tut.

Das Richtige zu tun, obwohl in
unserem Leben nicht das Richtige
geschieht, ist etwas Großes.

Gott möchte, dass wir im Glauben leben, und das bedeutet, dass wir uns nicht nach dem richten, was wir sehen oder wie wir uns fühlen, sondern danach, was wir als richtig erkannt haben. Und das Richtige zu tun, einfach weil es richtig ist, ist etwas sehr Kraftvolles. Es bringt deutlich zum Ausdruck, dass wir Gott vertrauen und entschlossen sind, ihn mit unserem Handeln zu ehren, unabhängig von unseren Umständen.

Unsere Arbeit wird nicht vergeblich sein, wenn wir standhaft und unerschütterlich bleiben und uns dabei großzügig für Gottes Sache einsetzen (siehe 1. Korinther 15,58). Gott erkennt Treue immer, auch wenn niemand sonst sie sieht. Wer in Anfechtungen treu bleibt, der wird die Siegeskrone des Lebens erhalten (siehe Jakobus 1,12).

Selbst während wir in Gottes Wartezimmer sitzen, können wir Gott vertrauen und uns auf unsere Belohnung freuen. Wir dürfen mit guten Dingen rechnen und uns an der Hoffnung erfreuen, dass bei Gott alles möglich ist!

KAPITEL 17

Wenn Gott schweigt

Mein Gott, schweige nicht länger, bleibe nicht so still und untätig!

Die Bibel – Psalm 83,2

Schon oft habe ich gedacht: *Ich wünschte, Gott würde kommen und sich neben mich setzen und mir einfach sagen, was ich tun soll!* Sicher hast du hin und wieder ähnliche Gedanken. Würde das nicht vieles einfacher machen? Doch offenbar hat Gott andere Ideen, denn das tut er nicht. Wenn er nicht so handeln will, wie wir es uns vorstellen, müssen wir wohl lernen, so zu handeln, wie er es will. Er möchte, dass wir ihm vertrauen, selbst wenn er schweigt!

Hast du manchmal das Gefühl, dass Gott seine Koffer gepackt hat, weit weggezogen ist und keine Nachsendeadresse hinterlassen hat? Wenn wir Gottes Wirken in unserem Leben nicht sehen und wir nichts von ihm hören, kommt es uns vielleicht so vor, als würden wir im Dunkeln tappen und versuchen, den Weg durch ein Labyrinth zu finden. Obwohl diese Zeiten unseren Glauben herausfordern, können sie uns etwas Wichtiges lehren: Gott zu vertrauen, auch wenn er schweigt. Nur weil er schweigt, heißt das nicht, dass er nichts tut.

> Hast du manchmal das Gefühl, dass Gott seine Koffer gepackt hat, weit weggezogen ist und keine Nachsendeadresse hinterlassen hat?

Zwischen dem Abschluss des Alten Testaments und dem Beginn des Neuen Testaments schwieg Gott vierhundert Jahre lang. Dennoch geschahen in dieser Zeit Dinge, durch die die Menschen auf das Kommen des Messias vorbereitet wurden. Die Bibel sagt, dass Jesus geboren wurde, als die Zeit erfüllt war (siehe Galater 4,4)! Gott wählt immer den richtigen Zeitpunkt. Wenn er so weit ist, wird er sprechen, und bis dahin ist es unsere Aufgabe, erwartungsvoll hinzuhören und zu warten.

Denken wir einmal an das, was die Bibel uns in 1. Könige 17,1 über Elia sagt. Er prophezeite dem Volk Israel, dass es mehrere Jahre keinen Regen geben würde, und tatsächlich regnete es dreieinhalb Jahre nicht. Das Volk litt unter der schweren Dürreperiode, und wahrscheinlich war Elia zu der Zeit nicht besonders beliebt. Ich könnte mir vorstellen, dass er von Gott gern etwas Neues über die Dürre gehört hätte, doch in 1. Könige 18,1 heißt es: *Nach einer langen Zeit kam das Wort des HERRN zu Elia, im dritten Jahr* – und dann bekam Elia eine neue Anweisung. Dieses Mal sollte er ankündigen, dass es regnen würde, und so geschah es auch.

Es gibt noch andere biblische Beispiele, die zeigen, dass Gott denen gegenüber, die ihm vertrauten, schweigsam blieb. Er schwieg bei Hiob und bei Abraham. In Hiob 23 erhalten wir einen Einblick, wie verzweifelt Hiob darüber war, dass er Gott nicht finden oder hören konnte. Schauen wir uns einige der Verse an:

Ich wollte, ich wüsste, wie ich Gott finden und zu seiner Wohnung kommen könnte.

Die Bibel – Hiob 23,3

Doch gehe ich nach Osten, so ist er nicht da. Gehe ich nach Westen, merke ich nichts von ihm. Tut er sein Werk im Norden, fällt es mir nicht auf. Wende ich mich nach Süden, sehe ich ihn nicht.

Die Bibel – Hiob 23,8-9

Doch selbst inmitten dieses schrecklichen Schweigens Gottes sagt Hiob voller Glauben:

Er aber kennt meinen Weg [mein Weg liegt ihm am Herzen, er achtet darauf]. Und wenn er mich wie Gold im Feuer prüfte, würde ich davonkommen [als rein und strahlend hervorgehen].

Die Bibel – Hiob 23,10

Obwohl Hiob Gott nicht sehen oder hören konnte, glaubte er, dass Gott über ihn wacht und er ihm am Herzen liegt. Er war sich sicher, dass Gott ihn erretten würde.

Abraham erlebte Gottes Schweigen, als er seinen einzigen Sohn Isaak opfern sollte. Gott hatte das Opfer angeordnet, um Abrahams Treue und Gehorsam zu prüfen, und er wartete bis zum allerletzten Moment, um ihn anzusprechen und ihm zu sagen, er solle Isaak nichts zuleide tun. Bis zu dem Zeitpunkt konnte Abraham sich nur an den Glauben klammern. Er war so überzeugt von Gottes Treue, dass er davon ausging, dass Gott Isaak von den Toten auferwecken würde, selbst wenn er ihn opferte (siehe 1. Mose 22,1-12; Hebräer 11,17-19).

Solche extremen Situationen wie Hiob oder Abraham habe ich nicht durchgemacht, aber auch in meinem Leben gab es lange Phasen, in denen ich nichts von Gott hörte. Das sind schwierige Zeiten, in denen wir versucht sind zu glauben, Gott sei nicht bei uns oder wir seien ihm gleichgültig. Vielleicht denken wir auch, wir hätten die Fähigkeit verloren, Gottes Stimme zu hören.

Jahrelang setzte ich mich unter Druck und lud mir die Pflicht auf zu »versuchen«, von Gott zu hören, doch irgendwann wurde mir klar, dass Gott viele Wege hat, mir etwas unmissverständlich mitzuteilen. Statt zu *versuchen*, Gottes Stimme zu hören, und frustriert zu sein, wenn es nicht gelingt, vertraue doch lieber darauf, dass Gott sich verständlich machen wird, wenn er mit dir reden will.

Statt Angst zu haben, nicht von Gott zu hören, glaube daran, dass du von ihm hören wirst. Wenn du seine Stimme wirklich hören willst und bereit bist, ihr zu folgen, wird er zu gegebener Zeit nicht schweigen. Als die Zeit erfüllt war, oder zur festgesetzten Zeit, sprach Gott erneut zu Elia, und auch zu dir wird er wieder sprechen!

Sechs Dinge, die du tun kannst, wenn Gott schweigt

1. Wenn Gott schweigt, tue weiterhin das, was er dir zuletzt aufgetragen hat.

Paulus lehrte die Christen, an der Freiheit festzuhalten, die ihnen geschenkt worden war, und sich nicht erneut versklaven zu lassen (siehe Galater 5,1). Halte an dem fest, was du hast. Lass dich in einer Zeit, in der Gott schweigt, nicht entmutigen. Lass nicht zu, dass dein Glaube geschwächt wird.

Es gibt vieles, was ich nicht weiß, aber es gibt auch vieles, was ich weiß. In dieser Phase meines Lebens tue ich aktiv alles, was ich meiner Meinung nach tun soll. Ich werde oft gefragt: »Was steht als Nächstes in deinem Dienst an?« Da ich die Zukunft nicht vorhersagen kann, weiß ich meist keine Antwort darauf. Wenn wir etwas geplant haben, kann ich davon berichten, aber in der Regel tue ich einfach das, was die meisten von uns tun: jeden Tag nehmen, wie er kommt, und Gott vertrauen. Was als Nächstes ansteht, wird für mich ebenso wie für andere eine Überraschung sein.

Eine weitere Frage, die mir oft gestellt wird, lautet: »Was sagt Gott zu dir?« Diese Frage höre ich vor allem am ersten Tag eines Jahres, als ob das neue Kalenderblatt mit einer neuen Erkenntnis von Gott einhergehen würde. Obwohl der 1. Januar eine Gelegenheit sein kann, über neue Aktivitäten zu sprechen, hat Gott nicht immer ein besonderes Wort für mich, nur weil es der erste Tag des Jahres ist. Gott ist kein Automat voller Möglichkeiten, auf den wir zu bestimmten Zeitpunkten zurückgreifen können. Er spricht, wenn er es will, und so, wie er es will – und wenn er schweigt, tun wir weiter das, was er uns zuletzt aufgetragen hat.

Neulich haben Dave und ich zusammen mit einem befreundeten Paar sehr lachen müssen: Die Frau erzählte, dass ihr Mann am Anfang ihrer Ehe »supergeistlich« war und ihr täglich ein gewisses Pensum an Bibellektüre aufgab. Sobald er von der Arbeit nach Hause kam (er war einer der Pastoren in einer Kirche), fragte er sie fast als Erstes: »Was hat Gott dir heute gezeigt?« Ich kann nur erahnen, wie sehr sie das unter Druck gesetzt haben muss. Wahrscheinlich kam sie sich wie eine Versagerin vor, wenn sie sagen musste: »Nichts.« Heute ist es lustig, doch ich bezweifle, dass es damals besonders lustig war. Setz dich und andere nicht unter Druck, »ein Wort von Gott« zu bekommen, es sei denn, du möchtest dem Teufel eine Tür öffnen, dich zu betrügen.

2. Gottes Schweigen könnte ein Kompliment für dich sein.

Vielleicht gibt Gott dir keine konkreten Anweisungen, weil er dir zutraut, die richtige Entscheidung zu treffen. Es ist ein Irrtum zu glauben, dass Gott uns jeden einzelnen Schritt nennt, den wir gehen sollen. Eine solche Beziehung ist für Eltern und Kleinkinder da, nicht für reife Söhne und Töchter. Heute Morgen sagte einer meiner Söhne zu mir: »Ich komme heute Nachmittag vorbei, Mama.« Ich habe ihm keine Liste mit Anweisungen geschickt, wie er sich verhalten soll, wenn er ins Haus kommt. Ich vertraue ihm, und ich vertraue darauf, dass er mein Herz kennt und sich entsprechend verhält. Beispielsweise wird er nicht hereinkommen und die Tür hinter sich offen stehen lassen. Er wird nicht so parken, dass niemand anderes sein Auto aus der Garage bekommt. Er wird keine Person mit ins

Haus bringen, die ich nicht kenne. Ich muss ihm das alles nicht sagen, weil er mein Herz bereits kennt.

Gott gibt uns die Freiheit, im Einklang mit seinem Wort und dem, was wir über seinen Willen und Charakter wissen, Entscheidungen zu treffen. Kürzlich hörte ich einen bekannten Mann Gottes sagen, Gott habe ihm an den wichtigen Wegkreuzungen seines Lebens nie konkrete Anweisungen gegeben. Manchmal, wenn er eine wirklich wichtige Entscheidung zu treffen hatte und um Gottes Wegweisung bat, hatte er den Eindruck, er solle losgehen und verschiedene Dinge ausprobieren, bis er in Bezug auf die richtige Möglichkeit Frieden hatte. Wir dürfen nicht vergessen, dass es für uns zwar so aussehen mag, als würde Gott schweigen, doch in Wirklichkeit kommuniziert er immer auf unterschiedliche Art und Weise mit uns – durch sein Wort, durch Frieden, Weisheit, Erfahrungen und andere Dinge.

Wenn Gott dir nicht genau sagt, was du tun sollst, dann vertraue darauf, dass er dir zutraut, die richtigen Entscheidungen zu treffen! Es ist unmöglich, ein geparktes Auto zu fahren. Deshalb müssen wir manchmal im Leben einfach den Gang einlegen und langsam losrollen, bevor wir herausfinden, ob wir in die richtige Richtung fahren oder nicht.

Wenn Gott dir nicht genau sagt, was du tun
sollst, dann vertraue darauf, dass er dir zutraut,
die richtigen Entscheidungen zu treffen!

3. Vergleiche dich nicht mit anderen!

Oft erzählen Menschen, wie Gott mit ihnen umgegangen ist, und wir nehmen an, dass Gott mit uns genauso umgehen sollte – das tut er aber nicht. Ich habe Bücher von Menschen gelesen, in denen es so klingt, als würde Gott auf ihrer Bettkante sitzen und ihnen täglich Handlungsanweisungen geben. »Gott hat (mir) gesagt« ist ihr Lieblingssatz. Ich sage das auch, und vielleicht öfter, als ich sollte, denn es gibt Situationen, in denen Menschen missverstehen, was wir meinen. Wir können ständig von Gott geführt und geleitet werden, doch das heißt nicht, dass wir jeden Tag vierundzwanzig Stunden lang eine Schritt-für-Schritt-Anweisung bekommen, was wir tun sollen.

Ich kenne Menschen, die offenbar häufiger konkrete Dinge von Gott hören als ich, aber ich habe gelernt, mich mit niemandem zu vergleichen. Wenn wir uns vergleichen, können wir in unserer eigenen Beziehung zu Gott nie zufrieden sein. Wir sind Individuen und Gott geht mit uns aus unterschiedlichen Gründen unterschiedlich um. Auch in dieser Hinsicht sollten wir ihm vertrauen. Fühlt man sich bei einem Menschen wohl, kann man zusammen mit ihm in einem Raum sitzen, ohne ein Wort zu sagen. An manchen Tagen muss es uns genug sein, einfach zu glauben, dass Gott bei uns ist!

4. Rede mit Gott, auch wenn du denkst, er antwortet nicht.

Wir dürfen uns mitteilen. Gott versichert uns, dass wir mit ihm über alles reden können, so oft, wie wir wollen oder müssen. Der Psalmist David schüttete sein Herz vor Gott aus, und zwar sehr ehrlich. Die meisten von uns haben Momente, in denen wir uns einfach jemanden wünschen. mit dem wir reden können. Vielleicht ist uns nicht besonders wichtig, was der andere dazu zu sagen hat – wir wollen einfach jemanden, der zuhört und unsere Geheimnisse für sich behält, und das kann Gott sehr gut.

5. Halte die Ohren offen, auch wenn du lange nichts gehört hast.

Wenn wir uns für Gottes Reden bereithalten, weiß er, dass unser Herz offen ist und wir auf ihn warten. Ich frage Gott oft, ob er mir etwas zu sagen hat, und nehme mir einige Minuten Zeit, einfach still zu sein. Das ist meine Art, der Aufforderung aus den Sprüchen Folge zu leisten:

Denke an ihn [den Herrn], was immer du tust, dann wird er dir den richtigen Weg zeigen.

Die Bibel – Sprüche 3,6

Sollte ich auf meine Frage hin nichts hören, glaube ich dennoch, dass mein Hinhören einen Wert hat. Ich habe festgestellt, dass Gott vielleicht in Bezug auf meine Frage erst einmal schweigt, dann aber meine Umstände so führt, dass ich am Ergebnis meiner Situation sein Handeln ganz klar erkennen kann.

6. Bitte Gott, dich zu prüfen.

David bat Gott manchmal, ihn zu prüfen, um zu sehen, ob irgendetwas in seinem Herzen nicht in Ordnung war (siehe Psalm 26,2; 139,23-24). Das ist ein mutiger Schritt, der aber zeigt, ob ein Mensch Gottes Willen wirklich tun will, ganz gleich wie er aussieht.

Ist es möglich, dass uns etwas daran hindert, Gottes Stimme klar und deutlich zu vernehmen? Eine Sünde, eine falsche Haltung oder ein falsches Verständnis davon, wie wir von Gott hören? Wir brauchen uns vor der Wahrheit nicht zu fürchten, denn sie wird uns frei machen. Wenn Gott schweigt, muss es nicht daran liegen, dass wir etwas falsch machen, aber es kann nicht schaden, es herauszufinden.

Obwohl Gott in Hiobs Situation lange schwieg, antwortete er

ihm schließlich doch. Und als er es tat, hatte er einiges zu sagen, mit dem Hiob wahrscheinlich nicht rechnete. Aus Frustration sagte Hiob zu Gott, dass er es nicht verdiente, so behandelt zu werden, und forderte mehr oder weniger Antworten ein. Er sagte indirekt, dass er Gottes Umgang mit ihm ungerecht fand. Ihm war allerdings nicht klar, welcher geistliche Kampf hinter den Kulissen stattfand, so wie uns oft auch nicht bewusst ist, was hinter den Kulissen vor sich geht. Die Bibel sagt, dass Hiob Buße tat. Offenbar hatte er also gesündigt.

Zu Beginn der Anfechtungen war Hiob ein in jeder Hinsicht gerechter Mensch. Doch irgendwann fand er, dass Gott nicht angemessen mit ihm umging (siehe Hiob 42,3-6). Aus seiner Gerechtigkeit wurde eine Art Selbstgerechtigkeit, die für jeden von uns gefährlich ist. Hiob durchlebte schwere Zeiten (gewiss mehr als jeder Mensch, den wir kennen), doch am Ende bekannte er, Gott nun viel besser zu kennen als zuvor (siehe Hiob 42,5). Also gab Gott ihm in doppeltem Maß alles zurück, was er verloren hatte, und segnete ihn auf wunderbare Weise (siehe Hiob 42,10-17).

Der Weg war schwer, doch am Ende stellte er sich als gut heraus! Das Gleiche können wir erwarten. Vergiss nicht: Das, womit der Teufel uns schaden will, will Gott zum Guten wenden (siehe 1. Mose 50,20).

KAPITEL 18

Gott in Zeiten der Veränderung vertrauen

Wer seine Meinung nicht ändern kann, kann gar nichts ändern.

George Bernard Shaw

Viele Menschen mögen keine Veränderungen und wehren sich mit Händen und Füßen dagegen. Doch die Welt ist in ständigem Wandel, ob wir es wollen oder nicht. Deshalb ist es zwecklos, sich dieser Tatsache zu verweigern. Vielmehr müssen wir ändern, wie wir über Veränderung denken, denn dann ist das Leben leichter zu bewältigen. Schauen wir uns zunächst an, wie manche Menschen über Veränderung denken und warum.

Manche sagen mit Nachdruck: »Ich hasse Veränderungen!« Vielleicht widerstrebt es ihnen, nicht alles unter Kontrolle zu haben, oder sie sind unsicher und fürchten sich vor Neuem. Vielleicht sind sie auch einfach nur daran gewöhnt zu denken, dass sie keine Veränderung mögen. Gewisse Denkweisen können Gewohnheiten sein, die wir von den Menschen übernommen haben, die uns in unserer Kindheit geprägt haben. Oder es sind »Gedankengebäude«, die der Teufel in unser Denken eingebaut hat, um uns davon abzuhalten, das beste Leben zu haben, das Jesus für uns vorgesehen hat.

Unser aller Leben ist ständiger Veränderung unterworfen. Sich dagegenzustemmen ist, wie sich gegen den Wind zu wehren, wenn er weht. Ich habe eine Enkelin, die gern alles plant, und wenn etwas von ihren Plänen abweicht, fällt es ihr schwer, sich anzupassen. Es kann ihr sogar Angst machen. Doch nichts, was wir tun, wird verhindern, dass Veränderung geschieht –

zumindest in bestimmten Fällen. Es mag Veränderungen geben, die wir verhindern können, doch dann kann es sein, dass wir gleichzeitig etwas Gutes verhindern, das Gott geplant hat! Wir können nicht ohne irgendeine Form von Veränderung von dort, wo wir uns befinden, dahin gelangen, wo wir hinwollen. Es ist unmöglich, weiterhin zu tun, was man immer getan hat, und ein anderes Ergebnis zu erhalten. Manche Menschen wünschen sich etwas anderes als das, was sie erleben, und dennoch wehren sie sich mit aller Kraft gegen Veränderungen.

Unser aller Leben ist ständiger Veränderung unterworfen. Sich dagegenzustemmen ist, wie sich gegen den Wind zu wehren, wenn er weht.

Ändere deine Meinung über Veränderung

Wenn du keine Veränderungen magst, solltest du dich fragen, warum. Vielleicht stellst du dann fest, dass nicht einmal du die Gründe für deine Haltung verstehst. Du kannst einen neuen Blick auf Veränderungen gewinnen, indem du anfängst, anders darüber zu denken.

Es gibt einige destruktive Denkmuster, die nichts weiter bewirken, als uns unglücklich zu machen:
- *Ich hasse Veränderungen.*
- *Ich habe Angst vor Veränderungen.*
- *Ich mag keine Veränderungen.*
- *Ich habe gern alles unter Kontrolle, was in meinem Leben geschieht.*
- *Mir gefällt, wie die Dinge im Moment sind, und ich möchte nicht, dass sich etwas daran ändert.*

Es gibt aber auch konstruktive Gedanken, die uns helfen werden, voller Freude mit Veränderungen umzugehen:

* *Ich mag Veränderungen.*
* *Ich glaube, die Veränderungen in meinem Leben sorgen dafür, dass Dinge besser werden.*
* *Ich bin gespannt, was diese Veränderung mit sich bringt.*
* *Ich möchte mein Potenzial ausschöpfen und ich weiß, dass Veränderung dazugehört.*
* *Ich möchte dort sein, wo Gott mich haben will, und dazu sind Veränderungen vielleicht notwendig.*

Wir alle können unser Denken ändern, indem wir uns bewusst für Gedanken entscheiden, die mit der Bibel und dem Willen Gottes im Einklang sind. Gott sagt in seinem Wort deutlich, dass nur er sich nie verändert und alles andere der Veränderung unterworfen ist (siehe Maleachi 3,6; Hebräer 12,27).

Wenn etwas sich verändert, heißt das nicht unbedingt, dass das, was vorher war, schlecht war. Es kann auch bedeuten, dass noch etwas Besseres kommt! Vor Kurzem kündigte einer unserer Mitarbeiter sehr kurzfristig – nur zwei Wochen bevor er aufhörte – und wir hatten keinen Ersatz. Seine Stelle war wichtig und wir wussten, dass es nicht leicht sein würde, einen Nachfolger zu finden. Das stresste mich, aber ich vertraute darauf, dass Gott für uns sorgen und die Situation letztendlich zum Besseren wenden würde.

Am Ende mussten wir den Mitarbeiter gar nicht ersetzen, denn zwei andere Männer aus seinem Team kamen auf uns zu und sagten: »Wir können mehr Verantwortung übernehmen und die Arbeit auch mit weniger Personal bewältigen.« Das funktioniert wunderbar und wir sind sehr glücklich über die Veränderung. So wurde aus etwas, wogegen wir uns anfangs wehrten und was uns nicht gefiel, ein größerer Segen, als wir es erwartet hatten.

Alles hat seine Zeit und Frist, und alles ist schön zu seiner Zeit (siehe Daniel 2,21; Prediger 3,1.11). In der Bibel lesen wir, solange die Erde besteht, werden die Jahreszeiten sich abwechseln (siehe 1. Mose 8,22): Aus Winter wird Frühling, aus Frühling wird Sommer, aus Sommer wird Herbst und aus Herbst wird Winter. Temperatur, Windgeschwindigkeit und Luftfeuchtigkeit ändern sich täglich. Beim Wetter erwarten wir Veränderung, doch wir müssen auch in anderen Lebensbereichen mit Veränderung rechnen, denn sie geschieht ständig. Wir verändern uns in vielerlei Hinsicht, wenn wir älter werden. Die Menschen in unserem Umfeld ändern sich, ihre Aufgaben ändern sich vielleicht, und damit werden auch Veränderungen in unseren Beziehungen zu ihnen notwendig.

Wenn unsere Kinder erwachsen werden und ausziehen, verändert sich unsere Beziehung zu ihnen. Sie muss jedoch nicht weniger intensiv werden, als wir es wollen. Sie wird einfach nur anders sein, und sie kann besser werden als je zuvor.

Neulich brachte meine Tochter etwas bei uns vorbei. Mir war nach Gesellschaft und einem Frauengespräch zumute, deshalb sagte ich, als sie nach wenigen Minuten wieder gehen wollte: »Warum hast du es so eilig? Setz dich doch einen Moment.« Sie antwortete: »Mama, ich habe zu Hause eine Familie, zu der ich zurückwill.« Für einen Moment fühlte ich mich verletzt, doch ich bat Gott, mir zu helfen. Dann wurde mir klar, dass sie neben dem Besuch bei mir viele andere Aufgaben in ihrem Leben hat, und ich wollte es ihr nicht noch schwerer machen, indem ich beleidigt reagierte. Ich möchte wirklich, dass sie die Freiheit hat, ihr Leben so zu führen, wie es nötig ist, ohne Druck von mir. Sie verbringt viel Zeit mit mir und tut auch sonst viel für mich. Darum wäre es egoistisch von mir, sie unter Druck zu setzen, nur weil sie gerade mit ihrer eigenen Familie beschäftigt ist. Das könnte unserer guten Beziehung möglicherweise schaden. Wir müssen unsere Kinder erwachsen werden und ihre eigenen Entscheidungen treffen lassen. Selbst wenn uns vielleicht nicht alle ihre Entscheidungen gefallen, haben sie ein Recht darauf, und wir sollten diese respektieren.

Oft sind Eltern todunglücklich, nachdem ihre Kinder ausgezogen sind. Besonders schwierig scheint es für die Mutter zu sein. Sie hat ihr Kind ihr Leben lang mit Liebe und Aufmerksamkeit überschüttet. Vielleicht hat sie sogar einen zu großen Teil ihres Lebens darauf verwendet. Und nun geht das Kind eigene Wege, und die Mutter ist allein und versucht sich neu zu orientieren. Sie kann ihr Kind natürlich unter Druck setzen, Zeit mit ihr zu verbringen, und so die Beziehung ruinieren. Das Kind fühlt sich möglicherweise manipuliert, sodass alles, was es für seine Mutter tut, nicht freiwillig geschieht, sondern als freudlose Pflichterfüllung. Eine viel bessere Reaktion wäre es, das Kind ziehen zu lassen und eine neue Beziehung zu ihm zu entwickeln, die eher einer Freundschaft entspricht als einer Mutter-Kind-Dynamik. Wenn die Mutter akzeptiert, dass die Dinge sich ändern, und anfängt, anders darüber zu denken, wird sie feststellen, dass Gott nie eine Tür schließt, ohne eine andere zu öffnen – eine Tür, die zu ihrer Zeit so schön ist wie die vorige.

Eine Bekannte von mir sagte kürzlich: »Das Kind, von dem ich nie vermutet hätte, dass es mir das Herz brechen würde, hat es getan – und das, von dem ich es vermutet hatte, hat es nicht getan.« Menschen verhalten sich manchmal anders, als wir es erwarten. Das ist dann eine gute Gelegenheit, Gott zu vertrauen. Es kann sein, dass sie sich auf eine Art und Weise ändern, die schwierig für uns ist. Doch selbst aus diesen Zeiten kann etwas Gutes entstehen, wenn wir eine positive Haltung bewahren und Gott vertrauen. Gott zu vertrauen ist wirklich der Schlüssel zu allem. Es erlaubt uns, bei ihm zur Ruhe zu kommen und auch in den Veränderungsphasen unseres Lebens inneren Frieden zu behalten.

Gott weiß, was in der Vergangenheit geschehen ist, was in der Gegenwart geschieht und was in der Zukunft geschehen wird, und er hat alles in der Hand. Deshalb wird er auch nicht unruhig oder ungeduldig. Unsere Ungeduld und unsere Sorgen rühren daher, dass wir vieles, was wir gern wissen würden, nicht wissen, besonders in Zeiten der Veränderung – und das beunruhigt uns. Natürlich könnte Gott alles offenbaren, was in der Zukunft geschehen wird, und uns mitteilen, wie die Veränderungen in unserem Leben aussehen werden, doch das tut er nicht. Der Grund ist, dass er von uns Vertrauen erwartet. Es ist unser Vorrecht, ihm zu vertrauen!

Unerwartete oder sogar geplante Veränderungen in unserem Leben rufen oft viele Fragen hervor, auf die Gott allein die Antworten hat. Natürlich wollen wir den ganzen Plan für unser Leben auf der Stelle und sofort wissen. Mittlerweile glaube ich jedoch, dass das Leben, wenn wir alles wüssten, was in der Zukunft geschieht, entweder langweilig oder viel beängstigender wäre, als wenn wir es nicht wissen.

Gott ist gut, und wenn es das Beste für uns ist, etwas zu wissen, bevor es geschieht, wird er es uns mitteilen. Wenn er es nicht tut, können wir getrost davon ausgehen, dass zu warten und uns überraschen zu lassen das Beste für uns ist. Gott zu vertrauen bedeutet, dass wir seinen Wegen vertrauen. Wir sollten nicht nur darauf vertrauen, dass er uns schenkt, was *wir* wollen, sondern dass er *sein* Bestes in unserem Leben tut – und das bezieht sich auch auf seinen Zeitplan und seine Art und Weise, mit uns umzugehen.

Wenn du ein Mensch bist, der keine Veränderungen mag, empfehle ich dir, dass du deine Meinung über Veränderung änderst, denn oft entstehen daraus die positivsten Dinge in unserem Leben.

Der ausgetrocknete Bach

Vielleicht gefällt uns unser Leben genau so, wie es ist. Doch was wäre, wenn Gott beschließt, dass es Zeit für eine Veränderung ist? Und was wäre, wenn das, wohin er uns führt, unserer Meinung nach nicht so gut ist wie das, was wir zurücklassen mussten? Genau das geschah augenscheinlich im Leben von Elia, doch in der Bibel wird nicht erwähnt, dass er sich darüber beklagte.

Elia lebte in einer Zeit, in der eine schwere Hungersnot im Land herrschte, doch Gott versorgte ihn auf übernatürliche Art und Weise. Er lebte an einem Bach, in dem noch Wasser floss, und Raben brachten ihm täglich Nahrung Irgendwann trocknete allerdings auch dieser Bach aus (siehe 1. Könige 17,7). Dann trug Gott Elia auf, er solle in eine andere Stadt gehen, wo eine Witwe ihn versorgen würde. Als er dort eintraf, musste er feststellen, dass sie nur noch eine Mahlzeit übrig hatte und plante, diese mit ihrem Sohn zusammen einzunehmen und dann zu sterben. Das war eine trostlose Situation, wenn du mich fragst, und bestimmt nichts, worüber man in Begeisterung geraten könnte. Wie gesagt ist nicht die Rede davon, dass Elia sich beklagte. Er sagte zu der Witwe, wenn sie ihm zuerst zu essen geben würde, würden ihre Nahrungsvorräte während der Hungersnot nicht zur Neige gehen. Sie folgte seiner Aufforderung, und tatsächlich hatten sie reichlich zu essen (1. Könige 17,8-16).

Diese Veränderung in Elias Leben war nicht unbedingt eine, die ihm nützte, aber sie nützte der Witwe. Es gab Zeiten in meinem Leben – und so wird es auch bei dir sein –, in denen Gott eine Veränderung bei mir bewirkte, um jemand anderem zu helfen. Vielleicht sieht es nicht so aus, als würde es uns dienen, sondern wirkt eher wie ein vorübergehender Rückschritt. Doch Gott gebraucht uns als seine Mittler für Veränderungen im Leben anderer Menschen. Wenn wir unsere Aufgabe beendet haben, dürfen wir darauf vertrauen, dass Gott uns in eine Lage versetzt, die noch besser ist als die, die wir zurückgelassen haben.

Ich bin mir ziemlich sicher, dass es Jesus deutlich besser gefiel, bei seinem Vater im Himmel zu sein – bevor er auf die Erde kam, um für unsere Sünden zu bezahlen –, als am Kreuz zu hängen und für uns zu leiden und zu sterben. Dennoch übernahm er die Aufgabe bereitwillig, weil es Gutes für die Menschheit bewirken würde. Wenn wir uns von Gott gebrauchen lassen wollen, sind manchmal gewisse Veränderungen nötig, die uns nicht gefallen.

Sei nicht allzu besorgt, wenn dein »Bach austrocknet«. Ich kann dir versichern, dass Gott einen neuen Plan hat. Vielleicht verliert jemand aufgrund eines Stellenabbaus in der Firma unerwartet seine Arbeit und diese ihm aufgezwungene Veränderung macht ihm Angst. Das ist verständlich. Doch Gottvertrauen in Zeiten der Veränderung kann wesentlich dazu beitragen, dass wir durch diese Veränderung vorankommen. Gott in jeder Situation zu vertrauen ist die »Hauptzutat« für ein Leben voller Frieden, Freude und Erfolg.

Warte, bis der Sturm vorüber ist

Vor über dreißig Jahren gab ich meine Stelle in einer Kirche auf, um Gottes Wegweisung zu folgen. In dieser Kirche hatte ich viele Möglichkeiten zu dienen, doch ich empfand, dass ich in einer anderen Situation noch bessere Möglichkeiten hätte. Eine Zeit lang sah es allerdings so aus, als ob die Veränderung mit weniger guten Ergebnissen einherging. Es kam mir vor, als wäre ich rückwärts- statt vorwärtsgegangen.

Irgendwann änderte sich die Situation dann und es stellte sich heraus, dass ich tatsächlich die richtige Entscheidung getroffen hatte. Allerdings dauerte es länger, als ich gedacht hatte. Falls du gerade in einer Phase der Veränderung steckst und es so aussieht, als würde nichts dabei herauskommen, dann hab einfach Geduld und sei weiter dem treu, was du als Gottes Führung betrachtest. Es wäre sehr schade, wenn du direkt vor dem Durchbruch aufgeben würdest. Sieh es doch einmal so: Wenn es draußen stürmt, müssen wir oft im Haus bleiben und abwarten, bis der Sturm vorüber ist, bevor wir mit unseren Plänen weitermachen können.

Manche Veränderungen in unserem Leben kommen uns wie Stürme vor. Sie kommen plötzlich und unerwartet und hindern uns an dem, was wir geplant hatten. Nicht alle Stürme werden in der Wettervorhersage angekündigt! In Zeiten der Veränderung kochen die Emotionen hoch und wir müssen abwarten, bis sie sich wieder gelegt haben, bevor wir Entscheidungen treffen. Ich halte es nicht für klug, Wichtiges in emotionalen Hochs oder Tiefs zu entscheiden. Wir brauchen Zeit, um uns auf die Veränderungen einzustellen, um nachzudenken und Gottes Stimme zu hören. Bevor du in Phasen der Veränderung große Entscheidungen triffst, rate ich dir, einfach abzuwarten. Gib dir selbst Zeit, dich an die neuen Gegebenheiten oder die neue Aufgabe oder die neuen Menschen in deinem Umfeld zu gewöhnen. Während du wartest, lenke deine Gedanken in eine positive Richtung. Glaube daran, dass gute Dinge geschehen werden, und bewahre dir eine gute Einstellung!

> Bevor du in Phasen der Veränderung große Entscheidungen triffst, rate ich dir, einfach abzuwarten.

Irgendwie ordnen sich die Dinge in unserem Leben meistens, wenn wir ihnen nur Zeit geben. Ich kann mich an eine Phase erinnern, in der einige der leitenden Mitarbeiter in unserer Organisation eine Veränderung vornehmen wollten, von der ich nicht besonders begeistert war. Aus Respekt vor ihnen entschied ich mich jedoch mitzuziehen. Eine ganze Weile gefiel mir die neue Situation überhaupt nicht, und manchmal musste ich mich gegen negative und kritische Gefühle wehren, von denen ich wusste, dass Gott sie nicht gutheißen konnte. Es dauerte einige Monate, doch am Ende gewöhnte ich mich an die Veränderung. Ich hätte meinen Gefühlen folgen und darauf bestehen können, dass wir die Pläne nicht umsetzen, weil sie mir einfach nicht gefielen – und ich hatte die Kompetenz, meine Meinung durchzusetzen. Doch tief im Inneren wusste ich, dass das nicht der richtige Weg war, also wartete ich. Der Sturm in mir legte sich und alles kam wieder zur Ruhe. Die Veränderungen stellten sich überdies als sehr gut heraus, und am Ende war ich froh, dass ich dem Rat meiner Mitarbeiter gefolgt war.

Vielleicht ist es bei dir eine Veränderung an deinem Arbeitsplatz, auf die du keinen Einfluss hast, oder eine Veränderung in einer anderen Situation oder bei einer Person in deinem Leben. Doch wenn du dich entscheidest, das Beste daraus zu machen, stellst du am Ende vielleicht ebenfalls fest, dass die neue Situation doch besser ist.

Neulich ließ ich mir die Haare kürzer schneiden, als ich sie je zuvor getragen habe, und zuerst gefiel mir die Frisur nicht – doch jetzt liebe ich sie. Ich finde, sie lässt mich jünger aussehen, und sie ist viel praktischer! Dave hatte vierzig Jahre lang einen Schnurrbart, und eines Tages kam er aus dem Bad und hatte ihn abrasiert. Es sah aus, als würde seine Oberlippe fehlen, und lange Zeit gefiel es mir nicht. Doch jetzt liebe ich es. Ich finde, er sieht jünger aus, und ich würde nicht wollen, dass er den Bart wieder wachsen lässt. Was ich damit sagen will: Manchmal müssen wir Dingen Zeit geben, und wenn wir das tun, stellen wir uns um und finden oft sogar Gefallen an den Veränderungen.

KAPITEL 19

Ich möchte mich wirklich verändern

Jeder will die Welt verändern, doch niemand will sich
selbst verändern.

Leo Tolstoi

Es gibt Dinge im Leben, bei denen wir uns Veränderung wünschen, und wir wären sehr glücklich, wenn Gott sie verändern
würde. Doch was ist, wenn *wir* diejenigen sind, die sich ändern
müssen?

Ich habe viele Jahre damit verschwendet zu meinen, dass ich
glücklicher sein könnte, wenn sich meine Umstände oder die
Menschen in meinem Umfeld ändern würden. Ich versuchte,
sie zu verändern, und betete außerdem darum, dass Gott Veränderungen an ihnen vornehmen würde – doch dann entdeckte
ich, dass Gott mich verändern wollte. Bis dahin war mir gar
nicht in den Sinn gekommen, dass *ich* mich ändern müsste
und dass dies die Lösung für einen Teil meiner Traurigkeit
und Unzufriedenheit war. Als ich endlich einen gründlichen,
ehrlichen Blick auf mich selbst warf, erkannte ich, dass nichts
und niemand mich je glücklich machen konnte, bis ich glücklich mit mir selbst wurde. Ich mochte mich selbst nicht wirklich, aber ich hatte so lange versucht, andere Menschen und
Dinge für mein Unglück verantwortlich zu machen, dass ich
an der Wahrheit vorbeigelaufen war.

Dem Teufel gefällt es, wenn wir uns auf das konzentrieren,
was bei anderen nicht stimmt, denn so sehen wir nie, was bei
uns nicht stimmt. Unser Urteil über andere macht uns blind für
unsere eigenen Fehler. Mir hat es sehr geholfen zu erkennen,
dass ich, wenn meine Zeit auf dieser Erde vorbei ist, vor Gott

stehen werde und nur über mich selbst Rechenschaft ablegen muss (siehe Römer 14,12). Er wird mich nicht nach irgendjemand anderem fragen, nur nach mir selbst. Darum sollte ich mich darauf konzentrieren, Gott tun zu lassen, was er in mir bewirken will, und nicht versuchen, ihn dazu zu bewegen, andere zu verändern.

Wenn Gott bei uns an Verhaltensweisen oder Einstellungen arbeitet, die ihm nicht gefallen, kann das sehr verwirrend für uns sein. Die Bibel bezeichnet diesen Prozess als »Überführung« oder Korrektur, und das ist das Werk des Heiligen Geistes. Vielleicht haben wir nur das Gefühl, dass »etwas nicht stimmt«, doch wir wissen nicht, was. Statt zu versuchen herauszufinden, worum es sich handelt, kann ich nur empfehlen, Gott zu vertrauen! Je mehr wir versuchen, alles mit unserem eigenen Verstand zu ergründen, umso weniger werden wir in der Lage sein, zu erkennen und wirklich zu begreifen, was Gott uns zeigen will.

Stellen wir uns einmal vor, ich streite mich mit Dave über etwas. Mir ist dabei innerlich zwar nicht ganz wohl, aber mir kommt nicht der Gedanke, dass der Heilige Geist versucht, mich auf mein falsches Verhalten hinzuweisen – einfach weil ich fest davon überzeugt bin, dass ich mit meiner Meinung recht habe und Dave im Unrecht ist.

Bis wir lernen, diese Empfindungen sofort als das zu erkennen, was sie sind, kann es sein, dass wir dem Wirken des Heiligen Geistes widerstreben und es nicht einmal merken. Doch wenn wir darauf vertrauen, dass Gott uns die Wahrheit zeigt, werden wir lernen, und die Wahrheit wird uns frei machen. Ich glaube, es ist weise, regelmäßig zu beten, dass wir uns in keinem Bereich unseres Lebens in die Irre führen lassen und dass Gott uns verändert und Jesus Christus immer ähnlicher macht (siehe Römer 8,29-30).

Bist du bereit, dich zu ändern?

Wir alle haben eine Bestimmung. Meines Erachtens handelt es sich dabei aber nicht um etwas, das sich automatisch erfüllt und vollständig von Gott kontrolliert wird, sodass wir keinen Einfluss darauf haben. Gott hat eine Aufgabe für jeden von uns, doch sehr wahrscheinlich müssen wir uns noch ändern, bevor er uns so gebrauchen kann, wie er es will. Ich war begeistert, als Gott mich damit beauftragte, die Bibel zu lehren. Doch anfangs hatte ich keine Ahnung, wie viel er noch *an mir* würde arbeiten müssen, bevor er *durch mich* wirken konnte.

Gott hat einen guten Plan für jeden von uns, aber es gibt Zeiten, in denen wir vom Kurs abkommen und in eine falsche Richtung gehen. Gut, dass wir mit Gottes Hilfe immer eine Kurskorrektur vornehmen können! Wir können sogar erleben, wie unsere Fehler in Segen verwandelt werden, wenn wir der Wegweisung Gottes folgen. Zwei Männer in der Bibel, die in die falsche Richtung gingen, waren Jakob und Paulus. Gottes Wirken in ihrem Leben sorgte dafür, dass sie sich beide veränderten, und obwohl sie viele große Fehler machten, war ihr Leben am Ende erstaunlich.

> Es ist nie zu spät, sich zu ändern
> und das Leben zu führen, das
> Gott für uns vorgesehen hat.

Jakob war ein Betrüger, Lügner und Intrigant, aus dem ein großer Mann Gottes wurde (siehe 1. Mose 32,22-28), und Paulus war ein Christenverfolger, der zu einem großen Apostel wurde (siehe Apostelgeschichte 7,58; 8,1-3; 9,1.4.17.22). Es ist nie zu spät, sich zu ändern und das Leben zu führen, das Gott für uns vorgesehen hat.

Um die Veränderungen zu erleben, die wir uns in unseren Umständen wünschen, müssen oftmals *wir* bereit sein, uns zuerst zu ändern. Sowohl Jakob als auch Paulus erlebten nicht nur

Veränderungen in ihren Umständen, sondern sie nahmen auch die Veränderungen vor, die bei ihnen selbst notwendig waren. Solltest du nicht glücklich damit sein, wie dein Leben verläuft, möchte ich dir empfehlen, Gott zu bitten, dass er an dir das ändert, was sich verändern muss, bevor du ihn bittest, dein Leben zu verändern. Wir können zu den Menschen werden, die Gott aus uns machen möchte. Dann werden wir auch tun, was er von uns will, und das empfangen, was er uns geben möchte. Jesus ähnlicher zu werden kann ein langer und schmerzlicher Prozess sein, doch er wird deutlich reibungsloser und schneller verlaufen, wenn wir mit dem Heiligen Geist zusammenarbeiten, der in uns wirkt.

Manchmal mag es dir auf deinem Weg so vorkommen, als seist du die einzige Person, die sich ändern muss. Für mich war es besonders schwer, wenn ich das Gefühl hatte, dass ich die Einzige bin, an der Gott arbeitet. Einmal beklagte ich mich bei ihm darüber, doch er flüsterte mir ins Ohr: »Joyce, du hast mich um viel gebeten; willst du es oder nicht?« Natürlich arbeitet Gott an jedem von uns, oder zumindest versucht er es, doch nicht alle hören auf ihn und nehmen die Veränderungen an, die er in uns bewirken will. Ich möchte dich ermutigen, dir nie zu viele Gedanken darüber zu machen, was Gott im Leben eines anderen Menschen tut oder nicht tut, sondern zu akzeptieren, was er in deinem Leben tut.

Wenn Gott momentan an dir arbeitet, mag es dir so vorkommen, als seist du einerseits nicht mehr der Mensch, der du früher warst, aber andererseits auch noch nicht der, der du sein sollst. Du hast das Gefühl festzustecken. Du kannst nicht mehr zurück, und ohne Gottes Hilfe kommst du auch nicht voran. Er scheint allerdings gerade ein Nickerchen machen. Doch gib jetzt nicht auf – vertraue Gott weiterhin! Ihm zu vertrauen ist keine einmalige Sache von fünf Sekunden, sondern eine tagtägliche Entscheidung. Gott verändert uns nach und nach in kleinen Schritten. Oftmals können wir nicht einmal erkennen, dass eine Veränderung stattfindet, bis wir auf einen langen Zeitraum zurückblicken und sehen, dass wir tatsächlich anders sind, als wir es früher waren. Ich sage oft: »Ich bin noch nicht dort, wo ich sein sollte, aber Gott sei Dank bin ich auch nicht mehr da, wo ich einmal war.«

Nach dem Missbrauch durch meinen Vater hatte ich schwere Persönlichkeitsstörungen, und selbst nachdem ich mir das eingestanden hatte und mich verändern wollte, dauerte es noch sehr lange. Lass dich nicht entmutigen, wenn du nur langsam Fortschritte machst. Glaube einfach, dass Gott weiß, was er tut, und genieße das Leben, während du dich veränderst. Vergiss nicht: Die Veränderung geht auch nicht schneller, wenn du unglücklich bist.

In unserem geistlichen Reifungsprozess werden wir Gottes Zeitplan und Methoden vertrauen müssen, auch wenn wir sie uns wahrscheinlich nicht selbst ausgesucht hätten. Wenn wir eines Tages auf unser Leben zurückschauen, werden wir jedoch feststellen, dass sie perfekt waren!

Jesus ähnlicher zu werden ist die größte Veränderung überhaupt, und dieser Prozess erstreckt sich über viele Phasen unseres Lebens. Jede einzelne von ihnen ist zu ihrer Zeit schön. Gott hat ein Programm, das auf jeden von uns speziell zugeschnitten ist. Also genieße jede Phase und erfreu dich an Gott und an dir selbst, während du auf dem Weg bist!

> Jesus ähnlicher zu werden ist die größte Veränderung überhaupt.

Ändere dein Verhalten

Wenn ich über die wunderbaren Veränderungen nachdenke, die Gott über die Jahre in mir bewirkt hat, erkenne ich, dass ich bei jeder einzelnen lernen musste, mich anders zu verhalten oder anders auf die Umstände zu reagieren

Zum Beispiel war ich früher sehr egoistisch. Doch als Gott mir die Tiefe meines Egoismus zeigte und wie viele Probleme in meinem Leben dadurch entstanden, wollte ich mich wirklich verändern. Unser Eigenwille stirbt allerdings nur langsam, und dieser Prozess ist oft sehr schmerzhaft. Es dauerte lange, bis ich überhaupt die Tiefe meines Egoismus erkannte, und es dauerte noch viel länger zu lernen, glücklich zu bleiben und eine gute Einstellung zu bewahren, wenn es nicht nach meinen Vorstellungen ging. Je mehr ich lernte, Gott zu vertrauen, umso einfacher wurde es, doch es geschah keinesfalls über Nacht!

Ich lernte, dass ich mich an Menschen und Dinge anpassen musste, wenn ich Frieden genießen wollte, statt immer zu erwarten, dass jeder und alles sich an mich anpasst (siehe Römer 12,16). Es dauerte einige Jahre, bis ich vollständig begriff, dass Frieden besser war, als immer meinen Willen zu bekommen. Frieden ist eines der kostbarsten Güter und es ist weise, ihn wertzuschätzen. Wünschst du dir Frieden so sehr, dass du bereit bist, alle dafür notwendigen Veränderungen vorzunehmen?

Ich lernte auch, dass recht zu haben überbewertet wird. Wenn ich in Meinungsverschiedenheiten meinen Frieden verliere, während ich versuche zu beweisen, dass ich recht habe, ist es das einfach nicht wert. Wir können darauf vertrauen, dass Gott wenn nötig beweist, dass wir recht haben, und wenn es nicht nötig ist, können wir uns dafür entscheiden, so oder so zufrieden zu sein.

Der Lernprozess endet nie. In vielen Bereichen lernen wir unser Leben lang, und das ist auch nicht anders, wenn wir lernen, Gottes Wegen zu folgen. Ich lerne immer noch täglich Neues in meiner Beziehung zu Gott, und sicher geht es dir auch so.

Der Veränderungsprozess

Sobald wir uns bewusst für die Veränderung entscheiden und bereit sind, den Heiligen Geist an uns arbeiten zu lassen, müssen wir alle eine wichtige Lektion lernen: Wir können uns nicht aus eigener Kraft verändern. Echte Veränderung erfordert das Vertrauen, dass Gott das Notwendige in uns bewirkt. Die meisten von uns kämpfen mit sich und sind am Ende frustriert und enttäuscht, weil sie sich zu ändern versuchen und scheitern. Wir machen kleine Fortschritte, und dann scheint es, als würden wir einfach wieder in alte Gewohnheiten zurückfallen. Also beschließen wir, uns noch mehr anzustrengen, oder entwickeln neue Pläne und Formeln, wie wir uns verändern können, aber es gelingt uns trotzdem nicht.

Warum können wir uns nicht verändern, obwohl wir es wollen und auch versuchen? Warum können wir nicht einfach mit einer Sache aufhören, die wir nicht tun wollen? Wenn ich zum Beispiel weiß, dass ich oft, ohne nachzudenken, rede und dadurch Beziehungsprobleme verursache, und ich aus dem Grund diese Eigenschaft an mir ändern *möchte* – warum kann ich es dann nicht? Die Antwort ist ganz einfach: Ohne Gott wird es uns nicht gelingen. Er möchte, dass wir seine Hilfe in allem, was wir tun, erbitten und empfangen. Nur Gott kann uns wirklich verändern, weil dies von innen her geschehen muss.

Wenn wir uns anstrengen, den Mund zu halten und keinen Streit zu verursachen, indem wir etwas Falsches sagen, gelingt uns das vielleicht eine Weile. In einem ungeschützten Moment wird das Problem aber wieder auftauchen. Lernen wir hingegen, darauf zu vertrauen, dass Gott uns bei unserer gesamten Kommunikation hilft, werden wir feststellen, dass er uns nach und nach verändert. Eines Tages erkennen wir, dass das alte Problem kein Problem mehr ist. Wir können Gott dann nur danken, weil wir wissen, dass er es bewirkt hat. Nur wer in Christus bleibt, wird echte Veränderung erleben! Gottes Plan lautet:

»Ich bin der Weinstock; ihr seid die Reben. Wer in mir bleibt und ich in ihm, wird viel Frucht bringen. Denn getrennt von mir könnt ihr nichts tun« (Johannes 15,5).

Es liegt in der menschlichen Natur, Dinge selbst tun zu wollen, damit wir stolz auf uns sein können. Doch Gott möchte, dass wir ihm in allem vertrauen und ihm dann für alles danken, was er getan hat.

Kämpfst du mit dir? Versuchst du, Dinge an dir zu ändern, die dir nicht gefallen oder von denen du weißt, dass sie nicht im Einklang mit Gottes Willen sind? Vielleicht sorgst du dich und *versuchst*, die Sorgen sein zu lassen, oder du bist auf jemanden wütend und *versuchst*, ihm oder ihr zu vergeben. Es könnten tausend verschiedene Dinge sein, doch eines müssen wir lernen: Wir können uns nicht ändern, indem wir es lediglich versuchen – wir brauchen Gottes Hilfe.

Wie gut, dass wir beten und unser Vertrauen auf ihn setzen können. Jede Anstrengung unsererseits darf nur in Abhängigkeit von Gott geschehen, nicht ohne ihn. Das klingt einfach, ist aber für uns sehr schwer zu lernen, weil die menschliche Natur äußerst unabhängig veranlagt ist. Wenn wir je wahren Erfolg haben wollen, müssen wir unsere Unabhängigkeit gegen Abhängigkeit von Jesus eintauschen. Lerne dich auf Jesus zu stützen. Lerne ihm zu vertrauen.

Wenn wir je wahren Erfolg haben wollen, müssen wir unsere Unabhängigkeit gegen Abhängigkeit von Jesus eintauschen.

Der Apostel Paulus berichtet in Römer 7,15-25, dass er sich abmühte und scheiterte, bis er lernte, dass allein Gott ihn retten kann und dass er es durch Jesus Christus tun würde. Nach offenbar längerem Ringen mit sich selbst – indem er versuchte, das Richtige zu tun, und wiederholt scheiterte – sagte Paulus:

Was bin ich doch für ein elender Mensch! Wer wird mich von diesem Leben befreien, das von der Sünde beherrscht wird? Gott sei Dank: Jesus Christus, unser Herr!

Die Bibel – Römer 7,24-25

Aus der Art und Weise, wie Paulus seine Worte hier formulierte, wird für mich deutlich, dass er überzeugt und sicher war, endlich die richtige Antwort gefunden zu haben. Nur Gott konnte in ihm bewirken, was nötig war, und nur Gott kann in uns bewirken, was nötig ist!

Bitten und Empfangen

Wenn ein Mensch sich ändern will, sieht Gott das und freut sich darüber! Der nächste Schritt ist, darauf zu vertrauen, dass Gott das Notwendige tut und die Kraft zur Veränderung schenkt. Nur allzu oft bemühen wir uns selbst um Veränderung und lassen Gott dabei völlig außen vor. Das wird nicht funktionieren! Beim Apostel Paulus hat es nicht funktioniert, und bei uns wird es auch nicht funktionieren. Im Endeffekt müssen wir darauf vertrauen, dass Gott seinen Willen in uns bewirkt, statt es selbst zu versuchen.

In Jakobus 4,6 heißt es: *Weil Gott gnädig ist, gibt er uns immer mehr Kraft.* Gnade ist Gottes Gunst und befähigende Kraft, und ohne ihr ständiges Wirken in unserem Leben werden wir am Ende frustriert und ausgelaugt dastehen.

Ich weiß noch, wie sehr es mich beschwingte, diese Wahrheit zu entdecken. Ich hatte mich wirklich angestrengt, so zu sein, wie ich meinte, dass Gott es von mir wollte, aber ich scheiterte ständig und war verwirrt und enttäuscht. Ich versuchte es und scheiterte Tausende Male. Ich wollte aufgeben, doch dann fand ich meine Entschlossenheit wieder und versuchte es und scheiterte erneut. Erst als ich lernte, dass Gottes Gnade die fehlende »Zutat« in meinen Plänen war, und begann darauf zu vertrauen, dass er mich verändern würde, fing ich an, Erfolge zu erleben.

Wie es in dem alten Lied heißt: »O Gnade Gottes, wunderbar hast du errettet mich ...« Doch wir müssen Gott um seine Gnade in unserem Leben bitten. In Jakobus 4,2 heißt es: ... *euch fehlt das, was ihr so gerne wollt, weil ihr Gott nicht darum bittet.* Das ist so einfach: Bitte darum! *Bittet in meinem Namen, und ihr werdet empfangen, dann wird eure Freude vollkommen sein* (Johannes 16,24). In meinem Kampf um Veränderung strengte ich mich an, aber ich bat Gott nicht um Hilfe. Ich hatte kein Vertrauen. Mangelndes Gottvertrauen ist oft die Hauptursache unseres Scheiterns. Wenn wir all unsere menschlichen Bemühungen gegen mehr Gottvertrauen eintauschen, werden wir staunen, was daraus entsteht!

Was ist unser Anteil?

Die Bibel lehrt uns in 2. Korinther 3,18, dass wir Jesus »immer ähnlicher werden und immer stärker seine Herrlichkeit widerspiegeln«, je konsequenter wir uns mit Gottes Wort beschäftigen. Unser Anteil besteht darin, die Bibel zu studieren und darauf zu vertrauen, dass es die Kraft hat, uns zu verändern. Jakobus sagt, das Wort Gottes hat die Kraft, unsere Seelen zu retten (siehe Jakobus 1,21).

Gottes Wort zu vertrauen bedeutet, Gott zu vertrauen! Lies Gottes Wort nicht nur, um eine religiöse Pflicht zu erfüllen, sondern nähere dich ihm mit Ehrfurcht in dem Wissen, dass es Kraft hat. Nimm es wie tägliche Nahrung auf, denn es ist die Nahrung, die wir brauchen, um innerlich stark zu werden. Vertraue darauf, dass es an dir arbeitet, wo es nötig ist. So, wie wir darauf vertrauen, dass ein Medikament zur Heilung unseres Körpers beiträgt, können wir der Medizin (der heilenden Kraft) von Gottes Wort vertrauen, dass sie unsere Seele heilt.

Ich möchte dir vorschlagen, dass du das, was du in der Bibel liest, zu einem Gebet machst. Wenn du zum Beispiel liest, wie wichtig es ist, andere zu lieben, dann lies es nicht nur, sondern bitte Gott um seine Hilfe, damit du andere lieben kannst. Wenn du liest, welche Bedeutung es hat, deinen Feinden zu vergeben, mach ein Gebet daraus. Bitte Gott, dass er dir hilft, stets rasch zu vergeben und großzügig Barmherzigkeit zu gewähren. Auf diese Weise liest du Gottes Wort nicht nur, sondern bittest ihn, es in deinem Leben in die Praxis umzusetzen.

Vergiss nie: Das Beste, was wir tun können, ist, uns auf Gott zu verlassen, uns von ihm abhängig zu machen und unser Vertrauen auf ihn zu setzen!

KAPITEL 20

Darauf vertrauen, dass Gott Menschen ändert

Wir sollten lernen, Menschen so wertzuschätzen,
wie sie sind, und nicht, wie wir sie gern hätten.

John Maxwell

Ich glaube, uns Menschen fällt es unheimlich leicht, Fehler aneinander zu finden. Wie traurig! Wir alle haben Schwächen, und doch scheint es, dass wir in unserem Bemühen, andere Menschen zu ändern, blind für den Veränderungsbedarf bei uns selbst sind.

Gott ist der Einzige, der Menschen wahrhaft und wirksam verändern kann, denn Veränderung ist etwas, das von innen nach außen geschehen muss. Das Herz muss sich ändern, damit sich auch das Verhalten eines Menschen wirklich ändert. Nur Gott kann uns ein neues Herz geben. In Hesekiel 36,26 sagt er: *»Ich werde euch ein neues Herz geben und euch einen neuen Geist schenken. Ich werde das Herz aus Stein aus eurem Körper nehmen und euch ein Herz aus Fleisch geben.«* Das heißt im Grunde, dass Gott uns sein Herz und seinen Geist schenkt, dass er unser hartes, versteinertes Herz durch eines ersetzt, das empfänglich für seinen Willen und seine Berührung ist. Ohne diese Veränderung gibt es nicht viel Hoffnung, dass Menschen einander wahrhaft lieben und friedlich miteinander auskommen werden.

Vielleicht gibt es jemanden in deinem Leben, bei dem du dir wünschen würdest, dass er oder sie sich ändert. Es könnte dein Partner sein, dein Kind, Mutter oder Vater, ein anderer Verwandter, ein Freund oder ein Kollege. Menschen verändern sich nicht, solange sie es nicht wollen. Der erste Schritt ist also, für sie zu beten. Bitte Gott, dass er ihnen die Bereitschaft schenkt, sich der Wahrheit über ihr Verhalten zu stellen, und dann den Wunsch, sich zu ändern. Danach kannst du nichts anderes tun, als ein gutes Vorbild für die Person zu sein und dich auf ihre guten Eigenschaften zu konzentrieren, statt auf diejenigen, die du nicht magst.

Demütig beten

Wenn wir dafür beten, dass andere Menschen sich verändern, müssen wir das in aller Demut tun. Ansonsten kann es sein, dass wir in die gleiche Falle tappen, in der sie sich unserer Meinung nach befinden. In 1. Korinther 10,12 heißt es: *Wer sich für standhaft hält, soll aufpassen, dass er nicht auf die gleiche Weise sündige.* Meistens bete ich in etwa so:

> *»Vater, ich bitte dich, _____ zu verändern, wenn er/sie wirklich Veränderung braucht. Wenn nicht, dann verändere bitte mein Herz und lass mich meinen Irrtum erkennen, warum ich meine, dass er/sie sich ändern muss. Ich bitte dich außerdem, mich in allen Punkten zu ändern, in denen das nötig ist. Amen!«*

Es gibt vieles, wovon wir wissen, dass es Sünde ist, weil die Bibel es ganz deutlich sagt. Es gibt aber auch vieles, was wir an anderen nur deshalb nicht mögen, weil wir es einfach nicht mögen. Wenn Menschen nicht so sind wie wir oder sie unsere Meinung nicht teilen, haben wir schnell etwas an ihnen auszusetzen. Es ist aber weiser, den Kreis der Menschen in unserem Leben zu erweitern und zu lernen, dass jeder einen Wert hat, wenn wir nur danach suchen.

Oft haben wir große Probleme mit anderen Menschen und dem, was wir an ihnen nicht mögen. Wir wollen, dass sie sich für uns ändern, doch wir denken nur selten darüber nach, wie selbstsüchtig eine derartige Einstellung ist – so war es zumindest bei mir. In unserem Stolz gehen wir davon aus, dass unsere Art, zu leben und zu handeln, richtig ist und dass alle anderen Menschen im Universum so leben und handeln sollten wie wir. Genau diese Einstellung verursacht die meisten Scheidungen und das Scheitern von unzähligen anderen Beziehungen in Familien und im Leben allgemein.

Unser erster Schritt zur Demut sollte darin bestehen, uns vor Augen zu halten, dass bei uns wahrscheinlich mehr im Argen liegt als bei den Menschen, die wir verurteilen. Allerdings sehen wir unsere eigenen Fehler unter anderem deshalb nicht, weil wir so mit den Fehlern beschäftigt sind, die wir meinen bei anderen gefunden zu haben. Außerdem neigen wir dazu, Ausreden für unser suboptimales Verhalten zu finden, ohne anderen das gleiche Maß an Barmherzigkeit zu gewähren.

Den Schock meines Lebens bekam ich, als Gott mich mit mir selbst bekannt machte! Ich war eines Tages gerade dabei zu beten, dass Dave sich verändert, als Gott mich unterbrach. Stell dir das nur mal vor: Ich versuchte zu beten, und Gott fiel mir ins Wort! Wenn ich heute daran zurückdenke, schäme ich mich für mein törichtes Verhalten, doch damals war ich völlig ahnungslos. Gott unterbrach mich und sagte mir, dass nicht Dave das Problem in unserer Beziehung war, sondern ich. Ich war schockiert!

> Den Schock meines Lebens
> bekam ich, als Gott mich mit
> mir selbst bekannt machte!

Im Laufe der nächsten drei Tage konfrontierte Gott mich damit, wie es war, mit mir zusammenzuleben. Er zeigte mir, wie egoistisch und beherrschend ich mich verhielt, wie schwierig es war, mit mir auszukommen, und dass ich nur glücklich sein konnte, wenn alles nach meinen Vorstellungen lief. Ich war fast die ganzen drei Tage in Tränen aufgelöst, doch es war der

Anfang von einigen gesunden Veränderungen in meinem Leben.

Die Kraft der Barmherzigkeit

Barmherzigkeit siegt immer übers Gericht (siehe Jakobus 2,13). Mit anderen Worten, Barmherzigkeit ist größer als Verurteilung. Ich bezweifle, dass auch nur einer von uns anderen gegenüber barmherzig sein kann, außer er erkennt die Tiefe seiner eigenen Kraftlosigkeit, Schwäche und Fehlerhaftigkeit. Wenn wir begreifen, wie viel Barmherzigkeit Gott uns tagtäglich schenkt, macht uns das großzügig in unserer Barmherzigkeit anderen gegenüber. Es gibt eine nette kleine Geschichte über einen König, der nicht verstand, was Barmherzigkeit ist, und einen Gärtner, der es tat:

Ein König hatte einen großen Obstgarten, in den er alle möglichen Bäume pflanzen ließ. Er stellte einen geschickten Gärtner an, der sich um die Obstbäume kümmern sollte.

Jeden Tag pflückte der Gärtner die reifen, saftigen Früchte von den verschiedenen Bäumen und sammelte sie in einem Korb. Morgens, wenn der Hof tagte, brachte der Gärtner das Obst zum König.

Eines Tages brachte der Gärtner Kirschen, die er gepflückt hatte. Der König war schlecht gelaunt. Als er eine der Kirschen kostete, war sie sauer. Also ließ er seinen Ärger am Gärtner aus und warf ihm die Kirsche an den Kopf. Sie traf ihn an der Stirn, doch der Gärtner sagte: »Gott ist barmherzig!«

Der König fragte ihn: »Du bist doch sicher verletzt und wütend. Warum sagst du dann: ›Gott ist barmherzig‹?«

Der Gärtner antwortete: »Eure Majestät, ich wollte Euch heute eigentlich eine Ananas bringen, doch ich überlegte es mir anders. Hättet Ihr nun die Ananas nach mir geworfen, hätte ich eine große Verletzung davongetragen. Gott war barmherzig, weil er mich dazu brachte, es mir anders zu überlegen!«

216

Offenbar hatte der Gärtner gelernt, Gott auch dann zu vertrauen, wenn es ungerecht zuging. Die Dinge könnten immer schlimmer sein, als sie es sind, und wäre da nicht Gottes Barmherzigkeit, *wären* sie schlimmer.

Um Menschen Barmherzigkeit zu erweisen, brauchen wir keinen anderen Grund, als dass Gott zu uns barmherzig ist. Er erwartet, dass wir das weitergeben, was er uns so großzügig geschenkt hat. Er vergibt uns und erwartet, dass wir vergeben. Er liebt uns bedingungslos und erwartet, dass wir andere ebenso lieben. In unserem Versagen begegnet er uns mit Barmherzigkeit und erwartet, dass wir anderen gegenüber barmherzig sind. Gott erwartet nicht, dass wir geben, was wir nicht haben. Also stattet er uns mit allem Guten aus, das wir brauchen, damit wir unser Leben genießen und ihn in dieser Welt gut repräsentieren können. Ich könnte mir vorstellen, dass der unbarmherzige König noch lange über die barmherzige Haltung des Gärtners nachdachte. Es erstaunt Menschen, wenn wir barmherzig sind, besonders dann, wenn sie wissen, dass sie eigentlich Strafe verdient hätten.

Ich möchte dir vorschlagen, ein paar Minuten darüber nachzudenken, ob es in deinem Leben jemanden gibt, der deine Barmherzigkeit braucht. Barmherzigkeit ist ein Geschenk. Sie lässt sich nicht erarbeiten oder verdienen, doch wenn sie verschenkt wird, erleben Menschen die Kraft Gottes auf eine praktische Weise, die sie oft verändert.

Gott schenkte Dave und mir die Gnade, meinem Vater zu vergeben, dass er mich als Kind sexuell missbraucht hatte. Als er alt war, begegneten wir ihm mit Barmherzigkeit und sorgten bis zu seinem Tod für ihn. Ich weiß noch, wie er zu uns sagte: »Die meisten hätten mich für das, was ich getan habe, wohl eher umbringen wollen. Aber ihr wart immer freundlich zu mir.« Drei Jahre vor seinem Tod vertraute er Jesus sein Leben an, und dafür bin ich dankbar. Gott wirkt durch Menschen. Wir sind seine Partner und er möchte uns alle immer wieder in seinem Dienst gebrauchen. Es gibt unzählige Menschen auf der

Welt, die verloren und verletzt sind. Vielleicht haben sie irgendeine Art von Religion ausprobiert und wurden enttäuscht, doch wenn sie Jesus begegnen, werden sie nie mehr dieselben sein. Vielleicht kann Jesus durch dein Vorbild jemanden in deinem Leben erreichen. Machen wir es uns zur Aufgabe, anderen zu zeigen, wie Jesus wirklich ist, statt es ihnen nur zu erzählen. Worte sind oft billig und kraftlos, wenn sie nicht durch Taten untermauert werden.

Ich habe erlebt, wie viele Menschen im Laufe der Jahre versuchten, meinen Vater davon zu überzeugen, sein Verhalten zu ändern, weil er den größten Teil seines Lebens gemein und gewalttätig war. Doch ganz gleich wie sehr jemand auf ihn einredete, es brachte nie etwas. Als er dann Gottes Barmherzigkeit erlebte, begann sie, sein hartes Herz zu schmelzen, und Gott konnte ihn verändern. Nachdem mein Vater Jesus als seinen Retter angenommen und sich hatte taufen lassen, veränderte er sich wahrhaftig. Er lebte danach nur noch drei Jahre, doch ich bin dankbar, dass er jetzt im Himmel ist.

Eine freie Entscheidung

Gott zwingt Menschen nichts gegen ihren Willen auf, und wir sollten das auch nicht versuchen. Natürlich können wir mit jemandem über sein falsches Verhalten reden, das ihm selbst, uns oder anderen schadet. Lehnt derjenige unsere Worte jedoch ab, verschwenden wir nur unsere Zeit, wenn wir weiterhin versuchen, ihn zu einer Veränderung zu bewegen. Ich habe über die Jahre viele erstaunliche Veränderungen bei Menschen miterlebt, doch sie geschahen nie, weil ich die Betreffenden dazu überredete. Wir beteten, und Gott bewirkte die Veränderung.

In der Bibel steht, wenn eine Frau einen Ehemann hat, der nicht bekehrt ist, kann sie ihn vielleicht durch ihr gottesfürchtiges Verhalten gewinnen – doch nicht durch vieles Reden (siehe 1. Petrus 3,1). Ich bin mir sicher, dass ein Mann sich nur noch mehr verschließt und gegen Veränderungen wehrt, wenn seine Frau versucht, ihn zu überzeugen, dass er sich ändern muss. Gott kann Menschen viel besser überzeugen, etwas zu tun oder nicht zu tun, als irgendeiner von uns es je können wird.

Entscheide dich zu beten, statt Menschen selbst verändern zu wollen, und die Ergebnisse werden deutlich besser ausfallen.

Anmaßung

Über die Sünde der Anmaßung hört man nur selten etwas – viel zu selten. Anmaßung kommt aus einem hochmütigen Herzen, und jemand, der sich Dinge anmaßt, trifft Entscheidungen, zu denen er nicht berechtigt ist, und tut Dinge, die ihm nicht erlaubt sind.

Ein anmaßender Mitarbeiter wird nur selten befördert. Ein anmaßendes Kind verliert seine Privilegien, und ein anmaßendes Kind Gottes muss zuerst Korrektur erfahren, bevor es wirksam im Reich Gottes eingesetzt werden kann. Wenn wir unsere eigenen Entscheidungen treffen, ohne Gott einzubeziehen, ist das anmaßend.

Passt auf, wenn ihr behauptet: »Heute oder morgen werden wir in eine bestimmte Stadt gehen und ein Jahr dortbleiben. Wir werden dort Geschäfte machen und Gewinne erzielen.« Woher wollt ihr wissen, was morgen sein wird? Euer Leben gleicht doch dem Nebel am Morgen – schon nach kurzer Zeit ist er wieder verschwunden. Stattdessen solltet ihr sagen: »Wenn der Herr es will, werden wir leben und dieses oder jenes tun.« Nun aber seid ihr stolz auf eure eigenen Pläne. Doch solche Angeberei ist durch und durch schlecht.

Die Bibel – Jakobus 4,13-16

Wer handelt, ohne Gott einzubeziehen, zu beten und auf seine Wegweisung zu vertrauen, bekommt keinen Applaus im Himmel! Vielmehr zeigt sich darin eine hochmütige Haltung, die korrigiert werden muss.

Wenn wir der Meinung sind, dass ein Mensch sich ändern muss, und dann selbst den Versuch unternehmen, diese Veränderung herbeizuführen, ist das anmaßend. Darum empfehle ich sehr, dass wir, selbst wenn wir darum beten, dass Gott jemanden verändert, dies mit einer demütigen Haltung tun. Wir sollten uns dessen bewusst sein, dass es auch bei uns reichlich Dinge gibt, die sich ändern müssen.

Ich bin froh, wenn Gott geduldig mit mir ist. Doch ich habe schon oft seine Geduld mit anderen infrage gestellt. Wir verstehen nicht immer, warum Gott einen Menschen, der uns nicht angemessen behandelt, nicht verändert. Paulus sagt, Gott begegnet Menschen freundlich und schiebt das Gericht auf, um sie zur Umkehr zu bewegen (siehe Römer 2,4). Wenn Gott barmherzig sein und schlechtes Verhalten ertragen kann, um Menschen zur Umkehr zu bewegen, sollten wir vielleicht in Betracht ziehen, das Gleiche zu tun.

Ich hatte einmal einen Arbeitgeber, der seine Angestellten schlecht behandelte. Er würdigte ihre harte Arbeit nicht, bezahlte sie nicht angemessen, korrigierte jeden kleinsten Fehler und war nicht besonders respektvoll. Der Mann war Christ und hätte es eigentlich besser wissen sollen. Ich muss gestehen, dass ich Gott häufig fragte, warum er diesem Mann sein schlechtes Verhalten durchgehen ließ, statt etwas dagegen zu unternehmen. Doch nur anmaßende Menschen stellen Gottes Handeln infrage. Ein besseres Gebet wäre gewesen: »Gott, ich weiß, dass du an _____ arbeitest, und ich bitte dich, dass er auf dich hört und tut, was richtig ist. Er tut mir weh, doch ich weiß, dass sein Verhalten dir noch mehr wehtut. Danke, Herr, für deine große Geduld mit uns allen.«

Leider veränderte sich dieser Mann nicht, bis Gott hart eingriff. Aus dem Grund verlief sein Leben nicht so, wie es hätte

verlaufen können, wenn er auf Gott gehört und sich ihm unter-
geordnet hätte. Der Gedanke daran macht mich traurig, und
heute wünsche ich mir, ich hätte mehr für diesen Mann gebetet,
als mich über ihn aufzuregen und mich damit zu beschäftigen,
wie er mich behandelte.

Wenn Menschen in deinem Umfeld nicht so leben, wie sie es
sollten, und ihr Verhalten dir oder anderen wehtut, dann bete
intensiv für sie. Bete darum, dass sie auf Gott hören, bevor es zu
spät ist. Eine barmherzige Haltung ist viel besser als eine ver-
urteilende! Dietrich Bonhoeffer schrieb: »Im Richten bin ich
blind gegen mein eignes Böses und gegen die Gnade, die dem
Anderen gilt.«[11]

Wir werden viel mehr Frieden im Leben genießen, wenn wir
für andere beten, statt zu versuchen, sie zu ändern. Gott wird
tun, was nur er tun kann. Während wir auf die Veränderungen
warten, die wir uns bei anderen wünschen, sollten wir selbst
treu alles tun, was Gott von uns möchte. Wir sollten fügsam
und formbar in seinen Händen sein und ihn einladen, aus uns
Gefäße zu machen, die für ihn brauchbar sind!

KAPITEL 21

Der richtige Umgang mit Zweifeln

Grab nicht im Zweifel aus, was du im Glauben
gepflanzt hast.

Elizabeth Elliott

Es wäre einfach, Gott zu vertrauen, wenn der Zweifel nie an die Tür klopfen würde – doch er tut es. Also müssen wir lernen, damit umzugehen. Wir wünschen uns vielleicht, es gäbe keine Widerstände, aber das ist unrealistisch. Wenn es bloß keine Versuchungen gäbe! Wenn es bloß keine Angst gäbe! Wenn es bloß keinen Zweifel gäbe! Das alles existiert – und dennoch sollten wir diesen Dingen nicht erlauben, zum Problem zu werden. Gott fordert uns auf, Glauben zu haben und keinen Zweifel. Er verspricht uns allerdings nirgendwo, dass der Zweifel nicht gelegentlich bei uns auftaucht. Vielmehr ermahnt er uns, nicht zu zweifeln, weil er weiß, dass Zweifel aufkommen werden. Er möchte, dass wir dann bereit sind, zügig und zielsicher dagegen anzugehen.

Vor Kurzem moderierte ich eine Fernsehsendung, in der ich Zuschauerfragen zum Thema Vertrauen beantwortete. Eine Frau schickte uns über unsere Website eine Frage zu, die sich auf Zweifel bezog. Sie sagte, sie versuche, Gott zu vertrauen, sie wolle Gott auch vertrauen, doch sie könne irgendwie die Zweifel nicht loswerden, die sie quälen. Dann fragte sie mich, was sie tun solle.

> Wir können lernen, unsere
> Zweifel anzuzweifeln!

223

Vielleicht hast du die gleiche Frage. Mir ging es jedenfalls früher auch so. Die Wahrheit ist: Wir können nicht verhindern, dass Zweifel kommen und versuchen, uns unseren Glauben und unser Gottvertrauen zu rauben. Doch wenn sie kommen, können wir uns entscheiden, uns nicht von ihnen beeinträchtigen zu lassen. Wir können lernen, unsere Zweifel anzuzweifeln!

Wenn Gott sagt, wir sollen etwas nicht tun, heißt das nicht, dass wir in diesem Punkt nie in Versuchung geraten oder dass uns nie danach zumute ist oder dass wir uns nie dagegen wehren müssen. Genau genommen sagt Gott uns das Gegenteil. Warum sollte er uns auffordern und sagen: »Fürchte dich nicht«, wenn wir nicht Gelegenheit zur Angst hätten? Warum sollte er uns ermahnen, wir sollen uns nicht in Versuchung führen lassen, wenn es keine Versuchung gäbe? Warum sollte er uns auffordern, nicht zu zweifeln, wenn wir nicht Gelegenheit dazu hätten?

Zweifel werden kommen, doch wir müssen uns im Blick auf Gottes Verheißungen davon nicht ins Wanken bringen lassen.

Ein Beispiel aus der Bibel

Abraham ist das beste Beispiel, das ich kenne, wenn wir einmal sehen wollen, wie ein Mensch, der eine Beziehung zu Gott hat, mit Zweifeln umgeht. Abraham hatte eine Verheißung von Gott erhalten, dass er und Sara ein Kind bekommen würden. In der natürlichen Welt war seine Situation aussichtslos, weil beide aus dem Alter heraus waren, in dem sie Kinder bekommen konnten. Die Bibel sagt, Abraham hatte keinen Grund zur Hoffnung, doch er hoffte trotzdem weiter, weil er Glauben hatte (siehe Römer 4,18).

Selbst angesichts des Unvermögens seines eigenen Körpers und Saras Unfruchtbarkeit wurde Abrahams Glaube nicht schwächer (siehe Römer 4,19). Er ließ weder Unglaube noch mangelndes Vertrauen zu und zweifelte nicht an der Verheißung Gottes. Stattdessen empfing er Kraft aus dem Lob Gottes (siehe Römer 4,20). Gottes Verheißung an Abraham und Sara erfüllte sich, obwohl es um einiges länger dauerte, als sie ursprünglich erwartet hatten.

Ich kann nur erahnen, wie der Zweifel versuchte, die Menschen, von denen wir in der Bibel lesen, davon abzuhalten, mit Gott voranzugehen. Die Bibel ist voller Beispiele von Männern und Frauen, die Gott vertrauten, obwohl sie große Widerstände, Nöte und gelegentlich Unrecht erlebten. Sicher klopfte der Zweifel bei Josef an, als er für ein Verbrechen, das er nicht begangen hatte, im Gefängnis saß. Sicher war es bei Ester ähnlich, während sie sich darauf vorbereitete, ungeladen vor dem König zu erscheinen, obwohl dies ein todeswürdiges Verbrechen war. Und sicher war es auch bei Paulus so, als er umherreiste, um das Evangelium von Jesus Christus zu den Menschen zu bringen, und dabei schreckliche Verfolgung, Gefängnis, Schläge, Hunger und andere Nöte erlebte. Doch jeder dieser Menschen sah die Treue Gottes und kämpfte den guten Kampf des Glaubens.

Widerstände verstehen

Kürzlich wurde mir klar, dass, wenn wir durch Gottes Barmherzigkeit von etwas befreit werden, dies nicht unbedingt heißt, dass das Problem verschwindet. Wir sind frei von unserer schmerzhaften Vergangenheit, doch sie kann sich gelegentlich noch einmal zeigen. Wir sind frei von Angst, doch sie taucht in den ungünstigsten Momenten auf, nur um zu sehen, ob sie wieder Zugang zu unserem Leben finden kann.

In Lukas 4 lesen wir, wie Jesus vom Heiligen Geist in die Wüste geführt wurde, um vom Teufel versucht zu werden. Während der vierzig Tage, die er dort verbrachte, durchlebte er eine Reihe verschiedener Versuchungen, und er wehrte sie alle erfolgreich ab. Doch die Bibel sagt, als diese Versuchungen vorüber waren, ging der Teufel fort, um auf eine günstigere Zeit zu warten (siehe Lukas 4,13). Mit anderen Worten, Jesus gewann diese Schlacht, doch andere Schlachten standen noch bevor. Widerstände werden kommen!

Die Herausforderungen, die wir erleben, stellen unseren Glauben an Gott auf die Probe. Er wird im Schmelzofen des Leidens geprüft und geht hoffentlich stark und unzerstörbar daraus hervor. Zweifel, Angst und Sorge gehören zu den Widerständen. Mit großen Möglichkeiten gehen auch Widerstände einher (siehe 1. Korinther 16,9). Paulus sagte, dass das Böse immer auftauchte, wenn er Gutes tun wollte (siehe Römer 7,21). Das heißt, Widerstände werden kommen, aber sie müssen unseren Glauben nicht beeinträchtigen.

Sie können viele Formen annehmen, doch unabhängig davon, wie sie daherkommen, besteht ihre Absicht immer darin, uns dazu zu bringen, die Hoffnung auf das aufzugeben, was Gott uns versprochen hat.

Widerstand durch Menschen:

Wenn wir versuchen, Gottes Willen zu tun, kann es sein, dass Menschen sich uns entgegenstellen. Die Apostel hatten es regelmäßig mit Widerstand durch religiöse Leiter und die Römer zu tun. Jesus hatte es definitiv mit Widerstand von Menschen zu tun, die ihn ablehnten und verachteten. Sie beschuldigten ihn zu Unrecht, kritisierten ihn, machten ihn nieder – doch er blieb darauf ausgerichtet, den Willen seines Vaters zu tun. Manchmal sind die Menschen, die sich uns entgegenstellen, genau diejenigen, von denen wir Ermutigung gebraucht hätten. Das kann besonders schmerzhaft sein. Jesu eigene Brüder hielten ihn für verrückt und es war ihnen peinlich, mit ihm zusammen zu sein.

Widerstand durch Umstände:

Wir alle kennen Umstände, die Widerstand bedeuten und es uns schwer machen, unsere Ziele zu erreichen. Einen Monat lang führte ich Buch über alles, was täglich an Dingen passierte, die unerwartet und frustrierend waren sowie Zeit und Energie kosteten. In dieser Zeit versuchte ich, ein Buchmanuskript fertigzustellen, mich auf anstehende Konferenzen vorzubereiten, Fernsehaufnahmen zu machen und zu reisen, um die gute Botschaft von Jesus Christus weiterzusagen. Am Ende der dreißig Tage hatte ich eine sehr lange Liste von widrigen Umständen: angefangen bei einem roten Vitaminsaft, der sich über eine weiße Couch ergoss, bis hin zu einem Sturz auf der Treppe.

Solche Dinge sind bestenfalls ärgerlich, doch manche Umstände sind auch ernster und erfordern mehr Aufmerksamkeit von uns. Wenn sich uns etwas entgegenstellt, hindert es uns an dem, was wir vorhaben. Wir alle können uns sicher sein, dass der Teufel einen Weg finden wird, sich uns in den Weg zu stellen, wenn wir versuchen, Gott von ganzem Herzen zu folgen.

Widerstand durch Gefühle und Gedanken:

So wie durch die greifbaren Dinge, die ich erwähnt habe, erleben wir häufig auch Widerstand durch Gedanken und Gefühle, die unser Gottvertrauen schwächen sollen. Zu dieser Kategorie gehören sowohl Zweifel als auch Angst, Unruhe, Furcht, Hoffnungslosigkeit, Sorge und andere Dinge. Ermutigen soll uns dabei das Wissen, dass viele Männer und Frauen Gottes, die uns vorangegangen sind, durchgehalten und den Willen Gottes getan haben. Mithilfe der Gnade unseres Herrn Jesus Christus können und werden wir das auch

Die Bibel fordert uns auf, zu wachen und zu beten (siehe Matthäus 26,40-41; 1. Petrus 4,7). Wir sollten auf die Dinge achten, die sich unserem Glauben entgegenstellen, um uns vom Gehorsam Gott gegenüber abzuhalten. Wichtig ist, dass wir sie als das erkennen, was sie sind, damit wir uns nicht unser geistliches Erbe rauben lassen.

Wir dürfen wissen: Zweifel sind kein Beweis dafür, dass wir keinen Glauben haben und Gott nicht vertrauen. Sie deuten lediglich darauf hin, dass der Teufel uns in Versuchung führen und uns davon abhalten will, Gott zu vertrauen. Wir können den Urheber des Zweifels jedoch erkennen und uns daran erinnern, dass wir ihm nicht glauben sollten.

Sagen wir einmal, ich habe gehört, wie jemand etwas Kritisches über mich gesagt hat. Dieser Jemand äußert sich aber über viele Menschen kritisch und weiß eigentlich gar nichts über mich. Die Kritik einer solchen Person würde mich nicht aufregen, weil ich weiß, wo sie herkommt. Das Gleiche sollten wir tun, wenn negative Gefühle und Gedanken auftauchen, die versuchen, uns vom Vertrauen auf Gott abzuhalten. Jesus sagte zu seinen Jüngern, sie sollten beten, um nicht in Versuchung zu geraten (siehe Lukas 22,40). Die Versuchung würde auf jeden Fall kommen, doch sie hatten die Wahl, ob sie sich darauf einlassen würden oder nicht.

Für mich persönlich ist es hilfreich zu wissen, dass ich kein Feigling bin, nur weil ich Angst empfinde, und dass meine Zweifel nicht bedeuten, dass ich Gott nicht mehr vertraue. Wir können unseren Feind nicht besiegen, wenn wir ihn nicht erkennen! Zweifel ist ein Freund der Angst, und beide sind unsere Feinde.

»Nebengeräusche« ausblenden

Kennst du das? Irgendwo ist ein irritierendes Geräusch, und du schaltest das Radio oder den Fernseher ein, um es nicht hören zu müssen? Manchmal wohne ich eine Weile in einer Wohnung, die normalerweise sehr ruhig ist. In der gleichen Straße spielt jedoch einmal pro Woche abends in einem Restaurant eine Band, die sehr laute Musik macht (die ich nicht mag), und das lenkt mich ab. Das Restaurant hat auch eine Art Wand, die man aufschieben kann, sodass die Musik drinnen und draußen plärrt. Ich habe festgestellt, dass, wenn ich den Fernseher ein wenig lauter stelle, die Musik für mich nicht mehr zu hören ist.

So ähnlich war es vielleicht auch bei Abraham, als er Zweifel und Unglauben bekämpfte, indem er Gott lobte. Er hörte und spürte den Zweifel, doch er blendete mit seinem Lob Gottes die Stimme des Teufels aus.

Jemand sagte einmal, zum Loben gehört, etwas Gutes zu erzählen, das Gott getan hat. Vielleicht fragte Abraham in Momenten des Zweifels seine Frau Sara, ob sie sich noch daran erinnerte, wie sie ihr Zuhause in Haran hinter sich gelassen hatten, um Gott zu folgen, aber nicht wussten, wohin sie gehen sollten. Gott führte sie Schritt für Schritt. Sicher gab es viele Geschichten über die Güte Gottes, die sie erzählen und über die sie sich unterhalten konnten.

Dave und ich tun das auch oft. Wir genießen es, über die Anfangszeit unserer Arbeit zu sprechen, über all die Herausforderungen, die uns begegnet sind, und wie treu Gott war. Wenn ich mich an diese Zeiten erinnere, fällt es mir schwer, an Gott zu zweifeln. Das heißt nicht, dass ich den Zweifel nicht spüre, doch ich blende ihn aus und halte mir vor Augen, woher er kommt.

Gott hat uns in seinem Wort aufgetragen, nicht zu zweifeln, weil er wusste, dass unser Glaube angegriffen werden würde. Zweifel sind das Mittel des Teufels, um uns von den Dingen abzuhalten, die Gott von uns und für uns möchte.

Als Jesus unterwegs war, um die schwer kranke Tochter eines Mannes zu heilen, hielten ihn andere immer wieder auf und baten ebenfalls um Heilung. Er blieb stehen und half ihnen. Doch dann – noch während Jesus sich um eine kranke Frau kümmerte – kamen Diener des Mannes und sagten ihnen, sie bräuchten nicht weiterzugehen, weil das Mädchen gestorben sei. In der Bibel heißt es, dass Jesus sie zwar hörte, aber ignorierte, und dem Mann sagte, er solle am Glauben festhalten (siehe Markus 5,22-43). Selbst Jesus musste also Berichte ignorieren, die Zweifel wecken sollten. Er wurde genauso in Versuchung geführt wie wir, doch er sündigte nie (siehe Hebräer 4,15).

Nie ohne einen Weg

Ein biblisches Wörterbuch[12] definiert »Zweifel« unter anderem als »ohne Weg sein« oder »ohne Mittel sein«. Wir sind nie ohne einen Weg, denn Jesus ist der Weg (siehe Johannes 14,6). Es mag sein, dass wir den Weg nicht sehen, doch genau dann müssen wir Gott vertrauen. Glaube und Vertrauen sind für die Zeiten im Leben da, in denen wir nicht wissen, was wir tun sollen, oder keine eigenen Mittel haben. Jesus ist nicht nur der Weg – er ist auch unsere Quelle! Niemand von uns kann je etwas benötigen, das Jesus nicht geben kann.

Vielleicht sagen andere dir, dass es keinen Weg gibt, und vielleicht flüstert der Teufel dir zu, dass es keinen Weg gibt, doch du kannst dich daran erinnern, dass *der Weg* in dir lebt und bei dir ist! Wirst du ihm bis ans Ende vertrauen?

Vor vierzig Jahren, als Gott mich aufforderte, sein Wort zu lehren, war ich voll berufstätig sowie Ehefrau und Mutter. Mein ausgefüllter Alltag ließ mir nicht genug Zeit, die Bibel zu studieren, um die Andachten vorzubereiten, die ich wöchentlich in unserer Bibelgruppe hielt.

Ich spürte in meinem Herzen ganz deutlich, dass ich einen riesigen Glaubensschritt wagen und meine Arbeitsstelle aufgeben sollte, um mehr Zeit für eine intensivere Beschäftigung mit Gottes Wort zu haben. Dave war einverstanden und ich gab meine Stelle und mein Einkommen auf. Unsere monatlichen Kosten waren nun etwas höher als Daves Gehalt. Ich weiß noch, wie Zweifel und Angst mich attackierten und mir einredeten,

Gott würde nicht für uns sorgen und es wäre eine schlechte Entscheidung gewesen, meine Arbeitsstelle aufzugeben.

In meinem Herzen hatte ich das Gefühl, das Richtige getan zu haben, doch mein Kopf widersprach immer wieder. Ich war so hin- und hergerissen, dass ich ganz unglücklich war. Eines Morgens, als ich durchs Haus ging, sprach Gott mir ins Herz und sagte: »Du kannst entweder versuchen, für dich selbst zu sorgen, und in Angst und Zweifel leben, oder du kannst darauf vertrauen, dass ich wunderbar für dich sorgen werde.« Was meinen Glauben anging, stand ich an einem Scheideweg. Ich musste aufhören, wankelmütig zu sein, und mich entscheiden, ob ich Gott vertrauen wollte oder nicht.

Gott schenkte mir die Gnade, ihm zu vertrauen, und sechs Jahre lang sahen wir, wie Gott Monat für Monat auf erstaunliche Weise für uns sorgte. In diesen Jahren wuchs mein Glaube und die Erfahrung lehrte mich, dass Gott treu ist. Ich schaue immer noch zurück und erinnere mich an diese Jahre, und ich bin froh, dass ich sie hatte, denn Gott gebrauchte sie, um mich näher zu sich zu ziehen.

Solltest du das Gefühl haben, dass Gott dich in eine bestimmte Richtung führt, doch sobald du einen Glaubensschritt tust, greifen dich Zweifel an, dann sei nicht überrascht. Dein Glaube wird auf die Probe gestellt, und auch wenn es eine Herausforderung sein mag, ist das etwas Gutes. Je mehr du lernst, Gott in diesen Situationen zu vertrauen, umso leichter wird es. Du wirst seine Treue auf neue Art und Weise erleben, und jedes Mal wird es dich stärker machen.

Jemand sagte einmal, dass Zweifel mehr Träume tötet als Versagen. Lass deinen Glauben nicht vom Zweifel aus der Bahn werfen. Erkenne den Zweifel als das, was er ist, und wachse im Glauben darüber hinaus!

KAPITEL 22

Wie viel Erfahrung hast du?

Glücklich ist der Mensch, der Weisheit findet und
Einsicht gewinnt!

Die Bibel – Sprüche 3,13

Wenn du dich je um eine Arbeitsstelle beworben hast, war eine der Fragen im Vorstellungsgespräch vermutlich: »Haben Sie Berufserfahrung?« Lautete deine Antwort dann ja, war die nächste Frage unter Umständen: »Wie viel Berufserfahrung haben Sie?« Selbst mit einem Studienabschluss in dem Bereich, in dem man arbeiten will, ist man durch seine Ausbildung allein nicht immer für eine bestimmte Arbeit qualifiziert. Ganz gleich wie viel wir meinen zu wissen, muss unser Wissen erst auf die Probe gestellt werden. Andernfalls gibt es keinen Beweis dafür, wie gut wir die fragliche Arbeit bewältigen können.

Das Gleiche tut Gott, wenn er uns zu seiner Ehre und für seine Ziele auf dieser Erde einsetzen will. Als Mose Hilfe brauchte, um die Israeliten zu führen und zu leiten, gab er dem Volk folgende Anweisung:

> *Wählt aus jedem Stamm einige weise, verständige und*
> *erfahrene Männer, die ich dann zu Anführern ernennen*
> *werde.*
>
> Die Bibel – 5. Mose 1,13

Man beachte, dass im »Anforderungsprofil« nicht von Talent die Rede ist! Es kann sein, dass jemand in einem Bereich eine natürliche Begabung hat, doch um für die Gemeinschaft nützlich zu sein, sind auch Weisheit, Verständnis und Erfahrung notwendig. Mose suchte nach Männern, die Erfahrung hatten, bevor er sie in Führungspositionen einsetzte.

Als wir anfingen, die Arbeit aufzubauen, zu der Gott uns berufen hatte, brauchten auch wir Menschen, die uns dabei halfen. In einem Gespräch mit meinem Pastor über unsere Erfordernisse sagte er: »Joyce, denk immer daran, dass du niemanden wirklich kennst, bis du ihn in allen möglichen Situationen erlebt hast.« Warum? Weil niemand weiß, wie ein Mensch arbeitet, bis sein Charakter und Wissen auf die Probe gestellt werden. Wir wissen nicht einmal, was wir selbst tun würden, bis wir verschiedene Schwierigkeiten im Leben durchgemacht haben.

Es ist leicht, davon auszugehen oder auch zu sagen, dass wir Gott vertrauen – doch tun wir es wirklich, wenn es darauf ankommt? Während ich dieses Buch zum Thema Gottvertrauen schrieb, erlebte ich eine herausfordernde Situation, die schmerzlich war und lange andauerte. In dieser Zeit konnte ich darauf vertrauen, dass Gott sich um die Sache kümmert, weil ich im Laufe der Jahre viele Erfahrungen mit ihm gemacht und seine Treue immer wieder erlebt habe.

Wir können ein Buch zum Thema Gottvertrauen lesen, doch wir müssen eigene Erfahrungen sammeln, um in diesem Bereich zu wachsen. Wenn ich aus der Bibel lehre, versuche ich meinen Zuhörern zu vermitteln, dass etwas zu hören oder zu lesen nur einen Teil von dem ausmacht, was erforderlich ist. Wir müssen das Gelernte auch anwenden und umsetzen, denn durch das Tun lernen wir ebenso viel oder sogar noch mehr als durch das Studieren und Aneignen von Wissen.

Jesus hatte Erfahrung

In Hebräer 5,8-9 heißt es:

> *Obwohl Jesus der Sohn Gottes war, lernte er doch durch sein Leiden, gehorsam zu sein. Auf diese Weise machte Gott ihn vollkommen, und er wurde der Retter für alle, die ihm gehorchen.*

Selbst Jesus wurde für die Aufgabe »ausgebildet«, die Gott für ihn vorgesehen hatte, indem er Dinge durchlebte und Erfahrungen sammelte. Ich weiß nicht, wie es dir geht, aber ich finde das ermutigend! Es hilft mir zu verstehen, dass wir sozusagen »unterwegs« lernen. Als junge Christen fällt es uns vielleicht schwer, Gott zu vertrauen, doch im Laufe der Jahre, je mehr unser Glaube auf die Probe gestellt wird, erleben wir, dass Gott vertrauenswürdig ist. Kopfwissen ist eine Art von Wissen, doch Erfahrungswissen reicht viel tiefer.

Einerseits ist es wichtig, biblische Wahrheiten zu hören, doch andererseits sind wir auch auf Erkenntnis angewiesen. Diese gewinnen wir meines Erachtens in Zeiten, in denen unser Wissen auf die Probe gestellt wird und wir Gottes Güte und Treue in unseren persönlichen Situationen erfahren.

> Kopfwissen ist eine Art von Wissen, doch Erfahrungswissen reicht viel tiefer.

Während der Apostel Paulus die Korinther lehrte und ermutigte, versicherte er ihnen, dass ihnen nichts begegnen würde, das zu schwer für sie zu ertragen sei. Gott würde immer einen Ausweg schaffen, denn er steht treu zu seinem Wort (siehe 1. Korinther 10,13). Ich glaube, hier sprach Paulus aus Erfahrung. Er hatte viel Schwieriges durchlebt und dabei sein Vertrauen immer auf Gott gesetzt. Wiederholt hatte er erfahren, wie Gott ihn rettete oder ihm die Kraft gab, alles mit einer zuversichtlichen Haltung zu bewältigen.

Kürzlich fragte mich eine Frau in einer Frage-und-Antwort-Stunde: »Wie kann ich Gott vertrauen, wenn ich ihm in der Vergangenheit vertraut habe, er mir aber nicht geholfen hat?« Vor zwanzig Jahren hätte ich vielleicht Schwierigkeiten gehabt, ihr zu antworten, doch nach vierzig Jahren Erfahrung mit Gott wusste ich eine Antwort. Ich sagte: »Wenn Sie darauf vertraut haben, dass Gott Ihnen etwas gibt, und es nicht bekommen haben, dann war es etwas, das Sie wollten, das aber nicht zu seinem Plan für Sie gehörte.« Menschen mit einem reifen Glauben können darauf vertrauen, dass Gott ihnen etwas schenkt, doch wenn sie es nicht bekommen, vertrauen sie Gott trotzdem weiterhin. Sie vertrauen darauf, dass sie das, worum sie gebeten haben, bekommen hätten, wenn es Gottes Wille gewesen wäre – und sie verstehen, dass es ihnen viel besser ohne das geht, was sie wollten, wenn es nicht Gottes Willen entsprach. Sie können sogar lernen, Gott dafür zu danken, dass sie nicht bekommen haben, was sie wollten! Sie vertrauen Gott nicht nur zu einem bestimmten Zweck, sondern sie vertrauen ihm in allem.

Der Verfasser des Hebräerbriefs schrieb:

Wir wünschen uns deshalb sehr, dass ihr bis zum Ende diesen Eifer behaltet, damit ihr voller Zuversicht an der Hoffnung festhalten könnt, die Gott euch gab.

Die Bibel – Hebräer 6,11

Jedes Mal, wenn wir unser Vertrauen auf Gott setzen, während wir Schwierigkeiten erleben oder in Not sind, wird es leichter, beim nächsten Mal ebenfalls zu vertrauen. Nach und nach (und manchmal in sehr kleinen Schritten) lernen wir, Gott zu vertrauen. Also lass dich nicht entmutigen, wenn du das Gefühl hast, dass es dir noch nicht so gut gelingt, wie es nötig wäre.

Die Schule des Lebens

Wir alle sind in der Schule des Lebens und lernen auf unserem Weg durchs Leben ständig dazu. Der Psalmist David sprach oft von Menschen, die Erfahrung mit Gott haben. Er sagte, Menschen, die Erfahrung mit Gottes Barmherzigkeit haben, stützen sich auf ihn und setzen zuversichtlich ihr Vertrauen auf ihn (siehe Psalm 9,11). Wenn wir die Güte, Freundlichkeit, Barmherzigkeit, bedingungslose Liebe und Großzügigkeit Gottes erleben, erhalten wir dadurch die Zuversicht, dass wir ihm in jeder Situation vertrauen können. Selbst wenn er uns nicht gibt, worauf wir gehofft hatten, werden wir am Ende sehen, dass er uns immer das gibt, was am besten für uns ist. Nur weil wir Gottes Gründe für sein Handeln nicht verstehen, heißt das nicht, dass seine Wege nicht richtig sind. Irgendwann werden wir sie verstehen – auch wenn es manchmal ein Leben lang dauert.

Menschen sagen oft: »Ich wünschte, ich wäre noch einmal jung und wüsste, was ich heute weiß«, doch das ist unmöglich. Wir wissen nur, was wir heute wissen, weil wir durch die Schule des Lebens gegangen sind.

Ich hatte nicht die Möglichkeit, zur Bibelschule zu gehen, als Gott mich berief, sein Wort zu lehren, doch ich war und bin immer noch in der Schule des Lebens. Dort habe ich vieles gelernt, was ich in einem bloßen Studium nie hätte lernen können.

David sprach einmal von etwas, das man »geheiligte Erfahrung« nennen könnte (siehe Psalm 119,7). Mir gefällt dieser Gedanke. Manches, was wir erleben, hätten wir uns nicht selbst ausgesucht, doch in Gottes unendlicher Weisheit werden diese Erfahrungen »geheiligt«. Mit anderen Worten, es sind heilige Erfahrungen, die Gott gebraucht, um uns dabei zu helfen, ihn und die Kraft seiner Auferstehung wahrhaft kennenzulernen.

In den sechs Jahren, nachdem ich meine Arbeitsstelle aufgegeben hatte und wir ganz von Gott abhängig waren, stellte er unseren Glauben auf die Probe, und ich durfte auf erstaunliche Weise geistlich wachsen. Das geschah anders, als ich es mir ausgesucht hätte, doch es war auf jeden Fall der richtige Weg!

Manchmal lernen wir etwas nur,
wenn wir keine andere Wahl
haben.

Ich denke gern darüber nach, wie Gott die Israeliten auf ihrer Wüstenwanderung – ihrer Schule des Lebens – versorgte. Er gab ihnen Manna zu essen (übernatürliche Nahrung). Sie wussten weder, wo es herkam, noch hatten sie eine andere Garantie als die Verheißung Gottes, dass er es ihnen täglich neu schenken würde. Sie mussten Gott buchstäblich einen Tag nach dem anderen vertrauen. Manchmal lernen wir etwas nur, wenn wir keine andere Wahl haben.

In den vierzig Jahren der Wüstenwanderung verschlissen die Kleider der Israeliten nicht (siehe 5. Mose 8,4). Sie bekamen keine neue Kleidung, aber was sie hatten, hielt wie durch ein Wunder für sehr lange Zeit. Gott sagte, dass er sie auf die Probe stellte, um zu sehen, ob sie seine Gebote halten würden oder nicht. Es gibt keinen Vertrauensbeweis ohne Prüfung! Gottes Ziel war es, die Israeliten in viel bessere Lebensumstände zu führen. Zuerst musste er ihnen aber beibringen, so abhängig von ihm zu sein, dass sie ihn auch später, nach den Erlebnissen, die sie mit ihm hatten, niemals vergessen würden (siehe 5. Mose 8,2.7.11).

In der Schule des Lebens habe ich Verrat durch Menschen erlebt, die ich für gute Freunde gehalten hatte, Ablehnung durch Verwandte und Freunde, weil sie mit meinen Lebensentscheidungen nicht einverstanden waren, Missverständnisse, falsche Anschuldigungen, Anfeindungen für meinen Glauben und andere schmerzliche Dinge. Ich habe aber auch gelernt, wie wichtig es ist, denen zu vergeben, die mich verletzt haben, und mich zu weigern, verbittert und wütend zu sein. Ich habe Integrität erlernt, immer mein Bestes zu geben, Frieden, Geduld, Selbstbeherrschung, die richtigen Freunde zu wählen, Gott in meinem Leben an die erste Stelle zu setzen, Menschen wertzuschätzen und viele weitere Lebenslektionen. Die meisten davon waren nicht leicht zu lernen, denn sie erforderten eine Prüfung, aus der irgendwann Erfahrung wurde, die mich heute befähigt, Gott von Jahr zu Jahr mehr zu vertrauen.

Es wird leichter

Ich kann mit Bestimmtheit sagen, dass es im Laufe der Zeit leichter wird, Gott zu vertrauen und das Leben mit ihm zu gestalten. Wenn wir bewusst unser Vertrauen auf ihn setzen statt auf andere Dinge, lernen wir dazu und entwickeln nach und nach die nötigen Fähigkeiten. In den über fünfzig Jahren unserer Ehe habe ich beobachtet, wie Dave mit einer »heiligen Gelassenheit« lebt. Früher ärgerte es mich, dass für ihn das Leben so einfach zu sein schien und für mich so schwer. Ich begriff allerdings mit der Zeit, dass das Leben für keinen von uns einfach ist, dass wir aber mit einer heiligen Gelassenheit leben können, indem wir Gott immer und in allem vertrauen.

Dave ist offenbar etwas schneller von Begriff als ich. Ich bin ein bisschen dickköpfig und brauche meist ein paar »geheiligte Erfahrungen« mehr als er, bevor ich die Lektion endlich lerne. Dave lernte schon früh in seinem Leben, seine Sorgen auf Gott zu werfen und sich von Gott versorgen zu lassen. Ich erinnere mich, wie er mir in den ersten Jahren unserer Ehe, wenn wir Schwierigkeiten erlebten, immer zu vermitteln versuchte, dass meine Sorgen und die Unruhe nichts ändern würden und dass ich Gott vertrauen sollte. Das wollte ich auch, doch ich wusste einfach nicht, wie. Wenn es dir schwerfällt, Gott zu vertrauen, möchte ich dir versichern, dass ich weiß, wie es dir geht. Ich weiß aber auch aus Erfahrung, dass man im Laufe der Zeit dazulernen kann. Sei nicht entmutigt, wenn es so aussieht, als hättest du nur einen kleinen Glauben – mit der Zeit kann großer Glaube daraus werden.

Jesus bescheinigte den Jüngern, die in einem Sturm in Panik gerieten, einen »kleinen Glauben« (siehe Markus 4,40). Doch einige Jahre später sehen wir, wie die gleichen Männer großen Glauben hatten, als sie in einer Zeit starker Verfolgung das Evangelium von Jesus Christus aktiv verbreiteten. Ihr kleiner Glaube war zu großem Glauben herangewachsen, und das kann in unserem Leben genauso laufen. Die Jünger erlernten ihren großen Glauben nicht an einem sonnigen Tag am Strand, sondern in einem orkanartigen Sturm! Im Sturm versagte ihr Vertrauen auf Gott, doch irgendwann lernten sie, ihm immer und in allem zu vertrauen. Diese Männer sahen täglich dem Tod ins Auge, und dennoch machten sie weiter, denn sie wussten, dass sie im Leben und Tod Gott vertrauen konnten!

Als Jesus am Kreuz litt, kurz vor seinem letzten Atemzug, waren seine Worte Worte des Vertrauens. Er sagte: »*Vater, ich lege meinen Geist in deine Hände!*« (Lukas 23,46).

Ich bete, dass wir alle lernen, Gott bis zu unserem letzten Atemzug zu vertrauen! Durch Vertrauen auf Gott kann ein Leben, das andernfalls bedauernswert wäre, schön werden. Vertrauen ist ein großes Geschenk, das Gott uns macht. Wir sollten es auspacken und jederzeit davon Gebrauch machen.

KAPITEL 23

Gott alles anbefehlen

*Die Welt hat noch nicht gesehen, was Gott durch
einen Menschen tun kann, der ihm voll und ganz
hingegeben ist.*

D. L. Moody

Es scheint, als hätten Menschen immer etwas, worüber sie sich
Sorgen machen können. Es gibt allerdings drei konkrete Ge-
betsanliegen, die wir in unserer Organisation häufiger erhalten
als andere Anliegen: Menschen bitten um Gebet für ihre Kinder
und andere geliebte Menschen, für ihre Finanzen und für ihre
Gesundheit.

Sorge ist ein Feind des Gottvertrauens, der versucht uns unseren Glauben zu rauben und uns in Angst gefangen zu halten.
Doch durch Angst empfangen wir nicht das von Gott, was wir
uns wünschen. Nur durch standhaften Glauben und Vertrauen
auf Gott können wir das Leben führen, nach dem wir uns sehnen, und den Frieden und die Freude haben, die wir uns wünschen. Wir wollen einmal einen Blick auf diese drei »Sorgenfel-
der« werfen. Sicher können wir dann die Prinzipien, die wir
hier erkennen, auch auf andere Bereiche unseres Lebens anwenden.

1. Sorgen um unsere Kinder

Wie werden sie sich machen? Sind wir gute Eltern? Wie sollten
wir sie bei Bedarf korrigieren? Sind wir zu streng oder vielleicht
nicht streng genug? Wenn wir sehen, wie unsere Kinder als

Teenager und junge Erwachsene in bestimmten Bereichen ihres Lebens zu kämpfen haben, fragen wir uns oft, ob die Ursachen für ihre Probleme in Fehlern liegen, die wir gemacht haben. Der Teufel lädt Eltern gern Schuldgefühle auf, die nutzlos und kräfteraubend sind.

Dave und ich haben vier erwachsene Kinder und elf Enkelkinder, und wir haben erlebt, wie sie mit unterschiedlichen persönlichen Problemen zu kämpfen hatten. Gott hat mich gelehrt, dass Gebet mein bester Freund und mächtigster Helfer ist, wenn ich ihnen in ihren Problemen zur Seite stehen will. Indem ich mir Sorgen mache über das, was ihnen Sorgen macht, helfe ich weder ihnen noch mir.

Vielleicht sehen wir, wie unsere Kinder oder andere Menschen, die wir lieben, schlechte Entscheidungen treffen, und wir wollen sie unbedingt davon überzeugen, sich zu ändern. Doch selbst wenn wir die Antwort auf das Problem eines anderen kennen, wird er oder sie meist nicht auf uns hören. Besonders Teenager und junge Erwachsene müssen offenbar ihre eigenen Fehler machen und selbst herausfinden, was im Leben funktioniert und was nicht.

Weil Dave und ich so viele Enkelkinder haben, haben wir »Vertreter« jeder Altersgruppe und momentan zwei Teenager, deren Probleme sich sehr voneinander unterscheiden. Einer von ihnen ist sehr unsicher, was auf vielerlei Weise zum Ausdruck kommt, während die andere viel zu viel nachdenkt und grübelt, häufig ein falsches Verantwortungsgefühl an den Tag legt und darum sehr ängstlich ist.

Für mich ist es in meinem Alter und aufgrund meiner Erfahrung nicht schwer, sie anzuschauen und schnell die Ursachen ihrer Probleme aufzuspüren. Ihnen fällt das jedoch nicht so leicht, zumal beide immer noch versuchen, das Leben zu verstehen. Sie versuchen, sich selbst zu verstehen, und kämpfen um ihre Unabhängigkeit, während sie gleichzeitig an ihren manchmal kindischen bzw. jugendlichen Verhaltensweisen festhalten.

Wir haben außerdem erwachsene Enkel, bei denen wir andere Probleme miterlebt haben und sehen durften, wie sie schließlich sicher zu einem gottesfürchtigen, fruchtbaren Leben gelangt sind. Einer von ihnen war sehr jähzornig, ein anderer nahm Drogen und der dritte war extrem rebellisch. Heute kann ich zurückschauen und erkennen, dass unsere inständigen Gebete für sie im Laufe der Zeit wunderbare Früchte getragen haben. Wir sollten Gebet nie als letzte Option betrachten; vielmehr sollte es das Erste sein, was wir in Schwierigkeiten tun. Gebet öffnet die Tür für Gottes Handeln, und diese Tür bleibt offen, wenn wir beständig beten und Gott dafür danken, dass er sich um die Dinge und Menschen kümmert, die wir ihm ans Herz gelegt haben.

> Gebet öffnet die Tür
> für Gottes Handeln.

Unsere vier Kinder hatten alle ihre Probleme, so wie die meisten Kinder, doch jetzt sind sie erwachsene Männer und Frauen, die Gott dienen. Wir genießen wunderbare Freundschaften mit allen unseren Kindern und könnten gar nicht stolzer auf sie sein. Vielleicht hast du gerade Schwierigkeiten mit einem deiner Kinder – oder mit allen deinen Kindern – und bist beunruhigt, weil es ernste Probleme sind, die Gottes Eingreifen erfordern. In solchen Situationen stehen wir Eltern in der Versuchung, uns Sorgen zu machen. Wir möchten unseren Kindern helfen, wir möchten sie retten! Lieber würden wir ihren Schmerz auf uns nehmen, als zusehen zu müssen, wie schlecht es ihnen geht. Genau so antwortete Gott in seiner Liebe auf unsere Sünde und auf das damit einhergehende Elend. Deshalb ist es völlig normal, dass wir als Eltern ähnlich empfinden. Doch wir können unsere Kinder nicht aus allen Unannehmlichkeiten des Lebens befreien. Aus Liebe zu ihnen müssen wir sie manchmal die Früchte dessen ernten lassen, was sie gesät haben. Dabei dürfen wir der Bibel vertrauen. In den Sprüchen heißt es: *Lehre*

dein Kind, den richtigen Weg zu wählen, und wenn es älter ist,
wird es auf diesem Weg bleiben (Sprüche 22,6).

Auch wenn unsere Kinder vielleicht eine Zeit lang vom rechten Weg abkommen, werden sie wieder zurückfinden, solange wir weiterhin für sie beten und ihnen ein gutes Vorbild sind.

Wer ist schuld daran?

Wenn du ein Kind hast, das unter einem Problem oder einer schwierigen Lebenssituation leidet, wer ist dann schuld daran? Hast du in der Erziehung Fehler gemacht, die zu den Problemen deines Kindes geführt haben, oder waren seine schlechten Entscheidungen die Ursache? Waren es die Menschen, die es sich als Freunde ausgesucht hat, oder einfach die Gesellschaft, in der wir heutzutage leben?

Ich glaube, wir verbringen viel zu viel Zeit mit der Schuldfrage und nicht annähernd genug Zeit mit dem Gedanken, dass – ganz gleich wer die Schuld trägt – Gott die Antwort ist. Ich selbst habe bei meinen Kindern definitiv Fehler gemacht, und doch überrascht es mich, dass ich überhaupt eine halbwegs gute Mutter war. Mein eigenes Elternhaus war ausgesprochen kaputt und ich hatte dort nur schlechte Vorbilder. Dennoch schenkte Gott mir die Gnade, meine Kinder viel besser zu erziehen, als ich es mir hätte vorstellen können. Meine Töchter sagen beide: »Mama, in Anbetracht dessen, wie du selbst aufgewachsen bist und welchen Missbrauch du erlitten hast, hast du bei unserer Erziehung fantastische Arbeit geleistet!«

Wir dürfen nicht vergessen, dass – obwohl wir keine perfekten Eltern sind – Gott alle unsere Erziehungsfehler überwinden und deren Folgen beheben kann. Dazu braucht er von uns nichts weiter als innere Umkehr und ein ehrliches Gebet, das ihm die Probleme in die Hand legt, damit er daran arbeiten kann.

Ich möchte dich ermutigen, der Versuchung zu widerstehen, dir Sorgen um deine Kinder zu machen. Vertrau stattdessen darauf, dass Gott in ihrem Leben bewirken kann, was dir unmöglich ist. Nur Gott kann Menschen verändern! Ich weiß, »Mach dir keine Sorgen um deine Kinder!« ist leichter gesagt als getan, doch ich verspreche dir, dass Gott treu ist. Obwohl wir keine Kontrolle über die Entscheidungen anderer Menschen haben, können unsere Gebete die Tür für Gottes Handeln in ihrem Leben öffnen. Für ihn ist kein Problem zu groß.

Vertrauen hat keine Zeitbegrenzung!

Wir haben nur zwei Möglichkeiten: Wir können entweder unsere Kinder Gott ans Herz legen, und dann wird er uns bei der Erziehung leiten und ein Leben lang an ihnen arbeiten, damit sie auf dem schmalen Pfad bleiben, der zum Leben führt. Oder wir können uns Sorgen um sie machen und Angst haben, dass sie Schaden nehmen oder falsche Entscheidungen treffen. Ich habe beides ausprobiert und ich versichere dir, dass die beste Entscheidung auf jeden Fall ist, die Kinder Gott anzubefehlen. Gebet und Bekenntnis verleihen unserem Glauben und Vertrauen Flügel. Bete für deine Kinder und lass dein Leben mit deinen Gebeten übereinstimmen. Wenn sie Entscheidungen treffen, die in deinen Augen im Widerspruch zu Gottes Willen stehen, vertrau ihm trotzdem! Vertrauen hat keine Zeitbegrenzung!

Wir können für unsere Kinder und andere Menschen, die wir lieben und die uns wichtig sind, beten, so wie der Apostel Paulus für diejenigen betete, die ihm lieb waren und denen er diente. Der folgende Bibelvers kann dir beispielhaft zeigen, wie du Menschen Gott anbefehlen kannst:

Und nun vertraue ich euch Gott und dem Wort seiner Gnade an – seiner Botschaft, die euch ermutigen und euch ein Erbe geben kann gemeinsam mit allen, die er für sich ausgesondert hat.

Die Bibel – Apostelgeschichte 20,32

Hier ist ein Beispiel, wie du diesen Vers nachbeten und ihn persönlicher formulieren kannst. Sagen wir einmal, die Person, für die du betest, heißt Samuel. Statt dich um Samuel zu sorgen und vielleicht zu versuchen, ihn zu verändern, bist du nun bereit, ihn Gott ans Herz zu legen und zu überlassen. Das kannst du mit folgenden Worten tun:

»Vater im Himmel, ich lege dir Samuel ans Herz. Ich übergebe ihn deiner Verantwortung und befehle ihn dem Wort deiner Gnade an. Ich vertraue darauf, dass du Samuel schützen und ihn in eine enge, persönliche Beziehung zu dir ziehen wirst.«

Jedes Mal, wenn du versucht bist, dir Sorgen um Samuel zu machen, mach aus denen Sorgen ein Gebet und danke Gott dafür, dass er in Samuels Leben wirkt.

Ich habe diese Methode selbst angewendet und sehen dürfen, wie wunderbare Dinge im Leben meiner Kinder geschehen sind. Manchmal habe ich monatelang bestimmte Bibelverse für eines meiner Kinder gebetet und gestaunt, wie Gott gehandelt hat. Sorge und Angst bewegen Gottes Hand nicht, sondern Glaube, Vertrauen und Hingabe.

2. Sorgen um Finanzen

Wir brauchen Geld, um durchs Leben zu kommen, und irgendwie scheint es nie genug davon zu geben. Auch hier sind Sorgen nicht die richtige Antwort. Gott trägt uns auf, unseren Zehnten und Opfer ins »Vorratshaus« (die Arbeit in seinem Reich) zu bringen. Er wird dann die Fenster des Himmels öffnen und Segen über uns ausschütten. Außerdem wird er sich dem, was unseren Lebensunterhalt vernichten will, entgegenstellen (siehe Maleachi 3,10-11). Wir können keine Ernte erwarten, wenn wir nicht gesät haben. Der erste Schritt ist also, treu zu geben. Wenn wir das tun, können wir zuversichtlich vor Gott treten, ihn mutig bitten und erwarten, dass er uns aus seinem Reichtum mit allem versorgen wird, was wir brauchen (siehe Philipper 4,19). Außerdem müssen wir weise mit den uns zur Verfügung stehenden finanziellen Mitteln umgehen.

Gott hat uns nicht versprochen, uns alles zu geben, was wir wollen, doch er hat versprochen, uns zu geben, was wir brauchen. Wir dürfen um alles bitten, was wir wollen, und Gott hat versprochen, uns unsere Herzenswünsche zu erfüllen (siehe Psalm 37,4). Diese Wünsche dürfen allerdings nicht von unserer menschlichen Natur bestimmte Sehnsüchte sein, die uns keinen geistlichen Nutzen bringen.

Ich habe erlebt, wie Gott viele Jahre lang für uns gesorgt hat. Im Laufe der Jahre ist es immer mehr geworden, doch wir hatten mit Sicherheit ebenso viele magere wie fette Jahre. Gott möchte nicht, dass wir uns allzu sehr auf materielle Dinge ausrichten. In seiner Weisheit enthält er uns oft das vor, was wir in diesem Moment haben wollen, weil er etwas Besseres geplant hat, als uns einfach unseren Wunsch zu erfüllen. Vergessen wir nie, dass Verzögerung nicht Verweigerung bedeutet. Wir dürfen Gottes Zeitplan vertrauen. Vielleicht enthält er uns etwas vor, weil er etwas Besseres geplant hat, um das wir ihn nicht bitten, weil uns momentan noch die Weisheit dazu fehlt.

Weniger Sorge um unsere Finanzen und mehr Weisheit im angemessenen Umgang damit haben wir dringend nötig. Weisheit bedeutet, jetzt zu tun, womit wir später im Leben zufrieden sein werden. Leider treibt unsere Gesellschaft uns dazu, immer mehr Schulden anzuhäufen, indem uns viele Wege für Anschaffungen eröffnet werden, ohne sofort dafür zahlen zu müssen. Das Ganze nennt sich »Kredit«, und je mehr wir davon haben, umso mehr finanzielle Probleme schaffen wir. Wenn wir unsere Kreditkarte belasten, um Dinge zu kaufen, die wir uns nicht leisten können, geben wir das Geld von morgen bereits heute aus – und morgen haben wir dann nichts als Kummer damit.

Ich möchte in aller Liebe zu mehr Geduld raten, auf Dinge zu warten, statt nach Wegen zu suchen, sich Wünsche sofort zu erfüllen, ohne sich Gedanken darüber zu machen, was das für die Zukunft bedeutet. Es besteht immer noch die Möglichkeit, Geld zu sparen, bis man vollständig für eine Anschaffung bezahlen kann. Diese Möglichkeit sollte man in Betracht ziehen, und doch tun es nur wenige.

Frieden ist viel wertvoller als Besitz! Wenn wir Schulden haben, die uns fast erdrücken, raubt uns das den Frieden und kann außerdem Beziehungsprobleme hervorrufen. Wo nicht genug Geld vorhanden ist, gibt es immer Stress und Druck, und das wiederum löst oft Verhaltensweisen aus, die zu Problemen in Beziehungen führen. Solltest du bereits tief verschuldet sein, habe ich keine schnelle Lösung anzubieten. Fang damit an, dein Geld gewissenhaft zuerst an Gott abzugeben und deine Schulden systematisch abzuzahlen. Lerne, dich zu disziplinieren und nichts anzuschaffen, was du eigentlich nicht brauchst. Dann kann ich dir versprechen, dass du irgendwann aus den Schulden herauskommen und die Freude finanzieller Freiheit genießen wirst.

Frieden ist viel wert-
voller als Besitz!

Natürlich gibt es immer Ausnahmen, doch in den meisten Fällen besteht unser Problem nicht darin, dass wir nicht genug Geld haben, sondern dass wir mehr Geld ausgeben, als wir haben. Meine bitte nicht, du hättest ein Anrecht auf Dinge, für die du nicht gearbeitet und die du dir nicht verdient hast. Sei geduldig und vertraue darauf, dass Gott dir das, was du dir wünschst, zur rechten Zeit gibt.

3. Sorgen um uns selbst und alles, was uns betrifft

Das ist wahrscheinlich die Sorge Nr. 1 in der Welt. Wir neigen dazu, uns buchstäblich um Hunderte Dinge zu sorgen, die uns betreffen. Wir machen uns Sorgen um unsere Gesundheit. Wenn wir schlechte Nachrichten vom Arzt erhalten, drehen sich unsere Gedanken schnell nur noch um die Frage, was aus uns wird. Werden wir leiden? Werden wir sterben? Obwohl Gott uns äußerst gute medizinische Technologie zur Verfügung stellt, dürfen wir nicht vergessen, dass Jesus unser Arzt ist! Er möchte, dass wir ihm vertrauen und auch in gesundheitlichen Fragen seinem Rat folgen.

> Wir haben das Vorrecht, darauf
> vertrauen zu dürfen, dass Gott uns nicht
> nur heilt, wenn wir krank werden,
> sondern uns auch gesund erhält.

Je älter ich werde, umso gesünder werde ich, weil ich immer mehr lerne, den Körper zu respektieren, den Gott mir in seiner Güte geschenkt hat. Beispielsweise können wir nicht unter ständigem Stress leben und erwarten, gesund zu bleiben. Als ich zwischen dreißig und vierzig war, ging es mir oft schlecht, doch jetzt bin ich über siebzig und fühle mich meistens wunderbar! Den größten Teil dieser Veränderung schreibe ich der Umstellung auf eine vernünftige Ernährung, Sport und ein möglichst stressarmes Leben zu. Außerdem habe ich gelernt, darauf zu vertrauen, dass Jesus seine heilende Kraft fortwährend in mir wirken lässt. Wir haben das Vorrecht, darauf vertrauen zu dürfen, dass Gott uns nicht nur heilt, wenn wir krank werden, sondern uns auch gesund erhält.

Gott liebt es, sich um uns zu kümmern. Sein Wort sagt, dass ihm alles wichtig ist, was uns betrifft:

Der Herr wird alles zu einem guten Ende bringen. Herr, deine Gnade gilt für alle Zeit. Verlass mich nicht, denn du hast mich erschaffen.

Die Bibel – Psalm 138,8

Wir sind seine Geschöpfe, seine Kinder, und er möchte für uns sorgen, wenn wir ihn lassen. Einer meiner Lieblingsverse zum Thema Gottvertrauen steht im ersten Petrusbrief. Bitte lies die folgende Bibelstelle sehr aufmerksam durch:

Er hat sich nicht gewehrt, wenn er beschimpft wurde. Als er litt, drohte er nicht mit Vergeltung. Er überließ seine Sache Gott, der gerecht richtet.

Die Bibel – 1. Petrus 2,23

Dieser eine Vers fasst alles zusammen, was ich in diesem Buch sagen wollte. Wir können Gott jederzeit und in jeder Hinsicht vertrauen; wir können uns selbst und alles ihm anvertrauen. Nichts, das wir ihm ans Herz legen, liegt außerhalb seines Einflussbereichs. Ganz gleich wie die Menschen Jesus behandelten: Er versuchte nicht, die Dinge selbst in die Hand zu nehmen, sondern vertraute stets seinem Vater, dass er für ihn sorgen würde.

Wie viel Stress und Unglücklichsein rufen wir in unserem Leben selbst hervor, indem wir dafür sorgen wollen, dass wir gut behandelt werden und niemand uns ausnutzt? Wahrscheinlich mehr, als wir uns vorstellen können. Zum Ende dieses Buchs möchte ich dich fragen, ob du dich an dem Punkt in deinem Leben befindest, an dem du bereit bist, dich selbst und alles, was dich betrifft, Jesus in die Hände zu legen. Wirst du dich ihm ganz überlassen und dich bewusst entscheiden, ihm in allem zu gehorchen, was er von dir verlangt, und dabei darauf zu vertrauen, dass er für dich sorgt?

Wie sehr bist du mit dir selbst beschäftigt?

Wir machen uns Sorgen darüber, wer für uns sorgen wird und ob diejenigen es gut machen werden. Werden sie uns freundlich behandeln, wenn wir eines Tages auf sie angewiesen sein sollten? Wir machen uns Gedanken darüber, was andere von uns denken und ob sie uns mögen oder nicht. Machen wir ihnen alles recht? Was wird in der Welt passieren und wie wird es sich auf uns auswirken? Werden wir unsere Arbeit verlieren, wenn die Wirtschaft zusammenbricht?

»Was wird aus mir werden?« ist sicher für die meisten von uns die Frage, die die größte Angst hervorruft. Doch die gute Nachricht ist, dass wir diese Sorge heute loslassen und wissen dürfen, dass Gott für uns sorgen wird.

Bitte Gott, dass er dir hilft, nicht ständig an dich zu denken, denn je weniger du an dich denkst, umso glücklicher wirst du sein. Und während du darauf vertraust, dass Gott für dich sorgt, solltest du guten Samen aussäen und anderen helfen. Jedes Mal, wenn du jemandem hilfst, der in Not ist, säst du Samen aus, um Gottes Hilfe in deinem eigenen Leben zu ernten.

Vor vielen Jahren war ich so furchtbar unglücklich, dass ich an den Punkt kam, mir alles von Gott zeigen zu lassen, was wichtig war, um einfach nur glücklich zu sein. Das ist eine lange Geschichte, aber die Kurzversion lautet: Gott zeigte mir, dass ich unglücklich war, weil ich egoistisch war. Ich dachte meistens hauptsächlich an mich, und durch meine überzogenen Anstrengungen, dafür zu sorgen, dass für mich gesorgt war, hinderte ich Gott daran, dies zu tun. Gott möchte für uns sorgen, doch wir müssen uns ihm anvertrauen.

Alles Gott hingeben

Wenn wir uns an einen Menschen oder eine Sache *hingeben*, bedeutet das, dass wir uns voll und ganz überlassen oder hineininvestieren. Wir können an einen Menschen oder eine Arbeit hingegeben sein. Wir sind Familie und Freunden hingegeben. Ich gebe mich der Bestimmung Gottes hin, die Bibel zu lehren. Doch vor aller anderen »Hingabe« sollten wir uns uneingeschränkt Gott hingeben und ihn bitten, dass sein Wille in unserem Leben geschehe. Vollständige Hingabe hat kein Verfallsdatum. Vielleicht hilft es dir, täglich ein Gebet wie das folgende zu beten:

> *»Vater, ich gebe mich ganz neu in deine Hände. Ich vertraue darauf, dass du in allem und in jeder Hinsicht für mich sorgst. Führe mich und schenk mir die Gnade, dir immer zu folgen. Wenn ich verletzt werde, vertraue ich darauf, dass du mich tröstest. Wenn ich krank werde, vertraue ich darauf, dass du mich heilst. Wenn ich etwas brauche, vertraue ich darauf, dass du es mir gibst. Wenn ich nicht weiß, was ich tun soll, vertraue ich darauf, dass du es mir zeigst. Ich gehöre dir und du gehörst mir und ich vertraue dir! Das bete ich im Namen Jesu. Amen.«*

Wie können wir irgendetwas, das uns betrifft, an Gott abgeben, bevor wir ihm uns selbst geben? Vielleicht bist du Christ geworden, indem du Jesus als deinen Retter angenommen hast – doch hast du dich auch voll und ganz seiner Fürsorge und Obhut anvertraut? Ich glaube, das ist das, was wir am dringendsten brauchen!

Dein »bestes« Leben kann gleich jetzt beginnen, wenn du bereit bist, alle deine Sorgen auf Jesus zu werfen und ihn für dich sorgen zu lassen!

Überlasst all eure Sorgen Gott, denn er sorgt sich um alles, was euch betrifft!

Die Bibel – 1. Petrus 5,7

Es hat mir Freude gemacht, dieses Buch zu schreiben, und ich bete, dass es dir nicht nur Freude gemacht hat, es zu lesen, sondern dass es auch ein Buch ist, das du immer wieder zur Hand nimmst, wenn du deine Entscheidung erneuerst, Gott jederzeit in allem zu vertrauen!

Hast du eine Beziehung zu Gott?

Gott liebt dich! Er hat dich als eine besondere, einzigartige, einmalige Person erschaffen, und er hat einen guten Plan für dein Leben. Durch eine persönliche Beziehung zu deinem Schöpfer – zu Gott – kannst du ein Leben entdecken, das deine Seele wahrhaftig zufrieden machen wird.

Ganz gleich wer du bist, was du getan hast, wo du gerade in deinem Leben stehst: Gottes Liebe und Gnade sind größer als deine Sünde, deine Fehler. Jesus hat sein Leben bereitwillig gegeben, damit du Vergebung von Gott und ein neues Leben durch ihn empfangen kannst. Er wartet nur darauf, dass du ihn einlädst, dein Retter und Herr zu sein.

Wenn du bereit bist, dein Leben Jesus ganz anzuvertrauen und ihm zu folgen, musst du nichts weiter tun, als ihn zu bitten, dass er dir deine Sünden vergibt und dir einen Neustart schenkt, um das Leben zu führen, zu dem du erschaffen bist. Am Anfang kann das folgende Gebet stehen:

Jesus, danke, dass du dein Leben für mich gegeben hast und mir meine Sünden vergibst, sodass ich eine persönliche Beziehung zu dir haben kann. Die Fehler, die ich gemacht habe, tun mir von Herzen leid, und ich weiß, dass ich dich und deine Hilfe brauche, um richtig leben zu können.

Dein Wort sagt in Römer 10,9: »Wenn du mit deinem Mund bekennst, dass Jesus der Herr ist, und wenn du in deinem Herzen glaubst, dass Gott ihn von den Toten auferweckt hat, wirst du gerettet werden.« Ich glaube, dass du der Sohn Gottes bist, und bekenne dich als meinen Retter und Herrn. Bitte nimm mich an, so wie ich bin, und wirke in meinem Herzen. Mach mich zu dem Menschen, der ich nach deinem Willen sein soll.

Ich möchte für dich leben, Jesus, und ich bin so dankbar, dass du mir heute einen Neuanfang für ein Leben mit dir schenkst. Ich liebe dich, Jesus!

Es ist wunderbar zu wissen, dass Gott uns so sehr liebt! Er wünscht sich eine tiefe, persönliche Beziehung zu uns, die jeden Tag wächst, während wir durch Gebet und Bibelstudium Zeit mit ihm verbringen. Wir möchten dich in deinem neuen Leben mit Jesus Christus ermutigen.

Auf unserer Website joyce-meyer.de gibt es auch andere Materialien, die dir helfen können, Fortschritte auf deiner Entdeckungsreise hin zu allem zu machen, was Gott für dich bereithält.

Herzlichen Glückwunsch zu deinem Neustart – deinem Leben mit Jesus Christus! Wir hoffen, bald von dir zu hören.

Quellennachweis

1 »Trust«: Webster's Dictionary 1828 (Online-Ausgabe), http://websters
  dictionary1828.com/Dictionary/trust (letzter Zugriff 11.04.2018).
2 »Trust«: Merriam-Webster.com, www.merriam-webster.com/dictionary/
  trust (letzter Zugriff 11.04.2018).
3 Dr. Erwin W. Lutzer: »Who Can You Trust?«, Moody Church Media
  2002, www.moodymedia.org/articles/who-can-you-trust/ (letzter Zugriff
  11.04.2018).
4 www.zitate.eu/author/dickens-charles/zitate/160628 (letzter Zugriff
  11.04.2018).
5 »John Bunyan Quotes«, Goodreads, www.goodreads.com/quotes/41980-
  you-have-not-lived-today-until-you-have-done-something (letzter Zugriff
  11.04.2018).
6 www.zitate.eu/author/augustinus-aurelius-hl/zitate/165317 (letzter Zugriff 11.04.2018).
7 Lee Strobel: »Why Does God Allow Tragedy and Suffering?«, CT Pastors,
  http://www.christianitytoday.com/pastors/2012/july-online-only/doesgod
  allowtragedy.html (letzter Zugriff 11.04.2018).
8 C. S. Lewis: *Über den Schmerz*. Gießen: Brunnen Verlag GmbH.
9 »Abraham Lincoln Quotes«, Goodreads, www.goodreads.com/quotes/
  24046-the-best-thing-about-the-future-is-that-it-comes (letzter Zugriff
  11.04.2018).
10 »Charles Spurgeon Quotes«, AZ Quotes, www.azquotes.com/quote/
   1411293 (letzter Zugriff 11.04.2018).
11 Dietrich Bonhoeffer: *Nachfolge*. München 1952.
12 *Vine's Expository Dictionary of New Testament Words*.

Joyce Meyer

Joyce Meyer ist eine der weltweit bekanntesten Bibellehrerinnen. Als Bestsellerautorin hat sie mehr als 100 wegweisende Bücher geschrieben, unter anderem „Gib niemals auf", „Powergedanken" sowie „Das Schlachtfeld der Gedanken". Die meisten ihrer Bücher wurden in mehr als 150 Sprachen übersetzt. Darüber hinaus hat sie Tausende von Lehrvorträgen auf CD und DVD herausgegeben. Die Radio- und Fernsehprogramme *Enjoying Everyday Life (Das Leben genießen)* werden weltweit ausgestrahlt. Joyce und ihr Mann Dave haben vier erwachsene Kinder und leben in St. Louis, Missouri, USA.

Über Joyce Meyer Ministries (JMM)

Hand of Hope – der christliche Hilfsdienst von Joyce Meyer

Joyce und Dave Meyers zentrales Anliegen ist es, armen und verletzten Menschen in der ganzen Welt zu helfen. Es geht darum, nicht nur zu reden, sondern auch konkret zu handeln. Darum bringt Joyce Meyer Ministries (JMM) humanitäre Hilfe in verschiedene Krisenregionen der Welt. Dies geschieht mit neun internationalen Büros und in Zusammenarbeit mit über 35 weltweit tätigen Missionsgesellschaften.

Auf diese Weise werden über 29 Millionen Mahlzeiten pro Jahr in den Hungerregionen der Welt ausgegeben, Waisenheime in armen Ländern unterhalten, Dörfer mit sauberem Trinkwasser versorgt und Tausende von Gefängnisinsassen unterstützt. Außerdem gründet und fördert JMM Gemeinden in Ländern, wo Christen unter Verfolgung leiden, bietet medizinische Hilfe und hilft alten wie jungen Menschen in den „Gettos" von Großstädten, wie mit dem Dream Center in St. Louis. Mehr Infos unter **joyce-meyer.de/hand**

TV und Radio

Die *Enjoying Everyday Life (Das Leben genießen)*-Sendungen in Radio und Fernsehen erreichen täglich Hunderttausende weltweit. Im September 1993 konnte das Programm wöchentlich auf zwei Kanälen empfangen werden. Heute wird *Enjoying Everyday Life* täglich und wöchentlich von über 1000 TV- und Radiosendern weltweit ausgestrahlt. Das Programm wird mittlerweile in über 100 Sprachen übersetzt und kann sogar in der arabischen Welt empfangen werden.

Internet

Unter **joyce-meyer.de** können Sie die Sendung *Das Leben genießen* rund um die Uhr sehen. Außerdem erhalten Sie dort aktuelle Informationen, können Bücher, eBooks, DVDs und CDs bestellen, sich kostenfrei zur täglichen Andacht anmelden oder Kontakt zu uns aufnehmen.

Vorträge von Joyce Meyer in anderen Sprachen finden Sie unter **tv.joycemeyer.org**

Werden Sie Follower von Joyce Meyer auf Instagram! Lassen Sie sich täglich von ihr ermutigen und auf dem Laufenden halten: **instagram.com/joycemeyergermany** Oder sehen Sie die TV-Sendungen online auf **youtube.com/joycemeyergermany**

Konferenzen

Konferenzen quer durch die USA sind nach wie vor Joyce Meyers Leidenschaft. Die Menschen kommen in Scharen und Joyce predigt das Wort Gottes und gibt praktische Lebenshilfe in der ihr eigenen direkten und humorvollen Art. Gleichzeitig werden diese Konferenzen für Fernsehsendungen aufgezeichnet.

Joyce Meyers persönliches Geschenk an Sie

Als Leser dieses Buches können Sie jetzt ein kostenloses Geschenk von Joyce Meyer erhalten. Einfach diesen Gutschein-Code [BKC820] mit Ihrer Anschrift versehen und an

Joyce Meyer Ministries Deutschland   **Joyce Meyer Ministries Schweiz**
Postfach 76 10 01   **Bernstrasse 133**
22060 Hamburg   **3627 Heimberg**

schicken oder ins Internet gehen unter **joyce-meyer.de/geschenk**
Dort Adresse und Gutschein-Code eingeben und abschicken.
Sie können uns auch gerne anrufen:

Zuschauer- und Bestellservice:
Deutschland: 040-88 88 4 11 11
Schweiz: 0848-88 00 11

Das Geschenk wird vierteljährlich verschickt. Wir bitten deshalb um etwas Geduld.

Weitere Bücher & Artikel von Joyce Meyer

Themenwelt: Gott begegnen

Die Bibel. Lesen. Glauben. Kunstlederausgabe
Mit Impulsen von Joyce Meyer
1.850 Seiten plus 16 Seiten farbiges Kartenmaterial
EUR 49,99 | CHF 72.–
ISBN 978-3-945678-38-1
Diese besondere Bibelausgabe mit Kommentaren, persönlichen Gedanken und Gebeten von Joyce Meyer gibt es jetzt auch im hochwertigen Kunstledereinband. Eine rundum gelungene Geschenkidee!

Die Bibel mit Impulsen von Joyce Meyer
Lesen. Glauben. Leben. (Neues Leben Übersetzung)
1.850 Seiten plus 16 Seiten farbiges Kartenmaterial
EUR 39,99 | CHF 61.60
ISBN 978-3-945678-22-0
Joyce Meyer erklärt in dieser besonderen Bibelausgabe Zusammenhänge, kommentiert einzelne Kapitel und Verse und erzählt, was sie ihr persönlich bedeuten. Tauchen Sie ein in Gottes Wort und lassen Sie sich davon ganz neu bewegen!

Dankbar durch den Tag
Tägliche Andachten für mehr Freude im Leben
386 Seiten, Hardcover, auch als **eBook** erhältlich
EUR 14,90 | CHF 20.90
ISBN 978-3-945678-05-3
Wer dankbar ist, geht leichter durchs Leben. Und es gibt so viel Grund, dankbar zu sein! Dieses Andachtsbuch von Joyce Meyer wird Ihnen den Blick dafür öffnen, all das Gute zu entdecken, das Gott für Sie tut. Üben Sie sich im Dankbarsein und Sie werden erleben, wie sich Ihre Perspektive und Ihre Haltung grundlegend ändern, wodurch Ihr Leben an Freude und Leichtigkeit gewinnt. Nehmen Sie dieses Buch täglich zur Hand, machen Sie Dankbarkeit zu Ihrer neuen Gewohnheit und lassen Sie sich von Gottes Liebe begeistern!

Gott täglich nah sein
Einblicke in die stillen Zeiten von Joyce Meyer
432 Seiten, Hardcover, auch als **eBook** erhältlich
EUR 16,90 | CHF 23.70
ISBN 978-3-945678-23-7
In diesem sehr persönlichen Andachtsbuch hat Joyce über
einen Zeitraum von drei Jahren zusammengestellt, was Gott
ihr persönlich ins Herz gesprochen hat. Es sind Impulse und
Wahrheiten, die auch für Sie gelten! Lassen Sie sich davon
inspirieren und erleben Sie, wie eine neue Nähe zu Gott Ihren
Alltag prägen und verändern wird.

Gott hören – jeden Morgen
Tägliche Andachten
400 Seiten, Hardcover, auch als **eBook** erhältlich
EUR 15,– | CHF 21.–
ISBN 978-3-939627-29-6
Wir leben in einer Zeit, die von Hektik und Lärm geprägt ist.
Jeden Tag reden viele unterschiedliche Stimmen auf uns ein. Sie
lenken uns ab und können verhindern, dass wir auf die wichtigste Stimme hören – die Stimme Gottes. Lassen Sie sich durch
dieses Andachtsbuch von Joyce Meyer anleiten, eine engere Beziehung zu Gott aufzubauen und Verhaltensweisen einzuüben,
die dabei helfen, Gottes Stimme besser zu erkennen.

Der richtige Start in den Tag
Andachten für jeden Morgen
390 Seiten, Hardcover, auch als **eBook** erhältlich
EUR 10,– | CHF 14.–
ISBN 978-3-939627-02-9
Gottes Gnade ist jeden Morgen neu. Finden Sie es heraus.
In kurzen, knackigen Andachten gibt Joyce Meyer einen
Gedankenanstoß pro Tag mit einem passenden Bibelvers und
seiner praktischen Umsetzung im Alltag. Herausfordernd,
humorvoll, anregend.

Themenwelt: Gott begegnen

Gott vertrauen – Tag für Tag
365 Andachten
544 Seiten, Hardcover, auch als **eBook** erhältlich
EUR 19,50 | CHF 27.50
ISBN 978-3-939627-38-8
Heutzutage setzen viele Menschen ihr Vertrauen auf ihre
Lebensumstände, ihren Erfolg, ihre Talente oder die Meinung
anderer. Aber Gott bittet uns, ihm unser ganzes Vertrauen zu
schenken und das umzusetzen, was in seinem Wort steht. Ein
derartiger Lebensstil entwickelt sich allerdings nicht von selbst
– wir müssen aktiv darauf hinarbeiten. Wir alle brauchen Hilfe,
um gute Entscheidungen zu treffen, Sorgen und Furcht zu
überwinden und eine positive Einstellung zu bewahren. Wie das
gelingen kann, erklärt Joyce Meyer in diesem Andachtsbuch.

Epheserbrief
Ein praktischer Bibelkommentar
176 Seiten, Paperback, auch als **eBook** erhältlich
EUR 12,90 | CHF 17.90
ISBN 978-3-945678-46-6
Der Epheserbrief ist ein sehr beliebtes Buch der Bibel, das
einige der wichtigsten Lektionen des Glaubens enthält. Es
beschäftigt sich damit, wer wir durch Jesus Christus sind und
wie sich diese Wahrheiten auf uns und unser Verhalten auswirken sollten. Entdecken Sie bei diesem Bibelstudium, wie
sehr Gott Sie liebt. Das wird Sie positiv verändern und auch in
Ihrem Leben sichtbar werden.

Jakobusbrief
Ein praktischer Bibelkommentar
154 Seiten, Paperback, auch als **eBook** erhältlich
EUR 12,90 | CHF 17.90
ISBN 978-3-945678-45-9
Wie kann das Leben als Christ im Alltag gelingen? Mit dieser
Frage beschäftigt sich der Jakobusbrief. Es werden darin eine
Vielzahl von Themen beleuchtet, die sowohl den Glauben
stärken als auch helfen, ihn auf praktische Weise umzusetzen.
Entdecken Sie neu die lebensverändernde Kraft des Wortes
Gottes und lernen Sie, Glaubensschritte im Alltag zu gehen.

Wie man Gottes Reden hört
Erkennen Sie Gottes Stimme und entscheiden Sie richtig
280 Seiten, Paperback, auch als **eBook** erhältlich
EUR 12,– | CHF 16.80
ISBN 978-3-945678-00-8
Gott möchte Sie bei allem, was Sie tun, leiten: ob bei
schwerwiegenden Fragen des Lebens oder bei kleinen
Herausforderungen des Alltags. Er will Sie auch seine
Absichten für Ihr Leben wissen lassen. Lebensnah erklärt
Joyce Meyer, welche Wege Gott wählt, um zu Ihnen zu
sprechen. Gott redet gerne mit Ihnen. Und wenn Sie
zuhören, werden Sie ihn hören.

Lass dich nicht entmutigen
128 Seiten, Hardcover
EUR 12,80 | CHF 18.–
ISBN 978-3-945678-01-5
Stress, Sorge, Unsicherheit, Niedergeschlagenheit – alles keine
Fremdwörter für Sie? Lassen Sie sich von Joyce ermutigen, Trost,
Sicherheit und Hilfe bei Gott zu suchen. Er hat eine Perspektive
für Ihr Leben! Die kurzen Impulse und Bibelverse laden zum
Nachdenken ein und machen Mut, von Gott alles zu erwarten.

Die geheimnisvolle Kraft Gottes Wort auszusprechen
200 Seiten, Hardcover, auch als **eBook** erhältlich
EUR 13,50 | CHF 19.–
ISBN 978-3-939627-41-8
Während ihres Lebens und Dienstes hat Joyce Meyer wieder-
holt die schöpferische Kraft erfahren, die im Aussprechen des
Wortes Gottes liegt. In diesem Buch trägt sie die wichtigsten
Verheißungen und Bekenntnisse aus der Bibel für verschiedens-
te Lebensumstände zusammen: Bekenntnisse für Eltern,
Singles und Familien, und was die Bibel über Ärger, Sorge und
gesellschaftliche Verantwortung sagt. „Die geheimnisvolle
Kraft" im Alltag angewendet wird Ihr Leben verändern.

Themenwelt: Mit Jesus den Alltag meistern

Mach dir keine Sorgen
Die Kunst, seine Lebensängste Gott zu überlassen
208 Seiten, Paperback, auch als **eBook** erhältlich
ISBN 978-3-939627-37-1
EUR 10,– | CHF 14.–
Treffen Sie die Entscheidung, sich im Alltag nicht länger von Ihren Ängsten und Sorgen niederdrücken zu lassen! Sie dürfen Gott vertrauen. Er kümmert sich um Sie und schenkt innere Ruhe in den unmöglichsten Situationen. Joyce Meyer erklärt in diesem Buch, wie Sie Ihre Sorgen auf Gott werfen, aber gleichzeitig Verantwortung für Ihr Leben übernehmen können.

Voller Hoffnung
Erwarte jeden Tag etwas Gutes
240 Seiten, Paperback, auch als **eBook** erhältlich
ISBN 978-3-945678-06-0
EUR 10,– | CHF 14.–
In der Hoffnung auf Gott liegt die Kraft, die Ihr Leben verändert. Eine neue Lebensfreude wartet auf Sie, sobald Sie anfangen, Gutes von Gott zu erwarten. Entdecken Sie, wie Sie sich von Entmutigung befreien und stattdessen Ihre Träume umsetzen können. In diesem Buch gibt Joyce Meyer praktische Tipps, wie Sie Hoffnung im Alltag einüben und auch konkret zum Ausdruck bringen können. Das wird Ihnen die Tür öffnen zu den unbegrenzten Möglichkeiten Gottes.

Überlastet
Wie Stress Sie nicht mehr stresst
256 Seiten, Paperback, auch als **eBook** erhältlich
ISBN 978-3-945678-07-7
EUR 12,90 | CHF 17.–
Niemand ist immun gegen Stress. Doch wir sind ihm auch nicht hilflos ausgeliefert. Entdecken Sie biblische Wahrheiten und von Joyce Meyer selbst erprobte Lösungen, die Ihnen im Alltag helfen werden, besser mit stressigen Situationen umzugehen. Und denken Sie immer daran: Gottes Hilfe steht Ihnen zur Verfügung!

Wie du dein Leben lieben kannst
Entdecke die Lebensqualität, die Gott schenkt
256 Seiten, Paperback, auch als **eBook** erhältlich
EUR 14,90 | CHF 19.90
ISBN 978-3-945678-34-3
Joyce Meyer, die mit Gottes Hilfe aus tiefstem Elend zu
Frieden und Zufriedenheit gelangen durfte, gibt Ihnen in
diesem Buch Schlüssel an die Hand, wie Sie Ihren Alltag
wieder mit Begeisterung anpacken können. Nehmen
Sie einen Perspektivwechsel vor und entdecken Sie die
Lebensqualität, die Gott Ihnen schenkt!

Der Tag gehört dir
... Mach das Beste draus!
288 Seiten, Paperback, auch als **eBook** erhältlich
EUR 13,90 | CHF 19.50
ISBN 978-3-945678-13-8
Sie haben nur ein Leben. Was tun Sie damit? Mit Gott an
Ihrer Seite können Sie das Beste aus jedem Tag machen und
das erreichen, was Gott für Sie vorbereitet hat. Joyce Meyer
gibt Tipps für Ihre Zeit- und Lebensplanung und leitet Sie
an, jeden Tag bewusst zu gestalten und mit Entschlossenheit
die Ziele Gottes für Ihr Leben umzusetzen.

im Set 3 € sparen

20 Tipps für einen glücklichen Tag
240 Seiten, Paperback, auch als **eBook** erhältlich
ISBN 978-3-945678-14-5
EUR 12,90 | CHF 17.–
Finden Sie sich mit schlechten Tagen einfach ab? Das hilft
nicht weiter, sagt Joyce Meyer. Sie hat 20 alltagstaugliche
Möglichkeiten entdeckt, wie Sie aus jedem Augenblick das
Beste machen können. Lernen Sie mit Gottes Hilfe Ihr Leben
in positive Bahnen zu lenken und schon heute glücklich und
zufrieden zu sein – nicht erst morgen.

Bestellservice: D: **040 888841111** CH: **0848 880011** oder unter **joyce-meyer.de/shop**

Themenwelt: Mit Jesus den Alltag meistern

Süchtig nach Anerkennung
Hör auf, allen gefallen zu wollen
304 Seiten, Paperback, auch als **eBook** erhältlich
ISBN 978-3-945678-31-2
EUR 12,– | CHF 16.80
Brauchen Sie immer Bestätigung für das, was Sie tun?
Beschäftigt es Sie, was die Leute über Sie denken? Hinter der
Suche nach Anerkennung verbirgt sich oft der tiefe Wunsch,
Gefühle von Ablehnung und geringer Selbstachtung zu
überwinden. Diesem emotionalen Schmerz kann jedoch nur
Gott mit seiner Liebe und Annahme angemessen begegnen.
In diesem Buch beschreibt Joyce Meyer, wie man von der
Sucht nach Anerkennung frei wird.

Gib niemals auf
Sei fest entschlossen, die Herausforderungen
des Lebens zu meistern
304 Seiten, Paperback, auch als **eBook** erhältlich
EUR 13,– | CHF 18.30
ISBN 978-3-939627-23-4
Jeder hat schon einmal versagt oder ist an einer Sache
gescheitert. Wichtig ist, in diesen Momenten nicht aufzugeben, sondern die eigenen Träume und Ziele mutig
weiterzuverfolgen. In diesem Buch verbindet Joyce Meyer
inspirierende und verblüffende Geschichten von unterschiedlichen Menschen mit praktischer Lebenshilfe. Ein absoluter
Mutmacher, der herausfordert, aufzustehen und sich nicht
unterkriegen zu lassen!

Powergedanken
12 Strategien für einen Sieg auf dem Schlachtfeld der Gedanken
336 Seiten, Paperback, auch als **eBook** erhältlich
EUR 17,– | CHF 23.80
ISBN 978-3-939627-27-2
Werden Sie immer wieder von negativen Gedanken bedrängt und können diese nur schwer abschütteln? Lassen Sie
nicht länger zu, dass Ihre Gedankenwelt zu einem geistigen
Schrottplatz verkommt! In „Powergedanken" – dem Nach-
folgeband zu „Das Schlachtfeld der Gedanken" – leitet Joyce
Meyer Sie anhand biblischer Prinzipien an, neue Denkweisen
zu entwickeln, die das Leben positiv beeinflussen.

Heilung für die Seele einer Frau
Wie du emotionalen Schmerz erkennst und überwindest
288 Seiten, Paperback, auch als **eBook** erhältlich
ISBN 978-3-945678-28-2
EUR 14,50 | CHF 20.30
Gott kann und möchte jeden Schmerz heilen – auch Ihren.
Lassen Sie sich durch Joyce Meyers Geschichte ermutigen.
Sie wurde missbraucht, vernachlässigt und betrogen – und
durfte erleben, wie die erlösende Liebe von Jesus Christus
ihre emotionalen Wunden heilte. Dieses Buch wird Ihnen
helfen, Ihren eigenen Schmerz zu erkennen und Schritt für
Schritt zu überwinden.

Gott ist nicht böse auf dich – Wie man echte Liebe erfährt,
Annahme findet und ohne Gewissensbisse lebt
280 Seiten, Paperback, auch als **eBook** erhältlich
ISBN 978-3-939627-40-1
EUR 18,– | CHF 24.90
Joyce Meyer wendet sich an diejenigen, die Schwierigkeiten
haben, Gottes Liebe für sich persönlich anzunehmen. Sie
untersucht die unterschiedlichen Gründe und Erlebnisse, die
zu einem Misstrauen Gott gegenüber führen, und beleuchtet
Gottes wahren Charakter anhand der Bibel. Machen
Sie Schluss mit falschen Vorstellungen von Gott – seine
Vergebung und unveränderliche Liebe gelten Ihnen!

„Stark und mutig"-Aufstellbuch
Unsere „Stark und mutig"-Produkte – zum Verschenken
oder Sich-selbst-Beschenken!
Abwechselnd 26 Bibelzitate & 26 Impulse von Joyce
Insgesamt 52 Seiten | Art.-Nr. 446781032
EUR 12,– | CHF 16.80

Stark und mutig"-Postkarten-Set
18 verschiedene Postkartenmotive
Art.-Nr. 446781033
EUR 10,– | CHF 14.–

Bestellservice: D: **040 888841111** CH: **0848 880011** oder unter **joyce-meyer.de/shop**

Die Joyce Meyer Themenhefte

EUR 3,30 | CHF 4.60

Sich selbst annehmen
112 Seiten, geheftet
Art.-Nr. 446781023

Gnade – Gott ist für dich
100 Seiten, geheftet
Art.-Nr. 446781021

Wege aus Mobbing und Ablehnung
88 Seiten, geheftet
Art.-Nr. 446781022

Erlebte Heilung
48 Seiten, geheftet
Art.-Nr. 446781007

Lerne Gott zu vertrauen
56 Seiten, geheftet
Artikel-Nr. 446781011

Erfüllt mit dem Heiligen Geist
64 Seiten, geheftet
Art.-Nr. 446781005

Geordnete Finanzen
40 Seiten, geheftet
Artikel-Nr. 446781014

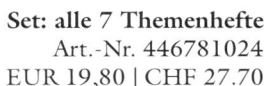

Set: alle 7 Themenhefte
Art.-Nr. 446781024
EUR 19,80 | CHF 27.70

Wir schenken Ihnen Impulse für Ihr Leben mit Gott.

Möchten Sie in Ihrem Leben mit Gott vorankommen? Wir unterstützen Sie darin und schenken Ihnen wertvolle Impulse von Joyce Meyer. Lassen Sie sich inspirieren! Bestellen Sie kostenlos:

Das Joyce Meyer Magazin „Das Leben genießen"

- Lebensnah
- Humorvoll
- Per Post

joyce-meyer.de/magazin oder per Telefon 040-88 88 4 11 11

Gestärkt in den Tag: Die tägliche Andacht

- Mut machend
- Erfrischend
- Per E-Mail

Melden Sie sich kostenlos an: joyce-meyer.de/andacht

Der digitale Monatsbrief „Das Leben genießen"

- Inspirierende Impulse von Joyce Meyer
- Berührende Geschichten von Hand of Hope
- 1 Mal im Monat per E-Mail

Jetzt kostenlos anmelden: joyce-meyer.de/newsletter

Schreiben Sie uns!

Was hat Ihnen dieses Buch konkret gebracht? Haben Sie Anregungen? Möchten Sie Joyce Meyer Ministries etwas mitteilen? Dann schreiben Sie uns.

Joyce Meyer Ministries
Postfach 76 10 01
22060 Hamburg

Joyce Meyer Ministries Schweiz
Bernstrasse 133
3627 Heimberg

Zuschauer- und Bestellservice:
Deutschland: 040-88 88 4 11 11   **Schweiz: 0348-88 00 11**

Weitere Bücher und DVDs unter **joyce-meyer.de/shop**